A ORDEM ECONÔMICA E A LIVRE INICIATIVA

F. A. HAYEK

A ORDEM ECONÔMICA E A
LIVRE INICIATIVA

AS CONTRADIÇÕES DAS TEORIAS SOCIALISTAS

Tradução Carlos Szlak

COPYRIGHT © FARO EDITORIAL, 2022
COPYRIGHT © INDIVIDUALISM AND ECONOMIC ORDER BY F. A. HAYEK
AUTHORISED TRANSLATION FROM THE ENGLISH LANGUAGE EDITION
PUBLISHED BY ROUTLEDGE, A MEMBER OF THE TAYLOR & FRANCIS GROUP

Todos os direitos reservados.
Nenhuma parte deste livro pode ser reproduzida sob quaisquer meios existentes sem autorização por escrito do editor.

Avis Rara é um selo de Ciências Sociais da Faro Editorial.

Diretor editorial **PEDRO ALMEIDA**

Coordenação editorial **CARLA SACRATO**

Preparação **TUCA FARIA**

Revisão **BARBARA PARENTE E CRISTIANE NEGRÃO**

Imagem de capa **CAROLINA2009, ONCHIRA WONGSIRI | SHUTTERSTOCK**

Dados Internacionais de Catalogação na Publicação (CIP)
Angélica Ilacqua CRB-8/7057

Hayek, Friedrich A. von (Friedrich August), 1899-1992
  A ordem econômica e a livre iniciativa / Friedrich A. von Hayek ; tradução de Carlos Szlak. — São Paulo : Faro Editorial, 2021.
  272 p

  ISBN 978-65-5957-114-7
  Título original: Individualism and economic order

  1. Economia 2. Ciências sociais I. Título II. Szlak, Carlos

21-5646   CDD 330

Índice para catálogo sistemático:
1. Economia

1ª edição brasileira: 2022
Direitos de edição em língua portuguesa, para o Brasil, adquiridos por FARO EDITORIAL.

Avenida Andrômeda, 885 — Sala 310
Alphaville — Barueri — SP — Brasil
CEP: 06473-000
www.faroeditorial.com.br

SUMÁRIO

Prefácio 7

I. Individualismo: O verdadeiro e o falso 9

II. Economia e conhecimento 35

III. Os fatos das ciências sociais 55

IV. O uso do conhecimento na sociedade 74

V. O significado da competição 89

VI. A "livre" iniciativa e a ordem competitiva 103

VII. O cálculo socialista I: A natureza e história do problema 115

VIII. O cálculo socialista II: O estado do debate (1935) 142

IX. O cálculo socialista III: A "solução" competitiva 173

X. Uma moeda de reserva como mercadoria 199

XI. O efeito Ricardo 209

XII. As condições econômicas do federalismo entre países 239

Notas... 255

PREFÁCIO

Ainda que a princípio os ensaios reunidos neste livro possam tratar de uma grande variedade de tópicos, a maioria deles aborda problemas intimamente relacionados. Embora as discussões variem de filosofia moral a métodos de ciências sociais e de problemas de política econômica a teoria econômica pura, essas questões são consideradas como aspectos distintos da mesma questão central. Essa conexão será percebida mais facilmente nos primeiros seis ensaios, mas os três seguintes sobre o problema do cálculo socialista podem, até certo ponto, ser encarados como uma aplicação das mesmas ideias a um problema específico, ainda que ao escrevê-los eu não tenha visto sob esse prisma. Apenas os três últimos ensaios tratam de questões um tanto diferentes da teoria ou da política. No entanto, como acredito que os problemas com que estão preocupados serão discutidos no futuro ainda mais do que no passado, aproveitei essa oportunidade para disponibilizá-los de forma mais conveniente.

Como publiquei um livro mais popular sobre problemas relacionados a alguns dos discutidos aqui, para ser justo, devo advertir que apenas alguns dos ensaios reunidos nesta obra (capítulos I e VI e, possivelmente, IV e V) podem, em certo sentido, ser considerados complementares a determinadas conclusões práticas que um senso de urgência me tentou a publicar sob o título *The Road to Serfdom* [*O caminho da servidão*]. Os demais ensaios, de caráter mais acadêmico, são dirigidos a colegas de estudo. Reconheço que todos são fragmentos, produtos que surgiram na busca de um objetivo distante que, por enquanto, devem servir no lugar do produto acabado. Talvez eu deva acrescentar que, a partir de minhas publicações recentes no campo do qual a maioria dos ensaios neste volume trata, não incluí duas séries de artigos sobre "Cientificismo e o estudo da sociedade" e a "Contrarrevolução da ciência" porque se destinam a fazer parte de uma obra maior e mais sistemática; entretanto, eles podem ser encontrados nos volumes da *Economica* de 1941-45 e 1940, respectivamente.

Agradeço a meus editores da *American Economic Review*, *Economica*, *Economic Journal*, *Ethics* e *New Commonwealth Quarterly* pela permissão para utilizar os artigos que foram publicados originalmente em suas revistas, e à editora George Routledge & Sons, Ltd., de Londres, pela permissão para reproduzir os dois ensaios originalmente publicados em *Collectivist Economic Planning*, em 1935.

F. A. Hayek
London School of Economics
Junho de 1947

CAPÍTULO I

Individualismo:
O verdadeiro e o falso*

Du dix-huitième siècle et de la révolution, comme d'une source commune, étaient sortis deux fleuves: le premier conduisait les hommes aux institutions libres, tandis que le second les menait au pouvoir absolu.**
— Alexis de Tocqueville

1

Defender princípios bem definidos de ordem social é, atualmente, uma maneira quase certa de incorrer no estigma de ser um doutrinário pouco prático. Chegou a ser considerado sinal de mente criteriosa não aderir a princípios fixos em questões sociais, mas decidir cada questão "por seus méritos"; decisão que geralmente se guia pela conveniência e está pronta para fazer concessões entre pontos de vista contrários. No entanto, os princípios possuem uma maneira de se fazer valer mesmo que não sejam explicitamente reconhecidos, mas estejam apenas implícitos em decisões específicas ou mesmo que estejam presentes apenas como ideias vagas do que está ou não está sendo feito. Assim, sob o signo de "nem individualismo nem

---

* Décima segunda Finlay Lecture, realizada na University College, em Dublin, em 17 de dezembro de 1945. Palestra publicada por Hodges, Figgis & Co., Ltd., Dublin, e B. H. Blackwell, Ltd., Oxford, 1946.

** Do século XVIII e da revolução, como de uma nascente comum, saíram dois rios: o primeiro conduziu os homens às instituições livres, enquanto, o segundo, levou ao poder absoluto. (N. do T.)

socialismo", estamos de fato nos movendo rapidamente de uma sociedade de indivíduos livres para uma de caráter completamente coletivista.

Proponho não só empreender a defesa de um princípio geral de organização social, mas também tentar demonstrar que a aversão aos princípios gerais e a preferência por proceder de uma instância específica à outra são resultado de um movimento que, com a "inevitabilidade da gradualidade", nos reconduz a uma ordem social baseada no reconhecimento geral de certos princípios de um sistema em que a ordem é criada por comandos diretos.

Após a experiência dos últimos trinta anos, talvez não haja muita necessidade de enfatizar que sem princípios nós somos levados pela corrente. Durante esse período, a atitude pragmática dominante, longe de aumentar nosso comando sobre os desenvolvimentos, na verdade nos levou a um estado de coisas que ninguém desejava; e o único resultado de nosso desprezo pelos princípios parece ser que somos governados por uma lógica de eventos que estamos tentando ignorar em vão. A questão agora não é se precisamos de princípios para nos guiar, mas sim se ainda existe um corpo de princípios suscetível de aplicação geral que poderíamos seguir se quiséssemos. Onde ainda podemos encontrar um conjunto de preceitos que nos dará orientação clara na solução dos problemas de nosso tempo? Existe em algum lugar uma filosofia consistente a ser encontrada que nos forneça não apenas os objetivos morais, mas um método adequado para sua realização?

O fato de a religião em si não nos dar orientação clara nessas questões é demonstrado pelas iniciativas da Igreja para elaborar uma filosofia social completa e pelos resultados totalmente opostos a que chegam muitos daqueles que partem dos mesmos fundamentos cristãos. Embora o declínio da influência da religião seja, sem dúvida, uma das principais causas de nossa atual falta de orientação intelectual e moral, seu renascimento não diminuiria muito a necessidade de um princípio de ordem social de aceitação geral. Ainda devemos exigir uma filosofia política que vá além dos preceitos fundamentais, mas gerais, proporcionados pela religião ou pela ética.

O título que escolhi para este capítulo mostra que para mim ainda parece existir tal filosofia: um conjunto de princípios que, de fato, está implícito na maior parte da tradição política ocidental ou cristã, mas que não pode mais ser descrito inequivocamente por qualquer termo facilmente entendido. Portanto, é necessário reafirmar esses princípios plenamente antes de decidirmos se eles ainda podem nos servir como guias práticos.

INDIVIDUALISMO: O VERDADEIRO E O FALSO

A dificuldade que encontramos não é tão só o fato familiar de que os termos políticos atuais são notoriamente ambíguos ou até que o mesmo termo costuma significar quase o oposto para grupos diferentes. Há a realidade muito mais séria de que a mesma palavra frequentemente parece unir pessoas que na verdade acreditam em ideais contraditórios e irreconciliáveis. Atualmente, termos como "liberalismo" ou "democracia", "capitalismo" ou "socialismo" já não representam sistemas de ideias coerentes. Eles passaram a descrever agregações de princípios e de fatos bastante heterogêneos que um acidente histórico associa a essas palavras, mas que têm pouco em comum além de terem sido defendidos em épocas diferentes pelas mesmas pessoas ou simplesmente sob o mesmo nome.

Nenhum termo político sofreu mais a esse respeito do que "individualismo". Ele não só foi distorcido por seus adversários em uma caricatura irreconhecível — e devemos sempre lembrar que os conceitos políticos que hoje estão fora de moda são conhecidos pela maioria de nossos contemporâneos apenas por meio do quadro deles desenhado por seus inimigos — como também tem sido usado para descrever diversas atitudes em relação à sociedade que têm tão pouco em comum entre si quanto têm com aquelas tradicionalmente consideradas como seus opostos. De fato, na preparação deste trabalho, quando analisei algumas descrições-padrão sobre "individualismo", quase comecei a lamentar ter alguma vez ligado os ideais em que acredito a uma expressão que foi tão maltratada e tão mal compreendida. No entanto, o que quer que "individualismo" possa vir a significar além desses ideais, há duas boas razões para manter a palavra para a visão que pretendo defender: essa visão sempre foi conhecida por esse termo, seja o que for que também possa ter significado em épocas diferentes, e ele se distingue da palavra "socialismo", que foi deliberadamente cunhada para expressar sua oposição ao "individualismo".[1] É com o sistema que constitui a alternativa ao socialismo que me preocuparei.

2

Antes de explicar o que quero dizer com verdadeiro individualismo, pode ser útil dar alguma indicação da tradição intelectual à qual o termo pertence. O verdadeiro individualismo que procurarei defender começou seu desenvolvimento moderno com John Locke, e em especial com Bernard Mandeville e David Hume, e alcançou plena estatura pela primeira vez na obra de Josiah Tucker, Adam Ferguson e Adam Smith, bem como na obra de Edmund Burke, o grande contemporâneo deles — a quem Smith descreveu como a única pessoa que ele conheceu que pensava em assuntos econômicos exatamente como ele, sem que nenhuma comunicação prévia tivesse ocorrido entre os dois.[2] No século XIX, encontrei a expressão retratada com mais perfeição na obra de seus maiores historiadores e filósofos políticos: Alexis de Tocqueville e Lord Acton. Para mim, esses dois homens parecem ter desenvolvido com mais sucesso o que havia de melhor na filosofia política dos filósofos escoceses, de Burke e dos whigs ingleses do que quaisquer outros autores que conheço; ao passo que os economistas clássicos do século XIX, ou pelo menos os benthamistas ou os radicais filosóficos entre eles, ficaram cada vez mais sob a influência de outro tipo de individualismo de origem diferente.

Essa segunda linha de pensamento, totalmente diferente, também conhecida como individualismo, é representada sobretudo por autores franceses e outros da Europa continental — um fato que se deve, creio, ao papel dominante que o racionalismo cartesiano desempenha em sua composição. Os representantes mais proeminentes dessa tradição são os enciclopedistas, Rousseau e os fisiocratas; e, por razões que iremos considerar agora, esse individualismo racionalista sempre tende a se desenvolver no oposto do individualismo, a saber, o socialismo ou coletivismo. Porque só o primeiro tipo de individualismo é consistente que reivindico para ele o nome de verdadeiro individualismo, enquanto o segundo tipo deve provavelmente ser considerado uma fonte do socialismo moderno tão importante quanto as teorias propriamente coletivistas.[3]

Não posso oferecer melhor exemplo da confusão prevalecente sobre o significado de individualismo do que o fato de que o homem que para mim parece ser um dos maiores representantes do verdadeiro individualismo, Edmund Burke, é geralmente (e com razão) representado como o principal adversário do chamado "individualismo" de Rousseau, cujas teorias, ele temia, dissolveriam rapidamente a sociedade "no pó e na poeira da individualidade",[4] e de que o próprio termo "individualismo" foi introduzido pela primeira vez na língua inglesa por meio da tradução de uma das obras de outro dos grandes representantes do verdadeiro individualismo:

Tocqueville, que o usa em seu *Democracy in America* [*Da democracia na América*] para descrever uma atitude que ele deplora e rejeita.[5] No entanto, não resta dúvida de que Burke e Tocqueville estão em todos os fundamentos próximos de Adam Smith, a quem ninguém negará o título de individualista, e que o "individualismo" ao qual se opõem é algo totalmente diferente daquele de Smith.

3

Então, quais são as características essenciais do verdadeiro individualismo? A primeira coisa que deve ser dita é que se trata, principalmente, de uma *teoria* da sociedade, uma tentativa de compreender as forças que determinam a vida social do homem e, apenas em segundo caso, um conjunto de máximas políticas derivadas dessa visão de sociedade. Este fato por si só deveria ser suficiente para refutar o mais tolo dos mal-entendidos frequentes: a crença de que o individualismo postula a (ou baseia seus argumentos na suposição da) existência de indivíduos isolados ou autossuficientes, em vez de começar a partir de homens cuja natureza e caráter sejam determinados por sua existência na sociedade.[6] Se isso fosse verdade, não teria realmente nada a contribuir para nossa compreensão da sociedade. Mas sua argumentação básica é bem diferente; é que não há outra maneira para a compreensão dos fenômenos sociais senão por meio de nossa compreensão das ações individuais dirigidas a outras pessoas e guiadas pelo comportamento que se espera delas.[7] Esse argumento se dirige principalmente contra as teorias propriamente coletivistas da sociedade, que pretendem ser capazes de compreender diretamente conjuntos sociais como sociedade etc. como entidades *sui generis* que existem independentemente dos indivíduos que as compõem. No entanto, o próximo passo na análise individualista da sociedade é dirigido contra o pseudoindividualismo racionalista que também leva ao coletivismo prático. É a alegação de que, ao rastrear os efeitos combinados das ações individuais, descobrimos que muitas das instituições sobre as quais as realizações humanas se apoiam surgiram e estão funcionando sem uma mente planejadora e direcionadora; que, como Adam Ferguson expressou, "as nações tropeçam em instituições, que são na verdade o resultado da ação humana, mas não o resultado do projeto humano";[8] e que a colaboração espontânea de homens livres costuma criar coisas que são maiores do que suas mentes individuais podem compreender plenamente. Esse é o grande tema de Josiah Tucker e Adam Smith, de Adam Ferguson e Edmund Burke, a grande descoberta da economia política clássica que se tornou a base de nossa compreensão não só da vida econômica, mas também dos fenômenos mais verdadeiramente sociais.

A diferença entre essa visão, que é responsável pela maior parte da ordem que encontramos nos assuntos humanos como resultado imprevisto das ações individuais, e a visão que relaciona toda ordem descobrível ao projeto deliberado é o primeiro grande contraste entre o verdadeiro individualismo dos pensadores britânicos do século XVIII e o chamado "individualismo" da escola cartesiana.[9] Mas isso é apenas um aspecto de uma diferença ainda maior entre uma visão que, em geral, atribui um lugar bastante baixo àquele que a razão desempenha nos assuntos humanos, que afirma que o homem alcançou o que tem apesar do fato de ser apenas parcialmente guiado pela razão e que sua razão individual é bastante limitada e imperfeita, e uma visão que assume que a Razão, com R maiúsculo, está sempre plena e igualmente disponível para todos os humanos e que tudo que o homem alcança é o resultado direto do controle da razão individual e, portanto, sujeito a esse controle. Pode-se mesmo dizer que o primeiro é o produto de uma consciência aguçada das limitações da mente individual que induz uma atitude de humildade em relação aos processos sociais impessoais e anônimos pelos quais os indivíduos ajudam a criar coisas maiores do que sabem, enquanto o segundo é o produto de uma crença exagerada nos poderes da razão individual e de um consequente desprezo por qualquer coisa que não tenha sido conscientemente concebida por ela ou que não seja plenamente inteligível para ela.

A abordagem antirracionalista, que considera o homem não como um ser altamente racional e inteligente, mas como um ser bastante irracional e falível, cujos erros individuais são corrigidos apenas no curso de um processo social, e que visa tirar o máximo de um material muito imperfeito, é provavelmente a característica mais típica do individualismo inglês. Em grande medida, para mim, seu predomínio no pensamento inglês se deve à profunda influência exercida por Bernard Mandeville, por quem a ideia central foi pela primeira vez claramente formulada.[10]

INDIVIDUALISMO: O VERDADEIRO E O FALSO

Para melhor exemplificar o contraste entre o "individualismo" cartesiano ou racionalista e essa visão, mencionarei um trecho conhecido da segunda parte de *A Discourse on Method* [*Discurso do método*]. Descartes afirma que "raramente há tanta perfeição em obras compostas de diversas partes separadas, nas quais diferentes mãos foram empregadas, como há naquelas concluídas por um único mestre". Em seguida, ele sugere (após, significativamente, citar o exemplo de um engenheiro elaborando seus projetos) que "aquelas nações que, partindo de um estado semibárbaro e avançando lentamente para a civilização, tiveram suas leis determinadas sucessivamente e, por assim dizer, impostas simplesmente pela experiência da maldade de crimes e disputas específicos, por esse processo viriam a possuir instituições menos perfeitas do que aquelas que, desde o início de sua associação como comunidades, seguissem a nomeação de algum legislador sábio". Para esclarecer esse ponto, Descartes acrescenta que, em sua opinião, "a proeminência passada de Esparta não se deveu à proeminência de cada uma de suas leis em particular (...) mas à circunstância de que, originada por um único indivíduo, todos os indivíduos tenderam a um único fim".[11]

Seria interessante também rastrear o desenvolvimento desse individualismo de contrato social ou das teorias de *"design"* das instituições sociais, de Descartes a Rousseau e a Revolução Francesa até o que ainda é a atitude característica dos engenheiros em relação aos problemas sociais.[12] Esse esboço mostraria como o racionalismo cartesiano tem provado ser de forma persistente um sério obstáculo para uma compreensão dos fenômenos históricos e que, em grande medida, ele é responsável pela crença nas leis inevitáveis do desenvolvimento histórico e no fatalismo moderno derivado dessa crença.[13]

No entanto, tudo o que nos preocupa aqui é que essa visão, embora também conhecida como "individualismo", está em completo contraste com o verdadeiro individualismo em dois pontos decisivos. Embora seja perfeitamente verdade para esse pseudoindividualismo que "a crença nos produtos sociais espontâneos era logicamente impossível para qualquer filósofo que considerasse o homem individual como o ponto de partida e supusesse que ele formasse sociedades pela união de sua vontade particular com outra em um contrato formal",[14] o verdadeiro individualismo é a única teoria que pode pretender tornar inteligível a formação de produtos sociais espontâneos. E, embora as teorias de *design* levem necessariamente à conclusão de que os processos sociais podem ser realizados para servir aos fins humanos apenas se estiverem sujeitos ao controle da razão humana individual e, assim, levarem diretamente ao socialismo, o verdadeiro individualismo acredita ao contrário que, se deixados livres, os homens muitas vezes alcançarão mais do que a razão humana individual poderia conceber ou prever.

Esse contraste entre o individualismo verdadeiro e antirracionalista e o individualismo falso e racionalista permeia todo o pensamento social. Mas como ambas as teorias se tornaram conhecidas pelo mesmo nome e, em parte, como os economistas clássicos do século XIX, e sobretudo John Stuart Mill e Herbert Spencer, foram quase tão influenciados pela tradição francesa quanto pela tradição inglesa, todos os tipos de concepções e suposições completamente estranhas ao verdadeiro individualismo passaram a ser consideradas como partes essenciais de sua doutrina.

Talvez a melhor ilustração dos atuais equívocos quanto ao individualismo de Adam Smith e seu grupo seja a crença comum de que eles inventaram o espectro do "homem econômico" e que suas conclusões são invalidadas por sua suposição de um comportamento estritamente racional ou geralmente por uma falsa psicologia racionalista. Eles estavam, é claro, muito longe de assumir qualquer coisa desse tipo. Estaria mais próximo da verdade dizer que, na visão deles, o homem era por natureza preguiçoso e indolente, imprevidente e perdulário, e que apenas pela força das circunstâncias é que ele poderia ser levado a se comportar econômica ou cuidadosamente para ajustar seus meios a seus fins. No entanto, mesmo isso seria injusto em relação à visão bastante complexa e realista que esses homens tinham da natureza humana. Como se tornou moda ridicularizar Smith e seus contemporâneos por sua psicologia supostamente errônea, posso talvez arriscar a opinião de que, para todos os efeitos práticos, ainda podemos aprender mais sobre o comportamento dos homens com *Wealth of Nations* [*A riqueza das nações*] do que com a maioria dos mais pretensiosos tratados sobre "psicologia social".

Seja como for, o ponto principal sobre o qual pode haver pouca dúvida é que a maior preocupação de Smith não era tanto com o que o homem poderia ocasionalmente alcançar ao estar em seu melhor, mas que ele tivesse a menor oportunidade possível de causar danos ao estar em seu pior.

INDIVIDUALISMO: O VERDADEIRO E O FALSO

Não seria demais afirmar que o mérito fundamental do individualismo que Smith e seus contemporâneos defenderam é que se trata de um sistema sob o qual os homens maus podem causar menos danos. Esse é um sistema social cujo funcionamento não depende de encontrarmos homens bons para dirigi-lo, ou de todos os homens se tornarem melhores do que são agora, mas que faz uso dos homens em toda sua variedade e complexidade, às vezes bons e às vezes maus, às vezes inteligentes e mais frequentemente estúpidos. O objetivo de Smith e seus pares era um sistema sob o qual deveria ser possível conceder liberdade a todos, em vez de restringi-la, como desejavam seus contemporâneos franceses, aos "bons e sábios".[15]

De fato, a principal preocupação dos grandes autores individualistas era encontrar um conjunto de instituições pelas quais o homem pudesse ser induzido, por sua própria escolha e pelos motivos que determinavam sua conduta usual, a contribuir tanto quanto possível para as necessidades de todos os outros; e a descoberta deles foi que o sistema de propriedade privada proporcionou tais incentivos em uma extensão muito maior do que até então havia sido entendida. No entanto, eles não afirmaram que esse sistema era incapaz de ser aperfeiçoado e, menos ainda, como outra das distorções atuais de seus argumentos, que existia uma "harmonia natural de interesses" independente de instituições positivas. Eles estavam mais do que meramente conscientes dos conflitos de interesses individuais e enfatizaram a necessidade de "instituições bem construídas", nas quais as "regras e os princípios em relação a interesses rivais e vantagens comprometidas"[16] reconciliariam interesses conflitantes sem dar a nenhum grupo o poder de fazer seus pontos de vista e interesses prevalecerem sempre sobre os de todos os demais.

4

Há um ponto nessas suposições psicológicas básicas que é necessário considerar de maneira um tanto mais profunda. Como a crença de que o individualismo aprova e estimula o egoísmo humano é uma das principais razões pelas quais tantas pessoas não gostam dele, e como a confusão que existe a esse respeito é causada por uma verdadeira dificuldade intelectual, devemos examinar atentamente o significado das suposições que ele faz. Claro que não resta dúvida de que, na linguagem dos grandes autores do século XVIII, era o "amor-próprio" do homem, ou mesmo seus "interesses egoístas", que eles representavam como o "motor universal", e que por esses termos, referiam-se principalmente a uma atitude moral, que pensavam ser amplamente predominante. No entanto, esses termos não significavam egoísmo no sentido estrito da preocupação apenas com as necessidades da própria pessoa. O "eu", pelo qual as pessoas deveriam se preocupar, incluía como coisa natural a família e os amigos; e não teria feito diferença para o argumento se tivesse incluído algo pelo qual as pessoas de fato se preocupassem.

Muito mais importante do que essa atitude moral, que pode ser considerada mutável, é o fato intelectual indiscutível que ninguém pode esperar alterar e que por si só é base suficiente para as conclusões tiradas pelos filósofos individualistas. É a limitação constitucional do conhecimento e dos interesses do homem, o fato de que ele *não pode* perceber mais do que uma ínfima parte de toda a sociedade e de que, portanto, tudo que pode entrar em seus motivos são os efeitos imediatos que suas ações terão na esfera de seu saber. Todas as possíveis diferenças nas atitudes morais dos homens equivalem a pouco, no que diz respeito a seu significado para a organização social, em comparação com o fato de que tudo que a mente do homem pode efetivamente compreender são os acontecimentos do restrito círculo do qual ele é o centro; que, seja ele completamente egoísta ou o mais perfeito altruísta, as necessidades humanas das quais ele *pode* efetivamente cuidar são uma fração quase desprezível das necessidades de todos os membros da sociedade. A verdadeira questão, portanto, não é se o homem é, ou deve ser, guiado por motivos egoístas, mas se podemos permitir que ele seja guiado em suas ações por aquelas consequências imediatas que ele pode saber e cuidar, ou se ele deve ser obrigado a fazer o que parece apropriado para outra pessoa que supostamente possui uma compreensão mais plena do significado dessas ações para a sociedade em geral.

À tradição cristã aceita de que o homem deve ser livre para seguir *sua* consciência em questões morais se suas ações forem meritórias, os economistas acrescentaram o argumento de que o homem deve ser livre para fazer uso pleno de *seu* conhecimento e habilidade, que ele deve poder ser guiado por sua preocupação com as coisas particulares que *ele* conhece e das quais *ele* cuida, se quiser dar uma contribuição tão grande para os propósitos comuns da sociedade quanto é capaz de dar. O problema principal dos economistas era como essas preocupações limitadas, que de fato determinam as ações das pessoas, podiam se tornar incentivos eficazes para motivá-las voluntariamente a contribuir tanto quanto possível para as necessidades que estavam fora do alcance de sua visão. O que os economistas entenderam pela primeira vez foi que o mercado tal como tinha crescido era uma forma eficaz de fazer o homem participar de um processo mais complexo e extenso do que ele podia compreender, e que foi, por meio do mercado, que ele foi obrigado a contribuir "para fins que não faziam parte de seu propósito".

Era quase inevitável que os autores clássicos, ao explicar sua argumentação, usassem uma linguagem que estava destinada a ser incompreendida, e que, assim, ganhassem a reputação de ter exaltado o egoísmo. Rapidamente descobrimos a razão quando tentamos reafirmar o argumento correto em linguagem simples. Se colocarmos isso de maneira concisa, dizendo que as pessoas são e devem ser guiadas em suas ações por *seus* interesses e desejos, isso será imediatamente incompreendido ou distorcido na falsa alegação de que as pessoas são ou devem ser exclusivamente guiadas por suas necessidades pessoais ou interesses egoístas, enquanto o que queremos dizer é que elas devem poder se empenhar por tudo o que consideram desejável.

Outra frase enganosa, usada para enfatizar um ponto importante, é a conhecida presunção de que cada homem conhece melhor seus interesses. Nessa forma, a argumentação não é plausível nem necessária para as conclusões do individualista. A verdadeira base de seu argumento é que ninguém pode saber *quem* sabe melhor, algo que só é possível descobrir por meio de um processo social no qual todos podem experimentar e ver o que conseguem fazer. A suposição fundamental, aqui como alhures, é a variedade ilimitada de dons e habilidades humanas e a consequente ignorância de qualquer indivíduo em relação à maior parte do que é conhecido por todos os outros membros da sociedade em conjunto. Ou, para apresentar essa argumentação fundamental de outra forma, a Razão humana, com *R* maiúsculo, não existe no singular, como dada ou disponível para qualquer determinada pessoa, como a abordagem racionalista parece supor, mas deve ser concebida como um processo interpessoal em que a contribuição de qualquer um é testada e corrigida pelos outros. Esse

A ORDEM ECONÔMICA E A LIVRE INICIATIVA

argumento não supõe que todos os homens sejam iguais em seus dotes ou capacidades naturais, mas apenas que nenhum homem está qualificado para fazer um julgamento final sobre as capacidades que outro possui ou pode exercer.

Devo talvez mencionar aqui que apenas porque os homens são de fato desiguais podemos tratá-los igualmente. Se todos os homens fossem completamente iguais em seus dons e inclinações, deveríamos tratá-los de maneira diferente para alcançar algum tipo de organização social. Felizmente, eles não são iguais; e é só devido a isso que a diferenciação de funções não precisa ser determinada pela decisão arbitrária de alguma vontade organizadora, mas que, depois da criação da igualdade formal das regras que se aplicam da mesma maneira a todos, podemos deixar que cada indivíduo encontre seu próprio nível.

Existe toda a diferença no mundo entre tratar as pessoas igualmente e tentar torná-las iguais. Enquanto a primeira é a condição de uma sociedade livre, a segunda significa, como Tocqueville descreveu, "uma nova forma de servidão".[17]

5

Da consciência das limitações do conhecimento individual e do fato de que nenhuma pessoa ou pequeno grupo de pessoas pode saber tudo o que é conhecido por alguém, o individualismo também tira sua principal conclusão prática: sua exigência de uma limitação estrita de todo poder coercitivo ou exclusivo. No entanto, sua oposição é dirigida apenas contra o uso da *coerção* para produzir organização ou associação, e não contra a associação como tal. Longe de se opor à associação voluntária, o caso do individualista se baseia, ao contrário, na alegação de que grande parte do que, na opinião de muitos, pode ser produzido apenas pela direção consciente pode ser mais bem alcançado pela colaboração voluntária e espontânea dos indivíduos. Portanto, o individualista consistente deve ser um entusiasta da colaboração voluntária — onde e quando ela não degenere na coerção dos outros ou leve à assunção de poderes exclusivos.

É claro que o verdadeiro individualismo não é anarquismo, que é apenas outro produto do pseudoindividualismo racionalista ao qual se opõe. Ele não nega a necessidade de poder coercitivo, mas deseja limitá-lo — limitá-lo aos campos onde é indispensável impedir a coerção pelos outros e a fim de reduzir ao mínimo o total de coerção. Embora todos os filósofos individualistas provavelmente concordem com essa fórmula geral, devemos admitir que eles nem sempre são muito informativos sobre sua aplicação em casos específicos. Nem a muito utilizada e muito incompreendida frase de *"laissez faire"*, nem a fórmula ainda mais antiga de "proteção da vida, liberdade e propriedade" são de grande ajuda. Na verdade, uma vez que ambas tendem a sugerir que podemos simplesmente deixar as coisas como estão, podem ser piores do que nenhuma resposta; certamente não nos dizem o que são e o que não são campos desejáveis ou necessários da atividade governamental. No entanto, a decisão de se a filosofia individualista pode nos servir como um guia prático deve, em última análise, depender se nos permitirá distinguir entre a agenda e a não agenda do governo.

Algumas regras gerais desse tipo, que são de aplicabilidade muito ampla, parecem-me derivar dos princípios básicos do individualismo: se cada homem deve usar *seu* conhecimento e sua habilidade peculiares com o propósito de promover os objetivos com os quais *ele* se importa, e se, ao fazer isso, ele deve dar a maior contribuição possível às necessidades que estão além do seu alcance, é claramente necessário, em primeiro lugar, que ele deve ter uma área de responsabilidade bem delimitada e, em segundo lugar, que a importância relativa para ele, dos diferentes resultados que pode alcançar, deve corresponder à importância relativa para os outros dos efeitos mais remotos e para ele desconhecidos de sua ação.

Consideremos, primeiro, o problema da determinação de uma esfera de responsabilidade e deixemos o segundo problema para depois. Se o homem tem de permanecer livre para fazer pleno uso de seu conhecimento e habilidade, a delimitação de esferas de responsabilidade não deve assumir a forma de uma atribuição de fins específicos que ele precisa tentar alcançar. Isso significaria impor um dever específico, em vez de delimitar uma esfera de responsabilidade. Nem deve assumir a forma de atribuir-lhe recursos específicos selecionados por alguma autoridade, o que tiraria a escolha de suas mãos tanto quanto a imposição de tarefas específicas. Se é preciso que o homem exerça seus próprios dons, deve ser como resultado de suas atividades e do planejamento a que sua esfera de responsabilidade é determinada. A solução para esse problema que os homens, gradualmente, desenvolveram e que antecede o governo no sentido moderno da palavra envolve a aceitação de princípios formais, "viver segundo uma regra permanente, comum a todos nessa sociedade"[18] — de regras que, acima de tudo, permitem ao homem distinguir entre o meu e o teu, e pelas quais ele e seus companheiros podem determinar qual é a sua esfera de responsabilidade e qual é a de outras pessoas.

O contraste fundamental entre governo por regras, cujo propósito principal é informar ao indivíduo qual é sua esfera de responsabilidade dentro da qual ele deve moldar sua própria vida, e governo por ordens, que impõe deveres específicos, tornou-se tão indistinto nos últimos anos que é necessário considerar isso um pouco mais. Envolve nada menos que a distinção entre liberdade de acordo com a lei e o uso da máquina legislativa, quer democrática, quer não, para abolir a liberdade. O ponto essencial não é que deve haver algum tipo de princípio orientador por trás das ações do governo, mas que o governo deve se limitar a fazer com que os indivíduos observem princípios que *eles* conhecem e podem levar em consideração em *suas* decisões. Significa, além disso, que aquilo que cada indivíduo pode ou não fazer, ou aquilo que ele pode esperar que seus conterrâneos façam ou não façam, não deve depender de algumas consequências remotas e indiretas que suas ações possam ter, mas das circunstâncias imediatas e facilmente reconhecíveis que ele deve saber. Ele deve ter regras relativas a situações típicas, definidas em termos do que pode ser conhecido pelas pessoas agentes e sem levar em conta os efeitos distantes no caso específico — regras que, se regularmente observadas, funcionarão na maioria dos casos de forma benéfica — mesmo que isso não aconteça nos proverbiais *"hard cases which make bad law"* [casos difíceis que produzem leis ruins].

O princípio mais geral em que se baseia um sistema individualista é que ele usa a aceitação universal dos princípios gerais como meio de criar ordem nas questões sociais. É o oposto do referido governo por princípios, no qual, por exemplo, um plano recente para uma economia controlada sugere como "o princípio fundamental da organização (...) que, em qualquer caso específico, o meio que melhor serve a sociedade deve ser aquele que prevaleça".[19] Assim, é uma séria confusão falar de princípio quando tudo o que se quer dizer é que nenhum princípio deve governar, mas apenas a conveniência; quando tudo depende do que a

INDIVIDUALISMO: O VERDADEIRO E O FALSO

autoridade decreta serem "os interesses da sociedade". Os princípios são um meio de evitar choques entre objetivos conflitantes, e não um conjunto de fins fixos. Nossa submissão aos princípios gerais é necessária porque não podemos ser guiados em nossa ação prática pelo pleno conhecimento e pela avaliação de todas as consequências. Uma vez que os homens não são oniscientes, a única maneira pela qual a liberdade pode ser atribuída ao indivíduo é por meio dessas regras gerais, para delimitar a esfera em que a decisão é dele. Não pode haver liberdade se o governo não se limita a tipos específicos de ação, mas pode empregar seus poderes em todas as formas que sirvam a fins específicos. Como Lord Acton assinalou há muito tempo: "Sempre que um único objeto definido passa a ser o fim supremo do Estado, seja a vantagem de uma classe, a segurança ou o poder do país, a maior felicidade do maior número ou o apoio de qualquer ideia especulativa, o Estado se torna naquele momento inevitavelmente absoluto".[20]

6

Mas se nossa principal conclusão é que uma ordem individualista deve se basear na aplicação de princípios abstratos, e não na imposição de ordens específicas, isso ainda deixa em aberto a questão do tipo de regras gerais que queremos. Limita o exercício dos poderes coercitivos principalmente a um método, mas ainda permite um escopo quase ilimitado à engenhosidade humana na concepção do conjunto de regras mais eficaz; e, ainda que, na maioria dos casos, as melhores soluções para os problemas concretos tenham que ser descobertas pela experiência, há muito mais que podemos aprender dos princípios gerais do individualismo quanto à natureza e ao conteúdo desejável dessas regras. Em primeiro lugar, há um importante corolário sobre o que já foi dito; a saber, que as regras, porque precisam servir como sinais para os indivíduos fazerem seus próprios planos, devem ser concebidas para permanecerem válidas por longos períodos. Basicamente, a política liberal ou individualista deve ser uma política de longo prazo; a moda atual de se concentrar nos efeitos de curto prazo, e justificar isso com o argumento de que "a longo prazo, estaremos todos mortos", leva inevitavelmente à dependência em ordens ajustadas a

A ORDEM ECONÔMICA E A LIVRE INICIATIVA

circunstâncias particulares do momento, no lugar de regras expressas em termos de situações típicas.

No entanto, precisamos e obtemos dos princípios básicos do individualismo um auxílio muito mais claro do que esse para a construção de um sistema jurídico adequado. O esforço para fazer o homem, pela busca de seus interesses, contribuir o máximo possível para as necessidades dos outros homens não leva apenas ao princípio geral da "propriedade privada", mas também nos ajuda a determinar qual deve ser o conteúdo dos direitos de propriedade com respeito a diferentes tipos de coisas. A fim de que, em suas decisões, o indivíduo leve em consideração todos os efeitos físicos causados por essas decisões, é necessário que a "esfera de responsabilidade" da qual tenho falado englobe, tanto quanto possível, todos os efeitos diretos que as ações do indivíduo têm sobre as satisfações que as outras pessoas obtêm das coisas sob o controle dele. Em geral, isso se consegue pela simples concepção da propriedade como o direito exclusivo de utilizar uma coisa específica quando se trata de efeitos móveis ou do que um advogado chama de "bens móveis". Porém, suscita problemas muito mais difíceis referentes a terra, onde o reconhecimento da propriedade privada nos ajuda muito pouco até sabermos exatamente quais direitos e obrigações estão incluídos na posse. E quando abordamos problemas de origem mais recente, como do controle do ar ou da energia elétrica, ou das invenções e das criações literárias ou artísticas, nada menos do que voltar ao *fundamento lógico* da propriedade nos ajudará a decidir qual deve ser, neste caso específico, a esfera de controle ou responsabilidade do indivíduo.

Não posso aqui ir mais longe em relação ao assunto fascinante de um arcabouço legal adequado para um sistema individualista eficaz ou entrar na discussão de muitas funções suplementares, tais como assistência na divulgação de informações e na eliminação de incertezas genuinamente evitáveis,[21] pelas quais o governo pode aumentar muito a eficiência da ação individual. Menciono-as apenas para enfatizar que há outras funções (e não coercitivas!) de governo, além da mera aplicação do direito civil e penal, que podem ser plenamente justificadas com base em princípios individualistas.

No entanto, ainda resta um ponto, ao qual já me referi, mas que é tão importante que devo dar-lhe mais atenção. É que qualquer ordem individualista factível deve ser formulada não apenas de maneira que a remuneração relativa que o indivíduo pode esperar pelos diferentes usos de suas habilidades e de seus recursos corresponda à utilidade relativa de seus esforços para os outros, mas também que essa remuneração corresponda aos resultados objetivos de seus esforços, em vez de seus méritos subjetivos. Um mercado efetivamente competitivo satisfaz essas duas condições. No entanto, é em relação à segunda que nosso senso pessoal de justiça tantas vezes se revolta contra as decisões impessoais do mercado. Contudo, se o indivíduo deve ser livre para escolher, é inevitável que ele assuma o risco associado a essa escolha e que, em consequência, seja recompensado, não de acordo com a bondade ou a maldade de suas intenções, mas apenas com base no valor dos resultados para os outros. Devemos encarar o fato de que a preservação da liberdade individual é incompatível com a plena satisfação de nossas concepções de justiça distributiva.

7

Embora a teoria do individualismo tenha assim uma contribuição clara a dar para a técnica de construção de um arcabouço legal adequado e para o aperfeiçoamento das instituições que cresceram espontaneamente, sua ênfase, é claro, reside no fato de que a parte de nossa ordem social que pode ou deve se tornar um produto consciente da razão humana é apenas uma pequena parte de todas as forças da sociedade. Em outras palavras, que o Estado, ou seja, a personificação do poder deliberadamente organizado e conscientemente dirigido, deve ser apenas uma pequena parte do organismo muito mais rico que chamamos de "sociedade", e que o primeiro deve proporcionar somente uma estrutura na qual a colaboração livre dos homens (e, portanto, não "conscientemente dirigida") possui o máximo de escopo.

Isso implica certos corolários em relação aos quais o verdadeiro individualismo mais uma vez está em franca oposição ao falso individualismo do tipo racionalista. O primeiro é que o Estado deliberadamente organizado de um lado e o indivíduo do outro, longe de serem considerados as únicas realidades, enquanto todas as formações e associações intermediárias devem ser deliberadamente suprimidas, como era o objetivo da Revolução Francesa, as convenções não obrigatórias das relações sociais são

A ORDEM ECONÔMICA E A LIVRE INICIATIVA

consideradas como fatores essenciais para preservar o funcionamento ordenado da sociedade humana. O segundo é que o indivíduo, ao participar dos processos sociais, deve estar pronto e disposto a se ajustar às mudanças e a se submeter às convenções que não são resultado de *design* inteligente, cuja justificativa, no caso específico, pode não ser reconhecível, e que para o indivíduo muitas vezes parecerá ininteligível e irracional.

Não preciso dizer muito sobre o primeiro ponto. Esse verdadeiro individualismo confirma o valor da família e de todos os esforços comuns da pequena comunidade e do pequeno grupo, que acredita na autonomia local e nas associações voluntárias, e que realmente seu caso se baseia, em grande medida, na alegação que não precisa ser mais enfatizada de que muito para o qual a ação coercitiva do Estado geralmente é invocada pode ser mais bem realizada pela colaboração voluntária. Não pode haver maior contraste com isso do que o falso individualismo, que quer dissolver todos esses grupos menores em átomos que não têm coesão além das regras coercitivas impostas pelo Estado, e que procura tornar prescritivos todos os laços sociais, em vez de usar o Estado principalmente como uma proteção do indivíduo contra a apropriação dos poderes coercitivos por grupos menores.

Tão importante para o funcionamento de uma sociedade individualista quanto esses agrupamentos menores de homens são as tradições e convenções em evolução em uma sociedade livre e que, sem serem obrigatórias, estabelecem regras flexíveis, mas normalmente observadas, que tornam o comportamento de outras pessoas previsível em um alto grau. A disposição de se submeter a essas regras, não apenas enquanto se compreende a razão delas, mas enquanto não existem razões claras em contrário, é uma condição fundamental para a evolução gradual e o aperfeiçoamento das regras das relações sociais; e a propensão para se submeter normalmente aos produtos de um processo social que ninguém concebeu e as razões pelas quais ninguém pode entender também é uma condição indispensável para que seja possível dispensar a compulsão.[22] Claro que se trata de um lugar-comum que a existência de convenções e tradições comuns entre um grupo de pessoas lhes permitirá trabalhar em conjunto de maneira harmoniosa e eficiente, com muito menos organização formal e compulsão do que um grupo sem esse *background* comum. Mas o inverso disso, embora menos familiar, talvez não seja menos verdadeiro:

INDIVIDUALISMO: O VERDADEIRO E O FALSO

provavelmente, essa coerção só pode ser mantida no mínimo em uma sociedade em que as convenções e a tradição tornaram o comportamento do homem previsível em grande medida.[23]

Isso me leva ao segundo ponto: a necessidade, em qualquer sociedade complexa em que os efeitos da ação de qualquer pessoa vão muito além de seu possível campo de visão, de submissão do indivíduo às forças anônimas e aparentemente irracionais da sociedade, uma submissão que deve incluir não só a aceitação de regras de comportamento como válidas sem o exame do que depende de serem observadas no caso específico, mas também uma presteza em se ajustar a mudanças que podem afetar profundamente sua sorte e suas oportunidades e cujas causas podem ser totalmente ininteligíveis para ele. É contra elas que o homem moderno tende a se revoltar, a menos que se possa demonstrar que sua necessidade se baseia na "razão que se tornou clara e demonstrável para cada indivíduo". No entanto, é justamente aqui que o desejo compreensível de inteligibilidade produz demandas ilusórias que nenhum sistema pode satisfazer. O homem em uma sociedade complexa pode não ter escolha senão entre se ajustar ao que para ele são aparentemente as forças cegas do processo social e obedecer às ordens de um superior. Enquanto conhecer apenas a dura disciplina do mercado, ele pode muito bem considerar preferível a ordem de algum outro cérebro humano inteligente; mas quando ele tenta, logo descobre que o primeiro ainda lhe deixa pelo menos alguma escolha, ao passo que o segundo não lhe deixa nenhuma, e que é melhor ter uma escolha entre diversas opções desagradáveis do que ser coagido a uma.

A relutância em tolerar ou respeitar quaisquer forças sociais que não sejam reconhecíveis como produto de *design* inteligente, que é uma causa tão importante do desejo atual de planejamento econômico abrangente, é na verdade apenas um aspecto de um movimento mais geral. Encontramos a mesma tendência no campo da ética e das convenções, no desejo de substituir as linguagens existentes por uma artificial, e em toda atitude moderna referente a processos que governam o crescimento do conhecimento. A crença de que apenas um sistema ético sintético, uma linguagem artificial ou até uma sociedade artificial podem ser justificados em uma era da ciência, assim como a crescente relutância em se curvar diante de quaisquer regras morais cuja utilidade não seja racionalmente demonstrada ou se conformar com convenções cujo fundamento lógico

A ORDEM ECONÔMICA E A LIVRE INICIATIVA

não é conhecido, são manifestações da mesma visão básica que quer que toda atividade social seja reconhecidamente parte de um único plano coerente. São o resultado do mesmo "individualismo" racionalista que quer ver em tudo o produto da razão individual consciente. Certamente não são, no entanto, o resultado do verdadeiro individualismo e podem até dificultar ou impossibilitar o funcionamento de um sistema livre e verdadeiramente individualista. De fato, a grande lição que a filosofia individualista nos ensina a esse respeito é que, embora não seja difícil destruir as formações espontâneas que são as bases indispensáveis de uma civilização livre, talvez esteja além de nosso poder deliberadamente reconstruir essa civilização depois que essas fundações são destruídas.

8

O ponto que estou tentando defender é bem demonstrado pelo aparente paradoxo de que os alemães, ainda que em geral considerados muito obedientes, também costumam ser descritos como sendo particularmente individualistas. Com alguma verdade, esse suposto individualismo alemão é frequentemente apresentado como uma das causas do motivo pelo qual os alemães nunca tiveram sucesso em desenvolver instituições políticas livres. No sentido racionalista do termo, em sua insistência no desenvolvimento de personalidades "originais", que sob todos os aspectos são o produto da escolha consciente do indivíduo, a tradição intelectual alemã de fato favorece um tipo de "individualismo" pouco conhecido em outros lugares. Lembro-me muito bem de como fiquei surpreso e até chocado comigo mesmo quando, como jovem estudante, em meu primeiro contato com contemporâneos ingleses e norte-americanos, descobri o quanto eles estavam dispostos a se conformar com todas as circunstâncias externas de uso comum em vez de, como parecia natural para mim, se orgulhar de serem diferentes e originais na maioria dos aspectos. Se duvida da importância dessa experiência individual, você a encontrará plenamente confirmada na maioria das discussões alemãs referentes, por exemplo, ao sistema inglês de escola pública, como também no conhecido livro de Dibelius sobre a Inglaterra.[24] Repetidas vezes, você terá a mesma surpresa a respeito dessa tendência à

INDIVIDUALISMO: O VERDADEIRO E O FALSO

conformidade voluntária e a verá contrastada com a ambição do jovem alemão de desenvolver uma "personalidade original", que sob todos os aspectos, expressa o que ele passou a considerar correto e verdadeiro. É claro que esse culto da individualidade distinta e diferente possui raízes profundas na tradição intelectual alemã e, por meio da influência de alguns de seus maiores expoentes, sobretudo Goethe e Wilhelm von Humboldt, fez-se sentir muito além da Alemanha e é nitidamente visto em *On Liberty* [*Sobre a liberdade*], de J. S. Mill.

Esse tipo de "individualismo" não só nada tem a ver com o verdadeiro individualismo como também pode, de fato, ser um sério obstáculo ao funcionamento sem sobressaltos de um sistema individualista. Deve continuar a ser uma questão em aberto se uma sociedade livre ou individualista pode funcionar com sucesso se as pessoas são muito "individualistas" no falso sentido, se elas são bastante relutantes em se conformar voluntariamente com as tradições e as convenções, e se elas se recusam a reconhecer qualquer coisa que não seja conscientemente concebida ou que não possa ser demonstrada como racional para cada indivíduo. É pelo menos compreensível que a prevalência desse tipo de "individualismo" tenha feito, muitas vezes, as pessoas de boa vontade se desesperarem com a possibilidade de alcançar a ordem em uma sociedade livre, e até as tenha levado a pedir um governo ditatorial com o poder de impor à sociedade a ordem que ela não produzirá por si mesma.

Na Alemanha, em particular, essa preferência pela organização deliberada e o desprezo correspondente pelo espontâneo e descontrolado foi apoiada fortemente pela tendência à centralização gerada na luta pela unidade nacional. Em um país cujas tradições eram basicamente locais, a busca pela unidade implicou uma oposição sistemática a quase tudo que fosse crescimento espontâneo e sua substituição consistente por criações artificiais. O fato de, como um historiador recente bem descreveu como uma "busca desesperada por uma tradição que não possuíam",[25] os alemães terem criado um Estado totalitário que lhes impôs o que sentiam que lhes faltava talvez não devesse ter nos surpreendido tanto quanto nos surpreendeu.

… A ORDEM ECONÔMICA E A LIVRE INICIATIVA

9

Se é verdade que a tendência progressiva ao controle central de todos os processos sociais é o resultado inevitável de uma abordagem que insiste que tudo deve ser cuidadosamente planejado e produzido para mostrar uma ordem reconhecível, também é verdade que essa propensão tende a criar condições em que nada além de um governo central todo-poderoso pode preservar a ordem e a estabilidade. A concentração de todas as decisões nas mãos da própria autoridade gera um estado de coisas em que a estrutura que a sociedade ainda possui é imposta pelo governo e em que os indivíduos se tornam unidades intercambiáveis sem outras relações definidas ou duráveis entre si além daquelas determinadas pela organização totalmente abrangente. No jargão dos sociólogos modernos, esse tipo de sociedade passou a ser conhecida como "sociedade de massa" — um nome um tanto enganoso, porque os atributos característicos de tipo de sociedade não são tanto o resultado de meros números, mas sim da falta de qualquer estrutura espontânea além daquela incutida nela pela organização deliberada, da incapacidade de desenvolver suas próprias diferenciações e de uma consequente dependência de um poder que a molda e a conforma deliberadamente. Ela está associada com números apenas à medida que, nas grandes nações, o processo de centralização chegará muito mais cedo a um ponto em que a organização deliberada a partir de cima sufoque aquelas formações espontâneas que se baseiam em contatos mais próximos e mais íntimos do que aqueles que podem existir na grande unidade.

Não é de se surpreender que, no século XIX, quando essas tendências se tornaram bem visíveis, a oposição à centralização tenha se tornado uma das principais preocupações dos filósofos individualistas. Essa oposição é especialmente marcante nos escritos de dois grandes historiadores cujos nomes já destaquei como os principais representantes do verdadeiro individualismo no século XIX: Tocqueville e Lord Acton; e encontra expressão em suas fortes simpatias pelos países pequenos e pela organização federal das grandes unidades. Há ainda mais razões agora para considerar que os países pequenos podem, em breve, se tornar os últimos oásis que preservarão uma sociedade livre. Já pode ser tarde demais para impedir o curso fatal da centralização progressiva nos países maiores, que estão em vias de produzir aquelas sociedades de massa em que o

INDIVIDUALISMO: O VERDADEIRO E O FALSO

despotismo no final aparece como a única salvação. Se os países pequenos escaparão irá depender de eles conseguirem se manter livres do veneno do nacionalismo, que é tanto um incentivo quanto um resultado dessa mesma busca por uma sociedade conscientemente organizada a partir de cima.

A atitude do individualismo em relação ao nacionalismo, que intelectualmente não é mais que um irmão gêmeo do socialismo, mereceria uma discussão especial. Aqui, posso apenas destacar que a diferença fundamental entre o que, no século XIX, era considerado liberalismo no mundo anglófono e o que era assim chamado na Europa continental está intimamente ligada, respectivamente, à sua descendência do verdadeiro individualismo e do falso individualismo racionalista. Geralmente, apenas o liberalismo no sentido inglês se opôs à centralização, ao nacionalismo e ao socialismo, enquanto o liberalismo predominante na Europa continental favoreceu todos os três. No entanto, devo acrescentar que, tanto neste como em muitos outros aspectos, John Stuart Mill e o liberalismo inglês posterior derivado dele pertencem pelo menos à tradição tanto inglesa quanto da Europa continental; e desconheço qualquer discussão mais esclarecedora dessas diferenças básicas do que a crítica de Lord Acton às concessões feitas por Mill às tendências nacionalistas do liberalismo da Europa continental.[26]

10

Existem outros dois pontos de diferença entre os dois tipos de individualismo que também são mais bem esclarecidos pela posição assumida por Lord Acton e Tocqueville por meio de seus pontos de vista sobre democracia e igualdade em relação às tendências que na época deles se destacaram. O verdadeiro individualismo não só acredita na democracia, mas também pode dizer que os ideais democráticos surgem dos princípios básicos do individualismo. No entanto, embora o individualismo afirme que todo governo deve ser democrático, ele não possui a crença supersticiosa na competência ilimitada das decisões da maioria e, em particular, recusa-se a admitir que "o poder absoluto pode, pela hipótese da origem popular, ser tão legítimo quanto a liberdade constitucional".[27] Acredita que, sob uma democracia, não menos que sob qualquer outra forma de governo, "a esfera do comando imposto deve ficar restrita dentro de limites defini- dos";[28] e se opõe em particular ao mais fatídico e perigoso de todos os atuais equívocos a respeito da democracia: a crença de que devemos acei- tar como verdadeiras e obrigatórias para o desenvolvimento futuro as vi- sões da maioria. Embora a democracia se baseie na convenção de que a visão da maioria decide sobre a ação comum, isso não significa que aquilo que hoje é a visão da maioria deva se tornar a visão geralmente aceita — mesmo se isso fosse necessário para alcançar os objetivos da maioria. Ao contrário, toda a justificativa da democracia reside no fato de que, ao lon- go do tempo, o que hoje é a visão de uma minoria pode se tornar a visão da maioria. Na verdade, acredito que uma questão importantíssima para a qual a teoria política terá que achar uma solução em um futuro próximo será en- contrar uma linha de demarcação entre os campos em que as visões da maioria devam ser vinculativas a todos e os campos em que, ao contrário, a visão da minoria deva poder prevalecer se puder produzir resultados que melhor satisfaçam uma demanda do público. Acima de tudo, estou conven- cido de que, no que diz respeito aos interesses de um determinado ramo comercial, a visão da maioria será sempre a visão reacionária e estática, e que o mérito da concorrência é certamente dar à minoria a chance de pre- valecer. Quando isso puder ser feito sem quaisquer poderes coercitivos, deverá sempre haver o direito de fazê-lo.

Não posso resumir melhor essa atitude do verdadeiro individualismo em relação à democracia do que citando Lord Acton mais uma vez: "O ver- dadeiro princípio democrático, de que ninguém deve ter poder sobre o povo, significa que ninguém será capaz de conter ou ludibriar seu poder. O verdadeiro princípio democrático, de que o povo não será obrigado a fa- zer o que não gosta, significa que nunca será obrigado a tolerar o que não aprecia. O verdadeiro princípio democrático, de que a vontade de cada ho- mem deve ser tão irrestrita quanto possível, significa que o livre-arbítrio do povo nunca será restringido".[29]

No entanto, quando nos voltamos para a igualdade, deve-se dizer imediatamente que o verdadeiro individualismo não é igualitário no sen- tido moderno da palavra. Ele não pode ver nenhuma razão para tentar tor- nar as pessoas iguais, o que é distinto de tratá-las igualmente. Embora o individualismo se oponha profundamente ao privilégio prescritivo, a toda proteção, pela lei ou pela força, de quaisquer direitos não baseados em regras aplicáveis igualmente a todas as pessoas, também nega ao governo o direito de limitar o que os capazes ou afortunados podem alcançar. Opõe-se igualmente a qualquer limitação rígida da posição que os indivíduos podem alcançar, seja esse poder usado para perpetuar a desigualdade ou para criar a igualdade. Seu princípio fundamental é que nenhum homem ou grupo de homens deve ter o poder de decidir qual haverá de ser o *status* de outro homem, e considerar isso uma condição de liberdade tão essencial que não deve ser sacrificada para a satisfação de nosso senso de justiça ou de nossa inveja.

Do ponto de vista do individualismo, não parece existir nenhuma justificativa para fazer todos os indivíduos começarem do mesmo nível, impedindo-os de lucrar com vantagens que de modo algum conquistaram, como nascer de pais mais inteligentes ou mais conscienciosos do que a média. Nesse caso, de fato, o individualismo é menos "individualista" do que o socialismo, porque reconhece a família como unidade legítima tanto quanto o indivíduo; o mesmo é válido no referente a outros grupos, como comunidades linguísticas ou religiosas, que, por seus esforços comuns, podem ter sucesso por longos períodos em preservar a seus membros padrões materiais ou morais diferentes daqueles do resto da população. Tocqueville e Lord Acton falam em uníssono sobre esse assunto. Tocqueville escreve: "Democracia e socialismo não têm nada em comum além de uma palavra: igualdade. Mas note a diferença: enquanto a democracia busca a igualdade na liberdade, o socialismo busca a igualdade na restrição e na servidão". E Acton se juntou a ele na crença de que "a causa mais profunda que tornou a Revolução Francesa tão desastrosa para a liberdade foi sua teoria da igualdade" e que "a melhor oportunidade já dada ao mundo foi jogada fora, porque a paixão pela igualdade tornou vã a esperança pela liberdade".

11

Seria possível continuar discutindo por um longo tempo outras diferenças que separam as duas tradições de pensamento que, embora tenham o mesmo nome, são divididas por princípios fundamentalmente opostos. Mas não devo me permitir desviar muito da minha tarefa de remontar até sua fonte a confusão resultante disso, e devo mostrar que existe uma tradição consistente que, concordem ou não comigo que é o "verdadeiro individualismo", é de qualquer forma o único tipo de individualismo que estou preparado para defender e, de fato, acredito, é o único tipo que pode ser defendido consistentemente. Portanto, para concluir, deixe-me voltar ao que disse no início: que a atitude fundamental do verdadeiro individualismo é de humildade em relação aos processos pelos quais a humanidade alcançou coisas que não foram concebidas ou compreendidas por nenhum indivíduo e são na realidade maiores do que as mentes individuais. Neste momento, a grande questão é se a mente do homem poderá continuar a crescer como parte desse processo ou se a razão humana deverá se colocar em grilhões de sua própria criação.

O que o individualismo nos ensina é que a sociedade é maior que o indivíduo apenas se é livre. Uma vez controlada ou dirigida, ela se limita aos poderes das mentes individuais que a controlam ou dirigem. Se a presunção da mente moderna, que não respeitará nada que não seja controlado conscientemente pela razão individual, não aprender a tempo quando parar, poderemos, como Edmund Burke nos advertiu, "ter certeza de que tudo sobre nós diminuirá aos poucos, até que finalmente nossas preocupações sejam reduzidas às dimensões de nossas mentes".

CAPÍTULO II

Economia e conhecimento*

1

A ambiguidade do título deste artigo não é acidental. Naturalmente, seu assunto principal é o papel desempenhado pelas suposições e proposições sobre o conhecimento possuído pelos diferentes membros da sociedade na análise econômica. No entanto, isso não está de forma alguma desligado de outra questão capaz de ser discutida sob o mesmo título — aquela referente a até que ponto a análise econômica formal transmite algum conhecimento do que acontece no mundo real. De fato, minha argumentação principal será que as tautologias, das quais consiste essencialmente a análise de equilíbrio formal da economia, podem ser transformadas em proposições que nos dizem algo da causalidade no mundo real apenas se somos capazes de preencher essas proposições formais com declarações claras sobre como o conhecimento é adquirido e comunicado. Em suma, sustentarei que o elemento empírico na teoria econômica — a única parte que se preocupa não só com as implicações, mas também com as causas e efeitos, e que leva, portanto, a conclusões que, pelo menos em princípio, são passíveis de verificação[1] — consiste em proposições referentes à aquisição de conhecimento.

Talvez devesse começar lembrando do interessante fato de que, em várias das tentativas mais recentes realizadas em diferentes campos para

---

* Discurso presidencial proferido perante o London Economic Club, em 10 de novembro de 1936. Reimpresso de *Economica*, IV (new ser., 1937), pp. 33-54.

A ORDEM ECONÔMICA E A LIVRE INICIATIVA

levar a investigação teórica além dos limites da análise de equilíbrio tradicional, a resposta logo provou girar em torno das suposições que fazemos em relação a um ponto que, se não é idêntico ao meu, é pelo menos parte dele, especificamente, em relação à previsão. Considero que o campo no qual, como seria de se esperar, a discussão das suposições quanto à previsão primeiro atraiu uma atenção mais ampla foi a teoria do risco.[2] O estímulo que foi exercido nesse contexto pela obra de Frank H. Knight pode ainda provar ter uma influência profunda muito além de seu campo específico. Não muito depois, as suposições a serem feitas quanto à previsão mostraram-se de importância fundamental para a solução dos quebra-cabeças da teoria da concorrência imperfeita, as questões do duopólio e do oligopólio. Desde então, tornou-se cada vez mais evidente que, no tratamento das questões mais "dinâmicas" das flutuações monetárias e industriais, as suposições a serem feitas sobre previsão e "antecipações" desempenham um papel igualmente fundamental e que, em particular, os conceitos que foram assumidos nesses campos a partir da análise do equilíbrio puro, como os de uma taxa de juros de equilíbrio, poderiam ser devidamente definidos apenas em termos de suposições relativas à previsão. A situação aqui parece ser que, antes de podermos explicar por que as pessoas cometem erros, devemos primeiro explicar por que elas deveriam estar certas.

Em geral, parece que chegamos a um ponto em que todos percebemos que o próprio conceito de equilíbrio pode ser definido e claro apenas em termos de suposições relativas à previsão, embora possamos ainda não concordar com quais são exatamente essas suposições essenciais. Essa questão ainda me ocupará neste ensaio. No momento, estou interessado apenas em mostrar que, na conjuntura atual, se queremos definir os limites da estática econômica ou se queremos ir além deles, não podemos fugir do controverso problema da posição exata que as suposições sobre previsão devem ter em nosso raciocínio. Será que isso pode ser meramente um acidente?

Como já sugeri, a razão para isso me parece ser termos que lidar aqui apenas com um aspecto específico de uma questão muito mais ampla que deveríamos ter enfrentado em um estágio muito anterior. De fato, questões basicamente semelhantes às mencionadas surgem assim que tentamos aplicar o sistema de tautologias — aquela série de proposições que são necessariamente verdadeiras porque são meramente transformações

ECONOMIA E CONHECIMENTO

de suposições das quais partimos e que constituem o conteúdo principal da análise de equilíbrio — para a situação de uma sociedade composta de diversas pessoas independentes. Há muito que sinto que o próprio conceito de equilíbrio e os métodos que empregamos na análise pura possuem um significado claro apenas quando restritos à análise da ação de uma única pessoa, e que estamos realmente passando para uma esfera diferente e introduzindo silenciosamente um novo elemento de caráter totalmente diferente quando aplicamos à explicação das interações de uma série de indivíduos também diferentes.

Tenho certeza de que muitos encaram com impaciência e desconfiança toda a tendência, inerente a toda análise de equilíbrio moderna, de transformar a economia em um ramo da lógica pura, um conjunto de proposições evidentes que, como a matemática ou a geometria, não estão sujeitas a nenhum outro teste que não seja o da consistência interna. Contudo, parece que, se ao menos esse processo for levado suficientemente longe, levará consigo o seu próprio remédio. Ao destilar de nosso raciocínio sobre os fatos da vida econômica as partes que são verdadeiras *a priori*, não só isolamos um elemento de nosso raciocínio como uma espécie de Lógica Pura da Escolha em toda a sua pureza, mas também isolamos e enfatizamos a importância de outro elemento que foi muito negligenciado. Minha crítica em relação às tendências recentes de tornar a teoria econômica cada vez mais formal não é que elas foram longe demais, mas que ainda não foram levadas suficientemente longe para completar o isolamento desse ramo da lógica e restaurar a seu devido lugar a investigação dos processos causais, empregando a teoria econômica formal como uma ferramenta da mesma forma que a matemática.

2

Porém, antes que eu possa provar minha argumentação de que as proposições tautológicas da análise de equilíbrio puro como tais não são diretamente aplicáveis à explicação das relações sociais, devo primeiro mostrar que o conceito de equilíbrio *possui* um significado claro se aplicado às ações de um único indivíduo e qual é esse significado. Contra minha argumentação, pode-se sustentar que é precisamente aqui que o

A ORDEM ECONÔMICA E A LIVRE INICIATIVA

conceito de equilíbrio não tem significado, porque, se alguém quisesse aplicá-lo, tudo que se poderia dizer seria que uma pessoa isolada está sempre em equilíbrio. Todavia, essa última afirmação, embora um truísmo, mostra somente a maneira como o conceito de equilíbrio costuma ser mal utilizado. O que é relevante não é se uma pessoa como tal está ou não em equilíbrio, mas quais de suas ações estão em relações mútuas de equilíbrio. Todas as proposições de análise de equilíbrio, como a proposição de que os valores relativos corresponderão aos custos relativos ou de que uma pessoa igualará os retornos marginais de qualquer fator em seus diferentes usos, são proposições a respeito das relações entre ações. Pode-se dizer que as ações de uma pessoa estão em equilíbrio uma vez que possam ser entendidas como parte de um plano. Apenas se for esse o caso, apenas se todas essas ações tiverem sido decididas ao mesmo tempo, e tendo em conta o mesmo conjunto de circunstâncias, nossas afirmações sobre suas interconexões, que deduzimos de nossas suposições do conhecimento e das preferências da pessoa, terão alguma aplicação. É importante lembrar que os chamados "dados", dos quais partimos neste tipo de análise, são (além de seus gostos) todos os fatos dados à pessoa em questão, as coisas como são conhecidas por ela como existentes (ou que ela acredita existir), e não, em rigor, a fatos objetivos. É só por causa disso que as proposições que deduzimos são necessariamente válidas *a priori* e que preservamos a consistência do argumento.[3]

As duas conclusões principais dessas considerações são, em primeiro lugar, que, uma vez que existam relações de equilíbrio entre as ações sucessivas de uma pessoa apenas à medida que fazem parte da execução do mesmo plano, qualquer mudança no conhecimento pertinente da pessoa, isto é, qualquer mudança que a leve a alterar seu plano, perturba a relação de equilíbrio entre suas ações antes e depois da mudança em seu conhecimento. Em outras palavras, a relação de equilíbrio abrange apenas as ações da pessoa durante o período em que suas antecipações se mostram corretas. Em segundo lugar, que, em razão de o equilíbrio ser uma relação entre ações, e em razão de as ações de uma pessoa deverem necessariamente ocorrer de modo sucessivo no tempo, é óbvio que a passagem do tempo é essencial para dar algum significado ao conceito de equilíbrio. Isso merece menção, já que muitos economistas parecem ter sido incapazes de encontrar um lugar para o tempo na análise de equilíbrio e, portanto, sugeriram que o equilíbrio deve ser concebido como atemporal. Esta me parece ser uma afirmação sem sentido.

3

Agora, apesar do que eu disse antes sobre o significado questionável da análise de equilíbrio neste sentido se aplicada às condições de uma sociedade competitiva, evidente que não quero negar que o conceito foi originalmente introduzido precisamente para descrever a ideia de algum tipo de equilíbrio entre as ações de diferentes indivíduos. Tudo que sustentei até aqui é que o sentido em que usamos o conceito de equilíbrio para descrever a interdependência das diferentes ações de uma pessoa não admite imediatamente a aplicação às relações entre as ações de diferentes pessoas. A questão de fato é o uso que fazemos disso quando falamos de equilíbrio com referência a um sistema competitivo.

A primeira resposta que parece derivar de nossa abordagem é que o equilíbrio neste contexto existe se as ações de todos os membros da sociedade ao longo de um período são todas execuções de seus respectivos planos individuais, sobre os quais cada um decidiu no início do período. No entanto, quando inquirimos mais a respeito do que exatamente isso implica, parece que essa resposta suscita mais dificuldades do que soluções. Não há nenhuma dificuldade específica quanto ao conceito de uma pessoa isolada (ou um grupo de pessoas dirigidas por uma delas) agindo durante um período de acordo com um plano preconcebido. Nesse caso, o plano não precisa satisfazer nenhum critério específico a fim de que sua execução seja concebível. Claro que ele pode se basear em suposições erradas relativas aos fatos externos e, por conta disso, talvez precise ser alterado. Mas sempre haverá um conjunto concebível de eventos externos que tornaria possível executar o plano conforme originalmente concebido.

Contudo, a situação é diferente com planos determinados de modo simultâneo, mas de forma independente, por várias pessoas. Em primeiro lugar, para que todos esses planos possam ser executados, é necessário que eles se baseiem na expectativa do mesmo conjunto de eventos externos, pois, se diferentes pessoas baseassem seus planos em expectativas conflitantes, nenhum conjunto de eventos externos tornaria possível a execução de todos esses planos. E, em segundo lugar, em uma sociedade baseada em trocas, seus planos, em grande medida, consistirão em ações que requerem outras ações correspondentes da parte dos outros indivíduos. Isso significa que, em um sentido específico, os planos de diferentes indivíduos devem ser compatíveis, para ser concebível que eles sejam capazes de executá-los em sua totalidade.[4] Ou, para dizer o mesmo em outras palavras, visto que alguns dos dados em que qualquer pessoa baseará seus planos serão a expectativa de que outras pessoas ajam de uma determinada maneira, é fundamental para a compatibilidade de diferentes planos que os planos de um indivíduo contenham exatamente aquelas ações que constituem os dados para os planos de outro.

No tratamento tradicional da análise de equilíbrio, aparentemente parte dessa dificuldade é evitada pela assunção de que os dados, sob a forma de tabelas de demanda representando gostos individuais e fatos técnicos, são dados igualmente a todos os indivíduos, e que, de alguma forma, a ação deles sob as mesmas premissas levará a que seus planos se adaptem mutuamente. Tem sido muitas vezes assinalado que isso na verdade não supera a dificuldade criada pelo fato de que as ações de uma pessoa são os dados de outra pessoa, e que isso, até certo ponto, envolve um raciocínio circular. No entanto, o que parece até agora ter escapado à atenção é que todo esse procedimento envolve uma confusão de caráter muito mais geral, do qual o ponto que acabamos de mencionar é apenas um elemento específico, e que se deve a uma ambiguidade do termo *"datum"*. Evidentemente, os dados que aqui deveriam ser fatos objetivos e iguais para todas as pessoas não são mais os mesmos dados que constituíram o ponto de partida para as transformações tautológicas da Lógica Pura da Escolha. Ali, os "dados" significavam aqueles fatos, e apenas aqueles fatos, que estavam presentes na mente da pessoa em ação, e só essa interpretação subjetiva do termo *"datum"* tornava essas proposições verdades necessárias. *"Datum"* significava dado, conhecido, para a pessoa em consideração. Porém, na transição da análise da ação de um indivíduo para a análise da situação em uma sociedade, o conceito sofreu uma mudança insidiosa de significado.

ECONOMIA E CONHECIMENTO

4

A confusão a respeito do conceito de *"datum"* está na base de tantas das nossas dificuldades neste campo que é necessário considerá-lo mais detalhadamente. *"Datum"* significa, é claro, algo dado, mas a questão que fica em aberto, e que nas ciências sociais é capaz de duas respostas diferentes, é para *quem* os fatos devem ser dados. De forma subconsciente, os economistas parecem sempre ter se sentido algo desconfortáveis sobre esse ponto, e ter se tranquilizado em relação ao sentimento de que não sabiam muito bem a quem os fatos eram dados, enfatizando o fato de que *eram* dados, mesmo usando expressões pleonásticas como "dados dados". Mas isso não responde à questão sobre se os fatos referidos devem ser dados ao economista observador ou às pessoas cujas ações ele quer explicar, e, se for este último, se é assumido que os mesmos fatos são conhecidos por todas as diferentes pessoas no sistema ou se os "dados" para as diferentes pessoas podem ser diferentes.

Parece não haver dúvida possível de que esses dois conceitos de "dados" — por um lado, no sentido de fatos reais, objetivos, como o economista observador deve conhecê-los, e, por outro, no sentido subjetivo, como coisas conhecidas das pessoas cujo comportamento tentamos explicar — são mesmo fundamentalmente diferentes e devem ser cuidadosamente distinguidos. E, como veremos, a questão de por que os dados no sentido subjetivo do termo deveriam sempre vir a corresponder aos dados objetivos é um dos principais problemas a que temos que responder.

A utilidade da distinção torna-se logo evidente quando a aplicamos à questão do que podemos querer dizer com o conceito de uma sociedade se encontrar em um estado de equilíbrio em qualquer momento. Obviamente, há dois sentidos em que pode ser dito que os dados subjetivos, atribuídos a diferentes pessoas, e os planos individuais, que necessariamente derivam deles, estão de acordo. Podemos querer dizer simplesmente que esses planos são mutuamente compatíveis e que, portanto, há um conjunto concebível de eventos externos que permitirão que todas as pessoas executem seus planos e não provoquem quaisquer decepções. Se essa compatibilidade mútua de intenções não fosse dada, e se, em consequência, nenhum conjunto de eventos externos pudesse satisfazer todas as expectativas, poderíamos afirmar claramente que este não é um estado de equilíbrio. Temos uma situação em que é inevitável uma revisão dos planos por parte de pelo menos algumas pessoas, ou, para usar um termo que no passado teve um significado bastante vago, mas que parece caber perfeitamente nesse caso, onde perturbações "endógenas" são inevitáveis.

Ainda resta, porém, a outra questão de saber se os conjuntos individuais de dados subjetivos correspondem aos dados objetivos e, em consequência, se as expectativas nas quais os planos se basearam são corroboradas pelos fatos. Nesse sentido, se a correspondência entre os dados fosse necessária para o equilíbrio, nunca seria possível decidir de outra forma que não retrospectivamente, no final do período para o qual as pessoas planejaram, se no início a sociedade estava em equilíbrio. Parece estar mais em conformidade com o uso estabelecido dizer em tal caso que o equilíbrio, como definido no primeiro sentido, pode ser perturbado por um desenvolvimento imprevisto dos dados (objetivos) e descrever isso como uma perturbação exógena. De fato, parece pouco possível atribuir qualquer significado definido ao conceito muito usado de uma mudança nos dados (objetivos), a menos que distingamos entre desenvolvimentos externos em conformidade com o que foi esperado e aqueles diferentes disso, e definamos como uma "mudança" qualquer divergência entre o desenvolvimento real e o esperado, independentemente de significar uma "mudança" em algum sentido absoluto. Se, por exemplo, as alternâncias de estações cessassem de repente e as condições meteorológicas permanecessem constantes a partir de um determinado dia, isso sem dúvida representaria uma mudança de dados em nosso sentido; ou seja, uma mudança em relação às expectativas, embora em sentido absoluto isso não fosse representar uma mudança, mas sim uma ausência de mudança. Porém, tudo isso significa que podemos falar de uma mudança nos dados apenas se o equilíbrio no primeiro sentido existir; ou seja, se as expectativas coincidirem. Se elas entrassem em conflito, qualquer desenvolvimento dos fatos externos poderia corroborar as expectativas de alguém e decepcionar as dos outros, e não haveria possibilidade de decidir o que foi uma mudança nos dados objetivos.[5]

5

Para uma sociedade, então, *podemos* falar de um *estado* de equilíbrio em um ponto do tempo — mas isso significa apenas que os diferentes planos que os indivíduos que a compõem fizeram para a ação no tempo são mutuamente compatíveis. E o equilíbrio continuará, uma vez que exista, desde que os dados externos correspondam às expectativas comuns de todos os membros da sociedade. Nesse sentido, a continuidade de um estado de equilíbrio não depende de os dados objetivos serem constantes em um sentido absoluto e não está necessariamente limitada a um processo estacionário. Em princípio, a análise de equilíbrio torna-se aplicável a uma sociedade progressiva e às relações intertemporais de preços que vêm nos causando tantos problemas.[6]

Essas considerações parecem lançar luz considerável sobre a relação entre equilíbrio e previsão, que tem sido debatida acaloradamente nos últimos tempos.[7] Aparentemente, o conceito de equilíbrio significa apenas que a previsão dos diferentes membros da sociedade está correta em um sentido especial. Deve estar correta no sentido de que o plano de cada pessoa se baseia na expectativa das ações de outras pessoas que essas pretendem executar e que todos esses planos se baseiam na expectativa do mesmo conjunto de fatos externos, de modo que, sob certas condições, ninguém terá nenhuma razão para mudar seus planos. Então, a previsão correta não é, como às vezes foi entendida, uma precondição que deve existir para que o equilíbrio possa ser alcançado. É antes a característica definidora de um estado de equilíbrio. Para esse fim, a previsão nem precisa ser perfeita no sentido de precisar se estender a um futuro indefinido ou de todos preverem tudo corretamente. Devemos, antes, dizer que o equilíbrio durará desde que as antecipações se provem corretas e que precisam ser corretas apenas nos pontos relevantes para as decisões dos indivíduos. Mas sobre essa questão do que é previsão ou conhecimento relevante, mais detalhes posteriormente.

Antes de prosseguir, eu deveria talvez parar por um momento para ilustrar com um exemplo concreto o que acabei de dizer sobre o significado de um estado de equilíbrio e como ele pode ser perturbado. Considere os preparativos para a produção de casas. Os oleiros, os encanadores e outros produzirão materiais que, em cada caso, corresponderão a certa quantidade de casas para as quais essa quantidade de materiais em particular será necessária. Da mesma forma, podemos imaginar os potenciais compradores acumulando poupanças que lhes permitirão, em certas datas, comprar certo número de casas. Se todas essas atividades representam preparativos para a produção (e aquisição) da mesma quantidade de casas, podemos dizer que existe equilíbrio entre elas no sentido de que todas as pessoas envolvidas nelas podem achar que conseguem realizar seus planos.[8] Isso não precisa ser assim, porque outras circunstâncias que não fazem parte do plano de ação das pessoas podem se revelar diferentes do que elas esperavam. Parte dos materiais pode ser destruída em um acidente, as condições climáticas podem impossibilitar a construção ou uma invenção talvez altere as proporções em que os diferentes fatores são desejados. Isso é o que chamamos de mudança nos dados (externos), o que perturba o equilíbrio que existiu. Contudo, se os diferentes planos forem incompatíveis desde o início, será inevitável, aconteça o que acontecer, que os planos de alguém fiquem perturbados e tenham de ser alterados e que, em consequência, todo o complexo de ações ao longo do período não mostre aquelas características que se aplicam se todas as ações de cada indivíduo puderem ser entendidas como parte de um único plano individual, que ele fez no início.[9]

6

Quando em tudo isso enfatizo a distinção entre a mera intercompatibilidade dos planos individuais[10] e a correspondência entre eles e os fatos externos reais ou os dados objetivos, é claro que não pretendo sugerir que o interacordo subjetivo não seja de alguma forma produzido pelos fatos externos. Claro que não haveria nenhuma razão para que os dados subjetivos de diferentes pessoas correspondessem, a menos que se devessem à experiência dos mesmos fatos objetivos. Mas a questão é que a análise de equilíbrio puro não está preocupada com a maneira pela qual essa correspondência se produz. Na descrição de um estado de equilíbrio existente que ela fornece, assume-se simplesmente que os dados subjetivos coincidem com os fatos objetivos. As relações de equilíbrio não podem ser deduzidas meramente dos fatos objetivos, já que a análise do que as pessoas farão pode começar apenas do que é conhecido por elas. Tampouco a análise de equilíbrio pode começar meramente de um determinado conjunto de dados subjetivos, já que os dados subjetivos de diferentes pessoas seriam compatíveis ou incompatíveis; isto é, eles já determinariam se o equilíbrio existia ou não.

Não iremos muito além aqui, a menos que questionemos as razões de nossa preocupação com o estado de equilíbrio reconhecidamente fictício. Seja lá o que possa ser dito uma vez ou outra por economistas excessivamente puros, parece não restar dúvida de que a única justificativa para isso é a suposta existência de uma tendência ao equilíbrio. É apenas por essa asserção de que tal tendência existe que a economia deixa de ser um exercício de lógica pura e se torna uma ciência empírica; e é para a economia como uma ciência empírica que devemos nos voltar agora.

À luz de nossa análise do significado de um estado de equilíbrio, deve ser fácil dizer qual é o verdadeiro conteúdo da asserção de que existe uma tendência ao equilíbrio. Isso só pode significar que, sob certas condições, o conhecimento e as intenções dos diferentes membros da sociedade devem chegar cada vez mais a um acordo ou, para colocar a mesma coisa em termos menos gerais e menos exatos, mas mais concretos, que as expectativas das pessoas e, em particular, dos empreendedores se tornarão cada vez mais corretas. Nessa forma, a asserção da existência de uma tendência ao equilíbrio é claramente uma proposição empírica; isto é, uma asserção a respeito do que acontece no mundo real que deveria, pelo menos em tese, ser passível de verificação. E dá, à nossa afirmação um tanto abstrata, um significado de senso comum bastante plausível. O único problema é que ainda não sabemos (a) as condições sob as quais essa tendência deve existir e (b) a natureza do processo pelo qual o conhecimento individual é alterado.

7

Nas apresentações habituais da análise de equilíbrio geralmente parece que as questões de como o equilíbrio ocorre foram resolvidas. Mas, ao olharmos de modo mais atento, logo se torna evidente que essas demonstrações aparentes não são mais do que a prova evidente do que já foi assumido.[11] O artifício que costuma ser adotado para esse propósito é a suposição de um mercado perfeito, onde cada evento se torna conhecido instantaneamente de cada membro. É necessário lembrar aqui que o mercado perfeito requerido para satisfazer as suposições da análise de equilíbrio não deve ser limitado aos mercados específicos de todas as mercadorias individuais; todo o sistema econômico deve ser considerado um mercado perfeito no qual todos sabem tudo. A suposição de um mercado perfeito, então, significa nada menos que todos os membros da comunidade, mesmo que não devam ser estritamente oniscientes, pelo menos devem saber automaticamente tudo o que é relevante para suas decisões. Parece que aquele esqueleto em nosso armário, o "homem econômico", a quem exorcizamos com oração e jejum, voltou pela porta dos fundos na forma de um indivíduo quase onisciente.

A afirmação de que se as pessoas sabem tudo elas estão em equilíbrio é verdadeira simplesmente porque é assim que definimos equilíbrio. Nesse sentido, a suposição de um mercado perfeito é apenas outra maneira de dizer que o equilíbrio existe, mas não nos leva mais perto de uma explicação de quando e como tal estado ocorrerá. É evidente que, se quisermos fazer a asserção de que, sob certas condições, as pessoas se aproximarão desse estado, deveremos explicar por qual processo elas adquirirão o conhecimento necessário. Naturalmente, qualquer suposição sobre a aquisição real de conhecimento durante esse processo também será de caráter hipotético. Porém, isso não significa que todas essas suposições são igualmente justificadas. Temos que lidar aqui com suposições sobre causalidade, de modo que o que presumimos deve não apenas ser considerado possível (o que, sem dúvida, não é o caso se simplesmente considerarmos as pessoas como oniscientes), mas também deve ser considerado como provavelmente verdadeiro; e deve ser possível, pelo menos em princípio, demonstrar que é verdadeiro em casos específicos.

O ponto significativo aqui é que são essas hipóteses ou suposições, aparentemente subsidiárias, que as pessoas aprendem com a experiência e com as quais adquirem conhecimento, que constituem o conteúdo empírico de nossas proposições sobre o que acontece no mundo real. Geralmente, elas aparecem disfarçadas e incompletas como uma descrição do tipo de mercado ao qual nossa proposição se refere; mas esse é apenas um, embora talvez o mais importante, aspecto do problema mais geral de como o conhecimento é adquirido e comunicado. O ponto relevante do qual os economistas frequentemente parecem não ter consciência é que a natureza dessas hipóteses é, em muitos aspectos, bastante diferente das suposições mais gerais das quais parte a Lógica Pura da Escolha. As principais diferenças me parecem ser duas, a seguir.

Em primeiro lugar, as suposições das quais parte a Lógica Pura da Escolha são fatos que sabemos serem comuns a todo pensamento humano. Eles podem ser considerados como axiomas que definem ou delimitam o campo dentro do qual somos capazes de entender ou reconstruir mentalmente os processos de pensamento de outras pessoas. Portanto, são universalmente aplicáveis ao campo no qual estamos interessados — embora, é claro, onde *in concreto* estão os limites desse campo seja uma questão empírica. Eles se referem a um tipo de ação humana (que costumamos chamar de "racional", ou mesmo meramente "consciente", em contraste com a ação "instintiva"), e não a condições específicas sob as quais essa ação se realiza. Todavia, as suposições ou hipóteses, que temos de introduzir quando queremos explicar os processos sociais, dizem respeito à relação do pensamento de um indivíduo com o mundo exterior, à questão de até que ponto e como seu conhecimento corresponde aos fatos externos. E as hipóteses devem necessariamente abranger asserções sobre conexões causais, sobre como a experiência cria conhecimento.

Em segundo lugar, embora nossa análise possa ser exaustiva no campo da Lógica Pura da Escolha — isto é, embora possamos desenvolver aqui um aparato formal que inclua todas as situações concebíveis —, as hipóteses suplementares devem inevitavelmente ser seletivas; ou seja, devemos selecionar tais tipos ideais entre a infinita variedade de situações possíveis, que, por alguma razão, consideramos especialmente relevantes para as condições do mundo real.[12] Naturalmente, também poderíamos desenvolver uma ciência distinta, cujo assunto ficasse por definição restrito a um "mercado perfeito" ou a algum objeto definido de forma semelhante, assim como a Lógica Pura da Escolha se aplica apenas a pessoas que têm que destinar meios limitados entre uma variedade de fins. Para o campo assim definido, nossas proposições voltariam a ser verdadeiras *a priori*, mas para tal procedimento não deveríamos ter a justificativa que consiste na suposição de que a situação no mundo real é semelhante ao que supomos que seja.

8

Neste momento, devo voltar à questão de quais são as hipóteses concretas relativas às condições sobre as quais as pessoas devem adquirir o conhecimento relevante e o processo pelo qual elas devem adquiri-lo. Se fosse mesmo claro quais eram as hipóteses geralmente empregadas a este respeito, seriam necessárias duas ações: deveríamos ter que investigar se elas eram necessárias e suficientes para explicar um movimento em direção ao equilíbrio, e deveríamos ter que mostrar até que ponto eram confirmadas pela realidade. Mas agora temo estar chegando a um estágio em que se torna dificílimo dizer quais são exatamente as suposições com base nas quais afirmamos que haverá uma tendência ao equilíbrio e alegar que nossa análise possui uma aplicação para o mundo real.[13] Não posso fingir que ainda tenho muito mais a afirmar sobre esse ponto. Portanto, tudo o que posso fazer é formular uma série de perguntas para as quais teremos que encontrar uma resposta se quisermos ser claros sobre o significado de nosso argumento.

A única condição sobre a necessidade do estabelecimento de um equilíbrio com a qual os economistas parecem estar razoavelmente de acordo é a "constância dos dados". Porém, depois que vimos a imprecisão do conceito de *"datum"*, devemos suspeitar, e com razão, que isso não nos leva muito mais longe. Mesmo se assumirmos — como provavelmente devemos — que aqui o termo é utilizado em seu sentido objetivo (que inclui, devemos lembrar, as preferências dos diferentes indivíduos), não é de forma alguma evidente que isso seja requerido ou suficiente para que as pessoas adquiram realmente o conhecimento necessário ou que se conceba como uma declaração das condições sob as quais elas farão isso. De qualquer forma, é bastante significativo que alguns autores considerem necessário adicionar "conhecimento perfeito" como uma condição adicional e distinta.[14] Na verdade, veremos que a constância dos dados objetivos não é uma condição necessária nem suficiente. Que não pode ser uma condição necessária resulta do fato, em primeiro lugar, de que ninguém iria querer interpretar isso no sentido absoluto de que nada deve acontecer no mundo, e, em segundo lugar, que, como já vimos, assim que quisermos incluir mudanças que ocorrem periodicamente ou talvez até mudanças que ocorrem a uma taxa constante, a única maneira pela qual podemos definir constância é com

ECONOMIA E CONHECIMENTO

referência às expectativas. Então, tudo o que essa condição significa é que deve haver alguma regularidade discernível no mundo que torna possível prever eventos corretamente. Porém, embora isso não seja de modo algum o bastante para provar que as pessoas aprenderão a prever eventos corretamente, o mesmo é verdade, quase até certo ponto, a respeito da constância dos dados em um sentido absoluto. Para qualquer indivíduo, a constância dos dados de forma alguma significa constância em relação a todos os fatos independentes de si mesmo, visto que, é lógico, apenas os gostos, e não as ações das outras pessoas, podem nesse sentido ser assumidos como constantes. Como todas essas outras pessoas mudarão suas decisões à medida que forem ganhando experiência quanto às situações externas e quanto às ações de outras pessoas, não há nenhuma razão para que esses processos de mudanças sucessivas cheguem ao fim. Essas dificuldades são bem conhecidas,[15] e eu as menciono aqui apenas para lembrar o quão pouco realmente sabemos das condições sob as quais um equilíbrio será alcançado. Mas não proponho seguir essa linha de abordagem além disso, embora não porque essa questão de probabilidade empírica do que as pessoas aprenderão (isto é, que seus dados subjetivos virão a corresponder mutuamente e com os fatos objetivos) careça de problemas irresolvidos e bastante interessantes. A razão é que me parece haver outra maneira mais proveitosa de abordar o problema central.

9

As questões que acabei de discutir, relativas às condições sob as quais as pessoas tendem a adquirir o conhecimento necessário e ao processo pelo qual o adquirirão, receberam pelo menos alguma atenção em discussões anteriores. Contudo, há outra questão que me parece no mínimo igualmente importante, mas que, ao que tudo indica, não recebeu nenhuma atenção: quanto conhecimento e que tipo de conhecimento os diferentes indivíduos devem possuir para que possamos falar de equilíbrio? É claro que, se o conceito deve ter um significado empírico, não pode pressupor que todos sabem tudo. Já tive que utilizar o termo indefinido "conhecimento relevante"; isto é, o conhecimento que é relevante para uma pessoa em particular. Mas o que é esse conhecimento relevante? Não pode significar tão só o conhecimento que realmente influenciou suas ações, porque suas decisões talvez fossem diferentes não só se, por exemplo, o conhecimento que a pessoa possuía fosse correto em vez de incorreto, mas também se ela possuísse conhecimento de campos totalmente diferentes.

É evidente que existe aqui um problema de *divisão do conhecimento*[16] que é bastante análogo, e pelo menos tão importante quanto, o problema da divisão do trabalho. Mas enquanto esse último foi um dos principais objetos de investigação desde o início de nossa ciência, o primeiro foi completamente negligenciado, embora me pareça ser o problema realmente central da economia como ciência social. O problema que pretendemos resolver é como a interação espontânea de várias pessoas, cada uma possuindo apenas fragmentos de conhecimento, provoca um estado de coisas em que os preços correspondem aos custos etc., e que poderia ser produzido pela direção deliberada apenas por alguém que possuía o conhecimento somado de todos esses indivíduos. A experiência nos mostra que algo desse tipo acontece, visto que a observação empírica de que os preços tendem a corresponder aos custos foi o início da nossa ciência. Contudo, em nossa análise, em vez de mostrar quais fragmentos de informação as diferentes pessoas devem possuir para produzir esse resultado, voltamos a cair na suposição de que todos sabem tudo e, assim, fugimos de qualquer solução verdadeira do problema.

No entanto, antes que eu possa continuar a considerar essa divisão de conhecimento entre diferentes pessoas, é necessário ser mais específico acerca do tipo de conhecimento que é relevante neste contexto. Tornou-se habitual entre os economistas enfatizar apenas a necessidade de conhecimento dos preços, aparentemente porque — como consequência das confusões entre dados objetivos e subjetivos — o conhecimento completo dos fatos objetivos era dado como certo. Nos últimos tempos, mesmo o conhecimento dos preços correntes foi dado como tão certo que a única conexão em que se considerou problemática a questão do conhecimento foi a antecipação dos preços futuros. Mas, como já apontei no início deste ensaio, as expectativas de preços e mesmo o conhecimento dos preços correntes são, a meu ver, apenas uma parte muito pequena do problema do conhecimento. O aspecto mais amplo do problema do conhecimento com o qual estou preocupado é o conhecimento do fato básico de como as diferentes mercadorias podem ser obtidas e usadas,[17] e sob que condições elas são

ECONOMIA E CONHECIMENTO

realmente obtidas e usadas; isto é, a questão geral de por que os dados subjetivos para as diferentes pessoas correspondem aos fatos objetivos. Nosso problema aqui sobre o conhecimento é apenas a existência dessa correspondência, que em grande parte da análise de equilíbrio corrente é simplesmente assumida como existente, mas que temos que explicar se quisermos mostrar por que as proposições, que são necessariamente verdadeiras acerca da atitude de uma pessoa em relação às coisas que ela acredita terem certas propriedades, devem vir a ser verdade no que diz respeito às ações da sociedade quanto às coisas que apresentam essas propriedades, ou que, por alguma razão que teremos que explicar, os membros da sociedade geralmente acreditam que possuem essas propriedades.[18]

No entanto, voltando ao problema específico que venho discutindo, ou seja, a quantidade de conhecimento que diferentes indivíduos devem possuir para que o equilíbrio prevaleça (ou o conhecimento "relevante" que devem possuir): chegaremos mais perto de uma resposta se nos lembrarmos da maneira pela qual pode se tornar evidente que o equilíbrio não existia ou que está sendo perturbado. Vimos que as conexões de equilíbrio serão rompidas se qualquer pessoa mudar seus planos, seja porque seus gostos mudam (o que não nos interessa aqui) ou porque novos fatos se tornam por ela conhecidos. Contudo, existem evidentemente duas maneiras diferentes pelas quais ela pode ficar sabendo de novos fatos que a fazem mudar seus planos, os quais, para os nossos propósitos, são de significados totalmente diferentes. A pessoa pode ficar sabendo de novos fatos por acaso, ou seja, de uma maneira que não é uma consequência necessária de sua tentativa de executar seu plano original, ou pode ser inevitável que, ao longo de sua tentativa, ela descubra que os fatos são diferentes do que ela esperava. É evidente que, para que a pessoa possa proceder de acordo com o plano, seu conhecimento precisa estar correto apenas nos pontos em que será necessariamente confirmado ou corrigido ao longo da execução do plano. Mas ela pode não ter conhecimento de coisas que, se o tivesse, certamente afetariam seu plano.

Assim, a conclusão que devemos tirar é que o conhecimento relevante que a pessoa deve possuir para que o equilíbrio possa prevalecer é o conhecimento que ela é obrigada a adquirir em vista da posição em que originalmente se encontra, e os planos que ela então faz. Decerto não é todo o conhecimento que lhe será útil e a levará a uma mudança em seu

51

plano se ela adquiri-lo por acaso. Portanto, podemos muito bem ter uma posição de equilíbrio só porque algumas pessoas não têm chance de se inteirar dos fatos cujo conhecimento, se o tivessem, as induziria a alterar seus planos. Ou, em outras palavras, é apenas relativamente ao conhecimento que a pessoa está fadada a adquirir ao longo da tentativa de executar seu plano original que um equilíbrio tende a ser alcançado.

Em certo sentido, embora tal posição represente uma posição de equilíbrio, é evidente que não é um equilíbrio no sentido específico em que o equilíbrio é considerado uma espécie de posição ideal. Para que os resultados da combinação de fragmentos individuais de conhecimento sejam comparáveis aos resultados da direção de um ditador onisciente, outras condições devem pelo visto ser introduzidas.[19] Embora deva ser possível definir a quantidade de conhecimento que os indivíduos precisam possuir para que seu resultado ocorra, não conheço nenhuma tentativa verdadeira nesse sentido. Provavelmente, uma condição seria que cada um dos usos alternativos de qualquer tipo de recurso fosse conhecido pelo proprietário de alguns desses recursos realmente usados para outra finalidade e que, assim, todos os diferentes usos desses recursos fossem conectados, direta ou indiretamente.[20] Porém, menciono essa condição apenas como um exemplo de como, na maioria dos casos, será suficiente que, em cada campo, haja certa margem de pessoas que possuem entre si todos os conhecimentos relevantes. Seria uma tarefa interessante e muito importante elaborar mais isso, mas que excederia em muito os limites deste trabalho.

Embora o que eu disse sobre esse ponto tenha sido em grande medida sob a forma de uma crítica, não quero parecer excessivamente desapontado com o que já alcançamos. Mesmo que tenhamos passado por cima de um elo essencial em nosso argumento, ainda acredito que, pelo que está implícito em seu raciocínio, a economia se aproximou mais do que qualquer outra ciência social de uma resposta para a questão central de todas as ciências sociais: como a combinação de fragmentos de conhecimento existentes em diferentes mentes pode produzir resultados que, se fossem produzidos deliberadamente, exigiriam um conhecimento por parte da mente diretora que nenhuma pessoa sozinha é capaz de possuir? Nesse sentido, mostrar que as ações espontâneas dos indivíduos, sob condições que podemos definir, produzirão uma distribuição de recursos que pode ser entendida como

ECONOMIA E CONHECIMENTO

se fosse feita de acordo com um único plano, embora ninguém o tenha planejado, parece-me na verdade uma resposta para o problema que às vezes foi descrito metaforicamente como o da "mente social". Contudo, não devemos nos surpreender que tais alegações tenham sido geralmente rejeitadas, visto que não as baseamos nos fundamentos corretos.

Há apenas mais um ponto neste contexto que eu gostaria de mencionar. Se a tendência ao equilíbrio, que em bases empíricas temos razões para acreditar que existe, é apenas para um equilíbrio relativo àquele conhecimento que as pessoas adquirirão ao longo de sua atividade econômica, e se qualquer outra mudança de conhecimento deve ser considerada como uma "mudança de dados" no sentido habitual do termo, que cai fora da esfera da análise de equilíbrio, isso significaria que a análise de equilíbrio não pode mesmo nos dizer nada acerca do significado de tais mudanças no conhecimento, e também contribuiria muito para explicar o fato de que a análise pura parece ter tão incrivelmente pouco a dizer sobre as instituições, como a imprensa, cujo propósito é comunicar conhecimento. Isso pode até explicar por que a preocupação com a análise pura deve, com tanta frequência, criar uma cegueira peculiar para o papel desempenhado na vida real por instituições como a propaganda.

10

Com essas observações um tanto desconexas sobre tópicos que mereceriam uma análise muito mais atenta, concluo meu estudo desses problemas. Há apenas uma ou duas observações adicionais que eu gostaria de acrescentar.

Uma é que, ao salientar a natureza das proposições empíricas das quais devemos fazer uso se o aparato formal da análise de equilíbrio deve servir para uma explicação do mundo real, e ao enfatizar que as proposições sobre como as pessoas aprenderão, que são relevantes neste contexto, são de natureza fundamentalmente diferente daquelas da análise formal, não pretendo sugerir que isso abre, aqui e agora, um vasto campo para a pesquisa empírica. Duvido muito que tal investigação nos ensine algo novo. Em vez disso, o ponto importante é que devemos nos conscientizar de quais são as questões de fato das quais depende a aplicabilidade

A ORDEM ECONÔMICA E A LIVRE INICIATIVA

de nosso argumento ao mundo real, ou, para colocar a mesma coisa em outras palavras, em que ponto nosso argumento, quando é aplicado a fenômenos do mundo real, torna-se sujeito à verificação.

O segundo ponto é que, naturalmente, não quero sugerir que os tipos de problemas que venho discutindo fossem estranhos aos argumentos dos economistas das gerações anteriores. A única objeção que pode ser feita contra eles é que misturaram tanto os dois tipos de proposições, a *a priori* e a empírica, das quais todo economista realista faz uso constante, que costuma ser quase impossível perceber que tipo de validade eles reivindicaram para uma declaração específica. Os trabalhos mais recentes se livraram dessa falha, mas apenas ao preço de deixar cada vez mais obscuro o tipo de relevância que seus argumentos tinham para os fenômenos do mundo real. Tudo o que tentei fazer foi encontrar o caminho de volta para o significado do senso comum de nossa análise, do qual é provável, receio, que nos percamos de vista à medida que nossa análise for se tornando mais elaborada. Pode até parecer que grande parte do que eu disse foi trivial. Porém, de vez em quando, creio que seja necessário desligar-se dos detalhes técnicos do argumento e se perguntar quase de forma ingênua do que se trata. Se mostrei não só que sob certos aspectos a resposta a essa pergunta não é óbvia, mas que ocasionalmente até não sabemos bem o que é, alcancei o meu propósito.

CAPÍTULO III

Os fatos das ciências sociais*

1

Não existe hoje nenhum termo comumente aceito para descrever o grupo de disciplinas que vamos abordar neste trabalho. O termo "ciências morais", no sentido em que John Stuart Mill o usou, abrangeu aproximadamente o campo, mas há muito que está fora de moda, e agora, transmitiria conotações inadequadas para a maioria dos leitores. Embora seja por essa razão necessário utilizar o familiar "ciências sociais" no título, devo começar enfatizando que de nenhuma maneira todas as disciplinas interessadas nos fenômenos da vida social apresentam os problemas específicos que vamos discutir. Estatísticas vitais, por exemplo, ou o estudo da disseminação de doenças contagiosas, tratam indubitavelmente de fenômenos sociais, mas não suscitam nenhuma das questões específicas a serem consideradas aqui. Elas são, se posso chamá-las assim, verdadeiras ciências naturais da sociedade, e não diferem em nenhum aspecto importante das outras ciências naturais. Mas é diferente em relação ao estudo da linguagem ou do mercado, do direito e da maioria das demais instituições humanas. É esse grupo de disciplinas que me

---

* Leitura perante o Cambridge University Moral Science Club, em 19 de novembro de 1942. Reimpresso de *Ethics*, LIV, n. 1 (outubro de 1943), pp. 1-13. Algumas das questões abordadas neste ensaio são discutidas mais detalhadamente no artigo do autor "Scientism and the Study of Society", que foi publicado em partes em *Economica*, 1942-45.

proponho a considerar e para as quais sou compelido a usar o termo, um tanto enganoso, "ciências sociais".

Como devo sustentar que o papel da experiência nesses campos do conhecimento é basicamente diferente daquele que ela desempenha nas ciências naturais, talvez fosse melhor explicar que eu mesmo originalmente abordei meu assunto imbuído da crença na validade universal dos métodos das ciências naturais. Não só foi meu primeiro aprendizado técnico predominantemente científico no sentido estrito da palavra, mas também o pouco aprendizado que tive em filosofia ou método científico foi inteiramente na escola de Ernst Mach e, posteriormente, dos positivistas lógicos. Todavia, isso tudo teve o mero efeito de criar uma consciência, que se tornou cada vez mais clara com a passagem do tempo, de que, certamente na economia, todas as pessoas que, sem exceção, são consideradas sensatas estão constantemente infringindo os cânones aceitos do método científico desenvolvido a partir da prática das ciências naturais; de que até mesmo os cientistas naturais, quando começam a discutir fenômenos sociais, via de regra — pelo menos à medida que preservam algum bom senso — fazem o mesmo; mas de que, nos casos não raros em que um cientista natural procura seriamente aplicar seus hábitos profissionais de pensamento aos problemas sociais, o resultado foi quase sempre desastroso — isto é, de um tipo que parece um completo disparate para todos os estudiosos profissionais desses campos. No entanto, embora seja fácil demonstrar o absurdo da maioria das tentativas concretas de tornar "científicas" as ciências sociais, é muito menos fácil propor uma defesa convincente de nossos próprios métodos, que, embora satisfaçam a maioria das pessoas em aplicações específicas, são, se analisados com um olhar crítico, suspeitosamente semelhantes ao que é popularmente conhecido como "escolástica medieval".

2

Mas chega de introdução. Deixe-me mergulhar diretamente no meio de meu assunto e perguntar com que tipo de fatos temos que lidar nas ciências sociais. Essa questão suscita de imediato outra que é, sob vários aspectos, crucial para meu problema: o que queremos dizer quando

OS FATOS DAS CIÊNCIAS SOCIAIS

falamos de "certo *tipo* de fatos"? Eles nos são dados como fatos de certo tipo ou os tornamos assim olhando para eles de certa maneira? É claro que todo o nosso conhecimento do mundo externo deriva de certa forma da percepção dos sentidos e, portanto, de nosso conhecimento dos fatos físicos. Mas isso significa que todo o nosso conhecimento é apenas de fatos físicos? Isso depende do que queremos dizer com "um tipo de fatos".

Uma analogia das ciências físicas tornará a posição clara. Todas as alavancas ou os pêndulos que podemos conceber possuem propriedades químicas e ópticas. No entanto, quando nos referimos a alavancas ou a pêndulos, não falamos de fatos químicos ou ópticos. O que torna uma série de coisas individuais fatos de um tipo são os atributos que selecionamos para tratá-los como membros de uma classe. É claro que isso é corriqueiro. Mas significa que, embora todos os fenômenos sociais com os quais podemos lidar possam ter atributos físicos, não precisam ser fatos físicos para nosso propósito. Isso depende de como achamos conveniente classificá-los para a discussão de nossos problemas. As ações humanas que observamos, e os objetos dessas ações, são coisas do mesmo tipo ou de um tipo diferente porque parecem fisicamente iguais ou diferentes para nós, os observadores, ou por alguma outra razão?

Ora, sem exceção, as ciências sociais estão preocupadas com a maneira pela qual os homens se comportam em relação a seu ambiente — outros homens ou coisas — ou, melhor, devo dizer que esses são os elementos a partir dos quais as ciências sociais forjam padrões de relacionamentos entre muitos homens. Como devemos definir ou classificar os objetos de sua atividade se queremos explicar ou compreender suas ações? São os atributos físicos dos objetos — o que podemos descobrir a respeito desses objetos estudando-os — ou é por outra coisa que devemos classificar os objetos quando tentamos explicar o que homens fazem a respeito deles? Deixe-me analisar alguns exemplos.

Considere, digamos, ferramentas, alimentos, remédios, armas, palavras, frases, comunicações e atos de produção — ou qualquer exemplo específico de qualquer uma dessas coisas. Acredito que essas sejam boas amostras do tipo de objetos da atividade humana que se encontram constantemente nas ciências sociais. É fácil perceber que todos esses conceitos (e o mesmo vale para exemplos mais concretos) referem-se não a algumas propriedades objetivas possuídas pelas coisas, ou que o observador pode descobrir a respeito delas, mas às opiniões que outra pessoa possui a respeito das coisas. Esses objetos nem sequer podem ser definidos em termos físicos, porque não há uma propriedade física única que qualquer membro de uma classe deva possuir. Esses conceitos tampouco são meramente abstrações do tipo que utilizamos em todas as ciências físicas; eles se abstraem de *todas* as propriedades físicas das próprias coisas. Eles são todos exemplos do que às vezes são chamados de "conceitos teleológicos", isto é, podem ser definidos apenas pela indicação de relações entre três termos: um propósito, alguém que mantém esse propósito e um objeto que essa pessoa pensa ser um meio adequado para esse propósito. Se quisermos, poderemos dizer que todos esses objetos são definidos não em termos de suas "verdadeiras" propriedades, mas em termos das opiniões que as pessoas têm deles. Em suma, nas ciências sociais, as coisas são o que pessoas pensam que elas são. Dinheiro é dinheiro, uma palavra é uma palavra, um cosmético é um cosmético, se e porque alguém pensa que é.

Que isso não seja mais óbvio se deve ao acaso histórico de que, no mundo em que vivemos, o conhecimento da maioria das pessoas é aproximadamente semelhante ao nosso. Isso se destaca com muito mais força quando pensamos em homens com um conhecimento diferente do nosso; por exemplo, pessoas que acreditam em mágica. É óbvio que um amuleto que se acredita proteger a vida do usuário ou um ritual destinado a assegurar boas colheitas, pode ser definido apenas em termos das crenças das pessoas sobre eles. Mas o caráter lógico dos conceitos que temos que utilizar nas tentativas de interpretar as ações das pessoas é o mesmo, quer nossas crenças coincidam com as delas ou não. Se um remédio é um remédio, para o propósito de entender as ações da pessoa, depende apenas de a pessoa acreditar nisso, sem que se considere se nós, os observadores, concordamos ou não. Às vezes, é um tanto difícil manter essa distinção em mente com clareza. Por exemplo, tendemos a pensar na relação entre pais e filhos como um fato "objetivo". Porém, quando usamos esse conceito no estudo da vida familiar, o relevante não é que x seja prole natural de y, mas que um ou ambos acreditem ser esse o caso. O caráter relevante não é diferente no caso em que x e y acreditam que existe algum laço espiritual entre eles, em cuja existência não acreditamos. Talvez a distinção relevante apareça mais claramente na afirmação geral e óbvia de que nenhum conhecimento superior que o observador possa ter sobre o objeto, mas que não seja possuída pela pessoa em ação, pode nos ajudar a compreender os motivos de suas ações.

Então, para os fins das ciências sociais, os objetos da atividade humana são do mesmo tipo, ou de um tipo diferente, ou pertencem às mesmas ou diferentes classes, não de acordo com o que nós, os observadores, sabemos dos objetos, mas de acordo com o que pensamos que a pessoa observada sabe a respeito disso. De algum modo, e por razões que agora considerarei, nós atribuímos conhecimento à pessoa observada. Antes de passar a perguntar em que fundamentos se baseia essa atribuição à pessoa em ação do conhecimento do objeto, o que isso significa e o que resulta do fato de definirmos os objetos da ação humana de tal maneira, devo voltar, por um momento, para considerar o segundo tipo de elementos com os quais temos que lidar nas ciências sociais: não o ambiente para o qual os seres humanos se comportam, mas a própria ação humana. Ao examinarmos a classificação dos diferentes tipos de ações que devemos utilizar quando discutimos o comportamento humano inteligível, encontramos exatamente a mesma situação com que deparamos ao analisar a classificação dos objetos das ações humanas. Dos exemplos que dei anteriormente, os quatro últimos se enquadram nesta categoria: palavras, frases, comunicações e atos de produção são amostras de ações humanas desse tipo. Agora, o que torna dois exemplos da mesma palavra ou do mesmo ato de produção ações do mesmo tipo, no sentido que é relevante ao discutirmos comportamento inteligível? Com certeza, nenhuma propriedade física que tenham em comum. Não é porque sei explicitamente quais propriedades físicas o som da palavra "sicômoro", pronunciada em momentos diferentes por pessoas diferentes, tem em comum, mas porque sei que x ou y pretendem que todos esses sons ou sinais diferentes signifiquem a mesma palavra, ou que eles entendem todos como a mesma palavra, que eu os trato como exemplos da mesma classe. Não é por causa de qualquer semelhança objetiva ou física, mas por causa da intenção (atribuída) da pessoa em ação que considero as várias maneiras em que, em diferentes circunstâncias, ela pode fazer, digamos, um fuso, como exemplo do mesmo ato de produção.

Note que nem com respeito aos objetos da atividade humana, nem com respeito aos diferentes tipos de atividade humana em si, afirmo que suas propriedades físicas não entram no processo de classificação. O que estou afirmando é que nenhuma propriedade física pode entrar na definição explícita de qualquer uma dessas classes, porque os elementos dessas classes não precisam possuir atributos físicos comuns, e nem mesmo sabemos consciente ou explicitamente quais são as diversas propriedades físicas das quais, um objeto teria de possuir, pelo menos uma para ser um membro de uma classe. A situação pode ser descrita esquematicamente dizendo que sabemos que os objetos *a, b, c...*, que podem ser diferentes física e completamente e que nunca podemos enumerar por completo, são objetos do mesmo tipo porque a atitude de X em relação a todos eles é semelhante. Mas o fato de que a atitude de X em relação a eles é semelhante pode mais uma vez ser definida dizendo apenas que ele reagirá em relação a eles por qualquer uma das ações $\alpha, \beta, \gamma, ...$, que de novo podem ser fisicamente diferentes e que não seremos capazes de enumerar totalmente, mas que só sabemos que "significa" a mesma coisa.

Esse resultado de refletir sobre o que estamos realmente fazendo é, sem dúvida, um pouco perturbador. No entanto, não me parece possível duvidar de que isso não só seja exatamente o que estamos fazendo, tanto na vida cotidiana quanto nas ciências sociais, quando falamos da ação inteligível de outras pessoas, mas de que se trate da *única* maneira pela qual sempre podemos "entender" o que as outras pessoas fazem; e que, portanto, *devemos* confiar nesse tipo de raciocínio sempre que discutimos o que todos conhecemos como atividades especificamente humanas ou inteligíveis. Todos nós sabemos o que temos em mente quando dizemos que vemos uma pessoa "brincando" ou "trabalhando", um homem fazendo isso ou aquilo "deliberadamente", ou quando afirmamos que uma expressão parece "amigável" ou "assustada". Contudo, ainda que possamos ser capazes de explicar como reconhecemos qualquer uma dessas coisas em um caso específico, tenho certeza de que nenhum de nós pode enumerar, e nenhuma ciência pode — pelo menos ainda — nos dizer todos os diferentes sintomas físicos pelos quais reconhecemos a presença dessas coisas. Os atributos comuns que os elementos de qualquer uma dessas classes possuem não são atributos físicos, mas devem ser outra coisa.

Do fato de que sempre que interpretamos a ação humana como proposital ou significativa, seja na vida cotidiana ou para os fins das ciências sociais, temos que definir tanto os objetos da atividade humana como os

OS FATOS DAS CIÊNCIAS SOCIAIS

diferentes tipos de ações em si, não em termos físicos, mas em termos das opiniões ou intenções das pessoas em ação, resultam algumas consequências muito importantes; a saber, nada menos de que podemos, a partir dos conceitos dos objetos, analiticamente concluir algo sobre quais serão as ações. Se definirmos o objeto em termos da atitude da pessoa em relação a ele, resulta, é claro, que a definição do objeto implica uma declaração sobre a atitude da pessoa em relação à coisa. Quando dizemos que uma pessoa tem comida ou dinheiro, ou que ela profere uma palavra, isso implica que ela sabe que o primeiro pode ser comido, que o segundo pode ser usado para comprar algo, e que o terceiro pode ser entendido — e talvez muitas outras coisas. Se essa implicação é significativa de alguma maneira, isto é, se torná-la explícita acrescenta a nosso conhecimento de alguma maneira, depende de se, quando dizemos a uma pessoa que essa ou aquela coisa é comida ou dinheiro, expressamos assim apenas os fatos observados dos quais obtemos esse conhecimento ou se implicamos mais do que isso.

Como podemos saber se uma pessoa possui determinadas crenças sobre seu ambiente? O que queremos dizer quando afirmamos que sabemos que ela possui determinadas crenças, quando dizemos que sabemos que ela usa tal coisa como uma ferramenta ou tal gesto ou som como um meio de comunicação? Queremos dizer apenas o que realmente observamos no caso específico, por exemplo, que a vemos mastigando e engolindo sua comida, batendo um martelo ou fazendo barulhos? Ou nem sempre que dizemos que "entendemos" a ação de uma pessoa, que falamos a respeito de "por que" ela está fazendo isso ou aquilo, atribuímos a ela algo além do que podemos observar, pelo menos além do que podemos observar no caso específico?

Ao considerarmos por um momento os tipos mais simples de ações em que esse problema surge, torna-se óbvio rapidamente que, ao discutir o que consideramos ações conscientes de outras pessoas, interpretamos invariavelmente suas ações com base na analogia de nossa própria mente: isto é, que agrupamos suas ações, e os objetos de suas ações, em classes ou categorias que conhecemos unicamente do conhecimento de nossa própria mente. Assumimos que a ideia de um propósito ou uma ferramenta, uma arma ou um alimento, é comum a elas também, assim como assumimos que elas podem perceber a diferença entre cores ou formas diferentes do mesmo modo que nós. Portanto, sempre suplementamos o que realmente percebemos da ação de outra pessoa, projetando nela um sistema de classificação de objetos que conhecemos, não pela observação de outra pessoa, mas porque é em termos dessas classes que julgamos a nós mesmos. Se, por exemplo, observamos uma pessoa atravessar uma praça com trânsito intenso, desviando-se de alguns carros e parando para deixar outras passarem, sabemos (ou acreditamos que sabemos) muito mais do que realmente percebemos com nossos olhos. Isso seria igualmente verdade se víssemos um homem se comportar em um ambiente físico muito diferente de tudo o que já vimos antes. Se eu vejo pela primeira vez uma grande pedra ou uma avalanche descendo a encosta de uma montanha em direção a um homem e o vejo correr para salvar sua vida, sei o significado dessa ação porque sei o que faria ou teria feito em circunstâncias semelhantes.

Não resta dúvida de que todos nós agimos constantemente supondo que podemos, dessa maneira, interpretar as ações de outras pessoas com base na analogia de nossa mente e que, na grande maioria dos casos, esse procedimento *funciona*. O problema é que nunca podemos ter certeza. Ao observar alguns movimentos ou ouvir algumas palavras de um homem, decidimos que ele é mentalmente são, e não um lunático, e, portanto, excluímos a possibilidade de seu comportamento em um número infinito de maneiras "estranhas" que nenhum de nós poderia enumerar e que simplesmente não se enquadram no que sabemos ser um comportamento razoável; o que significa nada mais que essas ações não podem ser interpretadas por analogia de nossa mente. Não podemos explicar precisamente como, para fins práticos, sabemos que um homem é mentalmente são, e não um lunático, nem podemos excluir a possibilidade de que em um caso em mil podemos estar errados. Da mesma forma, a partir de algumas observações, devo ser capaz de concluir com presteza que um homem está sinalizando ou caçando, fazendo amor ou punindo outra pessoa, embora possa nunca ter visto essas coisas feitas dessa maneira específica; e mesmo assim minha conclusão será suficientemente certa para todos os fins práticos.

A questão importante que se coloca é se é legítimo empregar na análise científica conceitos como esses, que se referem a um estado de coisas que todos nós reconhecemos "intuitivamente", e que não só usamos sem hesitação na vida cotidiana como nele se baseiam todas as relações sociais, toda a comunicação entre os homens; ou se devemos ser impedidos de

OS FATOS DAS CIÊNCIAS SOCIAIS

fazer isso porque não podemos indicar quaisquer condições físicas das quais possamos deduzir com certeza que as condições postuladas estão mesmo presentes em qualquer caso específico, e porque, por isso, nunca podemos ter certeza se qualquer exemplo específico é mesmo um membro da classe da qual falamos — embora todos concordemos que na grande maioria dos casos nosso diagnóstico será correto. Provavelmente, a hesitação que a princípio sentimos em relação a isso se deve ao fato de que a manutenção de tal procedimento nas ciências sociais parece estar em conflito com a tendência mais marcante do desenvolvimento do pensamento científico nos tempos modernos. Mas existe mesmo tal conflito? A tendência a que me refiro foi corretamente descrita como uma de eliminação progressiva de todas as explicações "antropomórficas" das ciências físicas. Isso realmente significa que devemos nos abster de tratar o homem "antropomorficamente" — ou não é bastante óbvio, assim que o colocamos dessa forma, que tal extrapolação de tendências passadas é absurda?

Sobre isso, claro que não quero levantar todos os problemas associados com o programa comportamental, embora um estudo mais sistemático de meu tema não pudesse evitar fazê-lo. Na verdade, a questão com a qual estamos preocupados aqui nada mais é do que se as ciências sociais poderiam discutir o tipo de problemas com os quais estão preocupadas em termos puramente comportamentais — ou mesmo se o comportamentalismo consistente é possível.

Talvez a relação entre o fato estritamente empírico e a parte que adicionamos do conhecimento de nossa própria mente na interpretação da ação de outra pessoa possa ser determinada com a ajuda de um uso (um tanto questionável) da distinção entre a denotação e a conotação de um conceito. Em circunstâncias específicas, o que reconhecerei como uma "expressão amigável", a denotação do conceito é, em grande medida, uma questão de experiência. Mas o que quero dizer quando afirmo que esta é uma "expressão amigável", nenhuma experiência no sentido comum do termo pode me dizer. O que quero dizer com "expressão amigável" não depende das propriedades físicas de diferentes exemplos concretos, que podem não ter nada em comum. Contudo, aprendo a reconhecê-los como membros da mesma classe; e o que os torna membros da mesma classe não é nenhuma de suas propriedades físicas, mas um significado imputado.

A ORDEM ECONÔMICA E A LIVRE INICIATIVA

A importância dessa distinção aumenta à medida que nos movemos para fora do ambiente conhecido. Enquanto me movo entre meu próprio tipo de gente, provavelmente é das propriedades físicas de um papel-moeda ou de um revólver que concluo que se trata de dinheiro ou de uma arma para a pessoa que os possui. Quando vejo um selvagem segurando búzios ou um tubo longo e fino, as propriedades físicas da coisa provavelmente não me dirão nada. Porém, as observações que me sugerem que os búzios são dinheiro e a zarabatana é uma arma para o selvagem vão lançar muita luz sobre o objeto — muito mais luz do que essas mesmas observações poderiam fornecer se eu não estivesse familiarizado com a concepção de dinheiro ou arma. Ao reconhecer as coisas como tais, começo a compreender o comportamento dos indivíduos. Sou capaz de me encaixar em um esquema de ações que "faz sentido" apenas porque passei a considerá-lo não como algo com certas propriedades físicas, mas como um tipo de coisa que se enquadra em um padrão de minha própria ação intencional.

Se o que fazemos quando falamos de compreender a ação de alguém é enquadrar o que realmente observamos nos padrões que encontramos prontos em nossa mente, isso resulta, é claro, que podemos compreender cada vez menos conforme nos voltamos para seres cada vez mais diferentes de nós. Todavia, também resulta que não é só impossível reconhecer, mas também sem sentido falar de uma mente diferente da nossa. O que queremos dizer quando falamos de outra mente é que podemos conectar o que observamos porque as coisas que observamos se enquadram em nosso próprio pensamento. No entanto, quando deixa de existir essa possibilidade de interpretar em termos de analogias de nossa própria mente, quando não podemos mais "compreender", não faz nenhum sentido falar de mente; existem, então, apenas fatos físicos que podemos agrupar e classificar tão só de acordo com as propriedades físicas que observamos.

A esse respeito, um ponto interessante é que, quando passamos da interpretação das ações de homens muito parecidos conosco para homens que vivem em um ambiente bastante diferente, são os conceitos mais concretos que perdem em primeiro lugar sua utilidade de interpretar as ações das pessoas e são os mais gerais ou abstratos que permanecem úteis mais tempo. Meu conhecimento das coisas cotidianas ao meu redor, das maneiras específicas pelas quais expressamos ideias ou emoções, será de pouca utilidade para interpretar o comportamento dos habitantes da Terra do

64

Fogo. Contudo, minha compreensão do que quero dizer com um meio para um fim, com comida ou uma arma, com uma palavra ou um símbolo, e provavelmente até com uma troca ou um presente, ainda será útil e até fundamental em minha tentativa de compreender o que eles fazem.

3

Até agora, a discussão se limitou à questão de como classificamos ações individuais e seus objetos na discussão dos fenômenos sociais. Agora devo abordar a questão do propósito pelo qual empregamos essa classificação. Ainda que a preocupação com as classificações ocupe nossas energias em grau elevado nas ciências sociais — de fato, muitíssimo na economia, por exemplo, disciplina que um dos mais conhecidos críticos modernos descreveu como uma ciência puramente "taxonômica" —, este não é nosso propósito final. Como todas as classificações, trata-se apenas de uma maneira conveniente de organizar nossos fatos para tudo o queremos explicar. Mas antes de me debruçar sobre isso, devo, primeiro, esclarecer um mal-entendido comum, e depois explicar uma alegação frequentemente feita em nome desse processo de classificação — uma alegação que para qualquer indivíduo educado nas ciências naturais parece muito suspeita, mas que, no entanto, resulta apenas da natureza de nosso objeto.

O mal-entendido é que as ciências sociais visam *explicar* o comportamento individual e, particularmente, que o elaborado processo de classificação que usamos é ou atende essa explicação. Na verdade, as ciências sociais não fazem nada disso. Se a ação consciente pode ser "explicada", esta é uma tarefa da psicologia, mas não para a economia, linguística, jurisprudência ou qualquer outra ciência social. O que fazemos é meramente classificar tipos de comportamento individual que podemos compreender, para desenvolver sua classificação — em suma, para fornecer um arranjo ordenado do material que temos que usar em nossa tarefa adicional. Os economistas, e provavelmente o mesmo também vale em outras ciências sociais, costumam sentir um pouco de vergonha de admitir que essa parte de sua tarefa é "apenas" uma espécie de lógica. Acho que eles seriam francamente sensatos em reconhecer e enfrentar esse fato.

A alegação a que me referi resulta diretamente desse caráter da primeira parte de nossa tarefa como um ramo da lógica aplicada. Mas a princípio isso parece bastante surpreendente. É que podemos obtê-lo a partir do conhecimento de nossa mente de maneira *"a priori"*, "dedutiva" ou "analítica"; uma classificação *exaustiva* (pelo menos em princípio) de todas as formas possíveis de comportamento inteligível. É em relação a essa alegação, quase nunca feita abertamente, mas sempre implícita, que todas as provocações contra os economistas são dirigidas, quando somos acusados de urdir conhecimento a partir de nossa consciência interior e de outros semelhantes epítetos abusivos existentes. No entanto, quando refletimos que discutimos ações que podemos interpretar em termos de nossa própria mente sempre que discutimos comportamento inteligível, a alegação perde seu caráter surpreendente e, na verdade, torna-se nada mais do que um truísmo. Se podemos compreender apenas o que é semelhante a nossa mente, resulta necessariamente que devemos ser capazes de encontrar tudo o que podemos compreender em nossa mente. Claro que quando digo que podemos *em princípio* obter uma classificação exaustiva de todas as formas possíveis de comportamento inteligível, isso não significa que não podemos descobrir que, ao interpretar as ações humanas, utilizamos processos de pensamento que ainda não analisamos ou explicitamos. Constantemente fazemos isso. O que eu quis dizer é que quando discutimos qualquer classe específica de ação inteligível que definimos como ações de um tipo, no sentido em que utilizei esse termo, então podemos, dentro desse campo, fornecer uma classificação completamente exaustiva das formas de ação que se enquadram nele. Se, por exemplo, definimos como ações econômicas todos os atos de escolha que se tornam necessários pela escassez de meios disponíveis para nossos fins, podemos, passo a passo, começar a subdividir as situações possíveis em alternativas, de modo que, a cada passo, não exista uma terceira possibilidade: um determinado meio pode ser útil apenas para um ou para muitos fins; um determinado fim pode ser obtido por um ou por vários meios diferentes; diferentes meios podem ser desejados para um determinado fim, de forma alternativa ou cumulativa etc.

No entanto, devo deixar o que chamei de primeira parte de minha tarefa e abordar a questão do uso que fazemos dessas classificações elaboradas nas ciências sociais. A resposta é, resumidamente, que usamos os diferentes tipos de comportamento individual assim classificados como elementos a partir dos quais construímos modelos hipotéticos na tentativa de reproduzir os padrões das relações sociais que conhecemos no mundo ao nosso redor. Mas isso ainda nos deixa com a questão sobre se essa é a maneira correta de estudar fenômenos sociais. Enfim, nessas estruturas sociais, não temos fatos sociais tangíveis definidos que devemos observar e medir, como observamos e medimos os fatos físicos? Não deveríamos aqui, pelo menos, extrair todo o nosso conhecimento observando e experimentando, em vez de "construir modelos" a partir dos elementos encontrados em nosso pensamento?

É muito difundida a crença de que, quando nos afastamos da ação do indivíduo e nos movemos para a observação das coletividades sociais, passamos do âmbito da especulação vaga e subjetiva para o âmbito do fato objetivo. É a crença mantida por todos os que pensam que podem tornar as ciências sociais mais "científicas" imitando o modelo das ciências naturais. Sua base intelectual foi mais claramente expressa pelo fundador da "sociologia", Auguste Comte, quando em uma famosa declaração ele afirmou que no campo dos fenômenos sociais, como na biologia, "sem dúvida, a totalidade do objeto é muito mais conhecida e mais imediatamente acessível" do que as partes constituintes.[1] Grande parte da ciência que ele procurou criar ainda se baseia nessas crenças ou em semelhantes.

Acredito que essa visão que considera coletividades sociais, tais como "sociedade", "Estado" ou qualquer instituição ou fenômeno social específico como, em qualquer sentido, mais objetivas do que as ações inteligíveis dos indivíduos é pura ilusão. Sustentarei que o que chamamos de "fatos sociais" não são mais fatos no sentido específico em que esse termo é empregado nas ciências físicas do que as ações individuais ou seus objetos; que esses chamados "fatos" são precisamente o mesmo tipo de modelos mentais construídos por nós a partir de elementos que encontramos em nossas mentes, como aqueles que formulamos nas ciências sociais teóricas; de modo que o que fazemos nessas ciências é, num sentido lógico, exatamente a mesma coisa que sempre fazemos quando falamos de um Estado ou uma comunidade, de uma linguagem ou um mercado, apenas que tornamos explícito o que na fala cotidiana está oculto e nebuloso.

Não posso tentar aqui explicar isso relativamente a qualquer uma das disciplinas sociais teóricas — ou, melhor, relativamente à única entre elas em que eu deveria ser competente para fazê-lo: a economia. Para tal, deveria ter que gastar muito mais tempo do que gasto em detalhes técnicos. Mas talvez seja ainda mais útil se eu tentar fazer isso com respeito à disciplina proeminentemente descritiva e, em certo sentido, proeminentemente empírica no campo social, a saber, a história. Considerar a natureza dos "fatos históricos" será especialmente apropriado, visto que os cientistas sociais são o tempo todo aconselhados, por aqueles que querem tornar as ciências sociais mais "científicas", a recorrer à história para seus fatos e a usar o "método histórico" como um substituto para o experimental. Na verdade, fora das próprias ciências sociais (e, ao que parece, entre os especialistas em lógica em particular)[2] afigura-se ter se tornado uma doutrina quase aceita que o método histórico é o caminho legítimo para generalizações sobre os fenômenos sociais.[3]

O que queremos dizer com um "fato" da história? Será que os fatos com os quais a história humana se preocupa são significativos para nós como fatos físicos ou em algum outro sentido? Que tipo de coisas são a Batalha de Waterloo, o governo francês sob Luís XIV ou o sistema feudal? Talvez possamos ir mais longe se, em vez de enfrentar essa questão diretamente, perguntarmos como decidimos se qualquer informação específica que temos constitui parte do "fato" "Batalha de Waterloo". Será que o homem arando seu campo além da ala extrema dos guardas de Napoleão fazia parte da Batalha de Waterloo? Ou o nobre que deixou cair sua caixa de rapé ao ouvir a notícia do assalto à Bastilha fazia parte da Revolução Francesa? Acompanhar esse tipo de questão mostrará pelo menos uma coisa: que não podemos definir um fato histórico em termos de coordenadas espaço-temporais. Nem tudo o que acontece em algum momento e em algum lugar faz parte do mesmo fato histórico, nem todas as partes do mesmo fato histórico devem pertencer ao mesmo tempo e lugar. O grego clássico ou a organização das legiões romanas, o comércio báltico do século XVIII ou a evolução do direito comum, ou qualquer movimento de qualquer exército — são todos fatos históricos sobre os quais nenhum critério físico pode nos dizer quais são as partes do fato e como elas se unem. Qualquer tentativa de defini-los deve assumir a forma de uma reconstrução mental, de um modelo, no qual as atitudes individuais inteligíveis formam os elementos. Na maioria dos casos, sem dúvida, o modelo será tão simples que a interligação de suas partes será facilmente visível; e,

OS FATOS DAS CIÊNCIAS SOCIAIS

consequentemente, haverá pouca justificativa para dignificar o modelo com o nome de uma "teoria". Mas se nosso fato histórico é tão complexo quanto uma linguagem ou um mercado, um sistema social ou um método de cultivo da terra, o que chamamos de fato é um processo recorrente ou um padrão complexo de relações persistentes que não é "dado" a nossa observação, mas que só podemos reconstruir arduamente — e que só podemos reconstruir porque as partes (as relações a partir das quais construímos a estrutura) são familiares e inteligíveis para nós. Para colocar isso de forma paradoxal, o que chamamos de fatos históricos são realmente teorias que, em um sentido metodológico, são precisamente do mesmo caráter que os modelos mais abstratos ou gerais que as ciências teóricas da sociedade constroem. A situação não é que primeiro estudamos os fatos históricos "dados" e, depois, talvez possamos generalizar a respeito deles. Pelo contrário, usamos uma teoria quando selecionamos, a partir do conhecimento que temos acerca de um período, certas partes ligadas de forma inteligível e fazendo parte do mesmo fato histórico. Nunca observamos Estados ou governos, batalhas ou atividades comerciais, ou um povo como um todo. Quando utilizamos qualquer um desses termos, sempre nos referimos a um esquema que liga atividades individuais por meio de relações inteligíveis; isto é, usamos uma teoria que nos diz o que é e o que não é parte de nosso assunto. Isso não altera a posição de que a teorização é geralmente feita para nós por nosso informante ou fonte que, ao relatar o fato, empregará termos como "Estado" ou "cidade", que não podem ser definidos em termos físicos, mas que se referem a um complexo de relações que, explicitadas, constituem uma "teoria" do assunto.

A teoria social, no sentido em que uso o termo, é, portanto, logicamente anterior à história. Ela explica os termos que a história deve usar. Naturalmente, isto não é incompatível com o fato de que o estudo histórico costuma forçar o teórico a revisar as construções ou a fornecer novas em termos das quais ele possa organizar as informações que encontra. Contudo, à medida que o historiador fala, não apenas acerca de ações individuais de pessoas específicas como a respeito do que, em certo sentido, podemos chamar de fenômenos sociais, seus fatos podem ser explicados como fatos de certo tipo apenas em termos de uma teoria sobre como seus elementos se unem. Os complexos sociais, os todos sociais que o historiador discute, nunca são encontrados prontos, dados como as estruturas persistentes no mundo orgânico (animal ou vegetal). Eles são criados pelo historiador mediante um ato de construção ou interpretação — uma construção que, na maioria dos casos, é feita espontaneamente e sem nenhum aparato elaborado. Mas em algumas conexões onde, por exemplo, lidamos com coisas como linguagens, sistemas econômicos ou ramos do direito, essas estruturas são tão complicadas que, sem a ajuda de uma técnica elaborada, não podem mais ser reconstruídas sem o perigo de dar errado e ser levadas a contradições.

Isso é tudo o que as teorias das ciências sociais pretendem fazer. Elas não tratam dos todos sociais como todos; não pretendem descobrir leis de comportamento ou a mudança desses todos mediante observação empírica. Ao contrário, sua tarefa é, se assim posso chamá-la, *constituir* esses todos, fornecer esquemas de relações estruturais que o historiador possa usar quando tiver que tentar encaixar em um todo significativo os elementos que ele realmente encontra. Nesse sentido, o historiador não pode evitar o uso constante de teorias sociais. Ele pode fazer isso inconscientemente, e em campos nos quais as relações não são complexas demais, seu instinto pode guiá-lo corretamente. Quando ele aborda fenômenos mais complexos, como os da linguagem, do direito ou da economia, e ainda desdenha de fazer uso dos modelos elaborados para ele pelos teóricos, é quase certo que irá fracassar. E esse "fracasso" será mostrado de forma significativa pelo teórico, seja demonstrado para o historiador que ele se envolveu em contradições ou lhe mostrando que, em suas explicações, ele insistiu em uma sequência de "causalidades" que, logo que suas suposições são explicitadas, ele terá que admitir que não resulta de suas suposições.

Há duas consequências importantes que resultam disso e que podem ser aqui mencionadas apenas sucintamente. A primeira é que as teorias das ciências sociais não consistem em "leis" no sentido de regras empíricas sobre o comportamento de objetos definíveis em termos físicos. Tudo o que a teoria das ciências sociais tenta é fornecer uma técnica de raciocínio que nos ajude a ligar fatos individuais, mas que, como a lógica ou a matemática, não tem a ver com os fatos. Ela pode, portanto, e esse é o segundo ponto, nunca ser verificada ou falsificada por referência aos fatos. Tudo o que podemos e devemos verificar é a presença de suposições no caso específico. Já fizemos referência aos problemas e dificuldades especiais suscitados por isso. A esse respeito, surge uma genuína "questão de fato" — embora muitas vezes não seja possível respondê-la com a mesma certeza como é o caso nas ciências naturais. Porém, a teoria em si, ou seja, o esquema mental para a interpretação, nunca pode ser "verificada", mas apenas testada quanto a sua consistência. Pode ser irrelevante porque as condições às quais se refere nunca ocorrem; ou pode se revelar inadequada porque não leva em consideração um número suficiente de condições. Mas isso não pode ser refutado pelos fatos mais do a lógica ou a matemática.

No entanto, resta ainda a questão sobre se esse tipo de teoria "compositiva", como gosto de chamá-la, que "constitui" os "todos" sociais ao construir modelos a partir de elementos inteligíveis, é o *único* tipo de teoria social, ou se também não podemos visar generalizações empíricas sobre o comportamento desses todos como todos, em leis de mudanças de linguagens ou instituições — o tipo de leis que são o objetivo do "método histórico".

Não vou me estender aqui na curiosa contradição em que os defensores desse método geralmente se envolvem quando enfatizam em primeiro lugar que todos os fenômenos históricos são únicos ou singulares e, em seguida, passam a alegar que seu estudo pode chegar a generalizações. O que quero dizer é que se, da variedade infinita de fenômenos que podemos encontrar em qualquer situação concreta, só aqueles podem ser considerados como parte de um objeto que podemos ligar por meio de nossos modelos mentais, o objeto não pode possuir atributos além daqueles que podem ser derivados de nosso modelo. Claro que podemos continuar construindo modelos que se encaixam cada vez mais em situações concretas — conceitos de estados ou linguagens que possuem uma conotação sempre mais rica. Porém, como membros de uma classe, como unidades semelhantes sobre as quais podemos fazer generalizações, esses modelos nunca podem possuir quaisquer propriedades que não demos a eles ou que não derivam por dedução das suposições sobre as quais os construímos. A experiência nunca pode nos ensinar que qualquer tipo específico de estrutura possui propriedades que não resultam da definição (ou da maneira como a construímos). A razão para isso é simplesmente que esses todos ou estruturas sociais nunca nos são dados como unidades naturais, não são objetos definidos dados à observação, que nunca lidamos com o todo das realidades, mas sempre apenas com uma seleção feita com a ajuda de nossos modelos.[4]

Não tenho espaço para discutir mais detalhadamente a natureza dos "fatos históricos" ou os objetos da história, mas gostaria de fazer uma breve referência a uma questão que, embora não estritamente pertinente a meu assunto, ainda não é totalmente irrelevante. Trata-se da doutrina muito em voga do "relativismo histórico"; ou seja, a crença de que diferentes gerações ou épocas devem inevitavelmente ter diferentes pontos de vista acerca dos mesmos fatos históricos. Tenho a impressão de que essa doutrina é o resultado da mesma ilusão de que os fatos históricos são definitivamente dados para nós e não o resultado de uma seleção deliberada do que consideramos um conjunto conectado de acontecimentos relevantes para a resposta de uma questão específica — uma ilusão que me parece se dever à crença de que podemos definir um fato histórico em termos físicos mediante suas coordenadas espaço-temporais. Mas algo tão definido, por exemplo, "Alemanha entre 1618 e 1648", simplesmente não é *um* objeto histórico. Dentro do contínuo espaço-tempo assim definido, podemos encontrar uma série de fenômenos sociais interessantes, que para o historiador são objetos totalmente diferentes: a história da Família X, o desenvolvimento da impressão tipográfica, a mudança das instituições jurídicas etc., que podem ou não estar conectados, mas que não são mais parte de um fato social do que quaisquer outros dois acontecimentos na história humana. Esse período específico, ou qualquer outro período, não é, portanto, nenhum "fato histórico" definido, não é nenhum objeto histórico único. De acordo com nossos interesses, podemos fazer inúmeras perguntas diferentes relativas a esse período e, por consequência, teremos que dar diferentes respostas e construir diferentes modelos de acontecimentos conectados. E é isso que os historiadores *fazem* em diferentes épocas porque estão interessados em diferentes perguntas. Mas como é apenas a pergunta que fazemos que se destaca entre a variedade infinita de acontecimentos sociais que podemos encontrar em qualquer tempo e lugar, ou seja, um conjunto definido de acontecimentos conectados que podem ser chamados de um fato histórico, é claro que a experiência de que as pessoas dão respostas diferentes para perguntas diferentes não prova que tenham pontos de vista diferentes acerca do mesmo fato histórico. Por outro lado, não há nenhuma razão para que historiadores em épocas diferentes, mas possuindo as mesmas informações, respondam à mesma pergunta de maneira diferente. No

OS FATOS DAS CIÊNCIAS SOCIAIS

entanto, isso por si só justificaria a tese sobre uma relatividade inevitável do conhecimento histórico.

Menciono isso porque esse relativismo histórico é um produto típico do chamado "historicismo", que, na verdade, é um produto da aplicação incorreta do preconceito cientificista aos fenômenos históricos — ou seja, da crença de que os fenômenos sociais são sempre dados para nós, assim como os fatos da natureza. Eles são acessíveis para nós só porque podemos entender o que as outras pessoas nos dizem, e só podemos ser entendidos interpretando as intenções e os planos das outras pessoas. Não são fatos físicos, mas os elementos a partir dos quais os reproduzimos são sempre categorias familiares de nossa própria mente. Se não pudéssemos mais interpretar o que sabemos sobre as outras pessoas mediante a analogia de nossa própria mente, a história deixaria de ser história humana; então, na verdade, teria que funcionar em termos puramente comportamentais, como a história que podemos escrever sobre um formigueiro ou a história que um observador de Marte poderia escrever acerca da raça humana.

Se esse relato do que as ciências sociais estão realmente fazendo parece a você uma descrição de um mundo confuso, em que tudo está no lugar errado, por favor, lembre que essas disciplinas lidam com um mundo no qual, de nossa posição, nós necessariamente olhamos de uma maneira diferente daquela com que olhamos para o mundo da natureza. Empregando uma metáfora útil: enquanto olhamos de fora para o mundo da natureza, olhamos de dentro para o mundo da sociedade; enquanto, no que diz respeito à natureza, nossos conceitos são acerca dos fatos e devem ser adaptados aos fatos, no mundo da sociedade pelo menos alguns dos conceitos mais conhecidos são a matéria da qual esse mundo é feito. Assim como a existência de uma estrutura comum de pensamento é a condição da possibilidade de nos comunicarmos entre nós, de sua compreensão do que digo, também é a base sobre a qual todos nós interpretamos estruturas sociais complicadas como as que encontramos na vida econômica, no direito, na linguagem e nos costumes.

CAPÍTULO IV

O uso do conhecimento na sociedade*

1

Qual é o problema que desejamos resolver quando tentamos construir uma ordem econômica racional? Com base em certos pressupostos conhecidos, a resposta é bastante simples. *Se* possuirmos todas as informações relevantes, *se* pudermos partir de um determinado sistema de preferências, e *se* dominarmos um conhecimento completo dos meios disponíveis, o problema que resta é puramente lógico. Ou seja, a resposta à pergunta de qual é o melhor uso dos meios disponíveis está implícita em nossos pressupostos. As condições que a solução desse problema ideal devem satisfazer foram totalmente elaboradas e podem ser mais bem expressas em forma matemática: em suma, são que as taxas marginais de substituição entre duas mercadorias ou fatores quaisquer devem ser as mesmas em todos os seus diferentes usos.

No entanto, enfaticamente, este *não* é o problema econômico enfrentado pela sociedade. E o cálculo econômico que desenvolvemos para resolver esse problema lógico, embora seja um passo importante para a solução do problema econômico da sociedade, ainda não oferece uma resposta para ele. A razão para isso é que os "dados" a partir dos quais o cálculo econômico começa nunca são para toda a sociedade "dados" a

---

* Reimpresso de *American Economic Review*, xxxv, n. 4 (setembro de 1945), pp. 519-30.

O USO DO CONHECIMENTO NA SOCIEDADE

uma única mente que poderia elaborar as implicações e nunca podem ser assim cedidos.

O caráter peculiar do problema de uma ordem econômica racional é determinado precisamente pelo fato de que o conhecimento das circunstâncias das quais devemos fazer uso nunca existe em forma concentrada ou integrada, mas apenas como fragmentos dispersos de conhecimento incompleto e frequentemente contraditório possuído por todos os indivíduos distintos. Portanto, o problema econômico da sociedade não é meramente um problema de como alocar recursos "dados" — se "dados" for entendido como dados a uma única mente que resolve deliberadamente o problema definido por esses "dados". Trata-se antes de um problema de como assegurar o melhor uso dos recursos conhecidos por qualquer um dos membros da sociedade, para fins cuja importância relativa apenas esses indivíduos conhecem. Ou, em poucas palavras, é um problema de utilização do conhecimento que não é dado a ninguém em sua totalidade.

Receio que esse caráter do problema fundamental tenha sido obscurecido em vez de iluminado por grande parte dos refinamentos recentes da teoria econômica, sobretudo por vários dos usos feitos da matemática. Embora o problema que quero tratar principalmente neste trabalho seja o da organização econômica racional, em seu curso serei conduzido repetidas vezes a apontar suas ligações íntimas com certas questões metodológicas. Muitos dos pontos que eu gostaria de enfocar são, na verdade, conclusões para as quais convergiram inesperadamente diversos percursos de raciocínio. Porém, como agora vejo esses problemas, isso não aconteceu por acaso. Tenho a impressão de que muitas das discussões atuais em relação à teoria econômica e à política econômica têm sua origem comum em um equívoco sobre a natureza do problema econômico da sociedade. Por sua vez, esse equívoco se deve a uma transferência errônea para os fenômenos sociais dos hábitos de pensamento que desenvolvemos ao lidar com os fenômenos da natureza.

2

Na linguagem comum, descrevemos por meio da palavra "planejamento" o complexo de decisões inter-relacionadas acerca da alocação dos recursos disponíveis. Nesse sentido, toda atividade econômica é planejamento; e em qualquer sociedade em que muitas pessoas colaboram, esse planejamento, quem quer que o faça, terá, até certo ponto, que se basear no conhecimento que preferencialmente não é dado ao planejador, mas a outra pessoa, que de alguma maneira terá que ser transmitido ao planejador. As diversas maneiras pelas quais o conhecimento no qual as pessoas baseiam seus planos é comunicado a elas é o problema crucial para qualquer teoria que explique o problema econômico, e o problema de qual é a melhor maneira de utilizar o conhecimento inicialmente disperso entre todas as pessoas é, no mínimo, um dos principais problemas da política econômica — ou de projetar um sistema econômico eficiente.

A resposta a essa pergunta está intimamente ligada com aquela outra questão que surge aqui; aquela de *quem* deve fazer o planejamento. É sobre essa questão que se baseia toda a discussão sobre "planejamento econômico". Não se trata de uma discussão sobre se o planejamento dever ser feito ou não. É uma discussão sobre se o planejamento deve ser feito de forma centralizada, por uma única autoridade para todo o sistema econômico ou se deve ser dividido entre muitos indivíduos. Planejamento no sentido específico em que o termo é usado na controvérsia contemporânea significa necessariamente planejamento central — isto é, a direção de todo o sistema econômico de acordo com um plano unificado. Por outro lado, concorrência significa planejamento descentralizado por muitas pessoas distintas. O meio-termo entre os dois, acerca do qual muitos falam, mas de que poucos gostam ao vê-lo, é a delegação do planejamento para setores industriais organizados; ou seja, monopólios.

Qual desses sistemas tende a ser mais eficiente depende sobretudo da questão: de qual deles podemos esperar que o uso mais completo do conhecimento existente seja feito? Por sua vez, isso depende de sermos mais propensos a ter sucesso em colocar à disposição de uma única autoridade central todo o conhecimento que deveria ser usado, mas que está inicialmente disperso entre muitos indivíduos diferentes ou em transmitir aos indivíduos o conhecimento adicional que eles precisam para capacitá-los a harmonizar seus planos com os de outras pessoas.

3

Ficará imediatamente evidente que, a esse respeito, a posição será diferente em relação aos diferentes tipos de conhecimento. Portanto, a resposta para nossa pergunta dependerá em grande medida da importância relativa dos diferentes tipos de conhecimento: aqueles mais propensos a estarem à disposição de indivíduos específicos e aqueles que devemos com maior confiança esperar encontrar na posse de uma autoridade composta de especialistas adequadamente escolhidos. Se neste momento é tão amplamente assumido que este último está em uma posição melhor é porque um tipo de conhecimento — a saber, o conhecimento científico — ocupa agora um lugar tão proeminente na imaginação pública que tendemos a esquecer que não é o único tipo que é relevante. Pode-se admitir que, no que concerne ao conhecimento científico, um grupo de especialistas adequadamente escolhido pode estar na melhor posição para comandar todo o melhor conhecimento disponível — embora isso, é claro, esteja somente transferindo a dificuldade para o problema de seleção dos especialistas. O que quero salientar é que, mesmo supondo que esse problema possa ser resolvido facilmente, ele é apenas uma pequena parte de um problema mais amplo.

Atualmente é quase uma heresia sugerir que o conhecimento científico não é a soma de todo o conhecimento. Mas, sem sombra de dúvida, um pouco de reflexão mostrará que existe um corpo de conhecimento bastante importante, mas não organizado, que não pode ser chamado de científico no sentido do conhecimento de regras gerais: o conhecimento das circunstâncias específicas de tempo e lugar. É com respeito a isso que praticamente todo indivíduo possui alguma vantagem sobre todos os outros, porque ele possui informações únicas que podem ser usadas de forma benéfica, mas das quais o uso só pode ser feito se as decisões que dependem delas forem deixadas para o indivíduo ou forem tomadas com sua ativa cooperação. Precisamos lembrar apenas o quanto temos que aprender em qualquer profissão depois da conclusão de nossa formação teórica, quão grande parte de nossa vida profissional passamos aprendendo tarefas específicas e quão valioso, um ativo em todas as esferas da vida, é o conhecimento das pessoas, das condições locais e das circunstâncias específicas. Conhecer e colocar em uso uma máquina não totalmente utilizada, ou a habilidade de alguém que poderia ser mais bem empregada, ou ter consciência de um estoque excedente que pode ser aproveitado durante uma interrupção de fornecimento, é socialmente tão útil quanto o conhecimento das melhoras técnicas alternativas. O transportador que ganha a vida usando viagens vazias ou metade cheia de navios cargueiros, ou o corretor de imóveis cujo conhecimento total é quase exclusivamente de oportunidades temporárias, ou o negociante que ganha com as diferenças locais dos preços das mercadorias — estão todos desempenhando funções certamente úteis com base no conhecimento específico das circunstâncias do momento efêmero não conhecido por outras pessoas.

É curioso que hoje esse tipo de conhecimento costume ser encarado com uma espécie de desprezo e se acredite que qualquer pessoa que mediante esse conhecimento obtenha uma vantagem sobre alguém com mais conhecimento teórico ou técnico terá agido de forma quase desonrosa. Ocasionalmente, tirar vantagem de um melhor conhecimento dos meios de comunicação ou transporte é considerado quase desonesto, embora seja tão importante que a sociedade aproveite as melhores oportunidades a esse respeito quanto o uso das últimas descobertas científicas. Numa medida considerável, esse preconceito afetou a atitude em relação ao comércio em geral, em comparação com a atitude em relação à produção. Mesmo os economistas que se consideram imunes às grosseiras falácias materialistas do passado cometem constantemente o mesmo erro no que concerne às atividades voltadas à aquisição desse conhecimento prático — aparentemente porque em seu esquema geral todo esse conhecimento deveria ser "dado". A ideia comum agora parece ser que todo esse conhecimento deveria, como rotina, estar facilmente sob o comando de todos, e a acusação de irracionalidade levantada contra a ordem econômica existente se baseia frequentemente no fato de que ela não está tão disponível. Essa visão ignora que o método pelo qual esse conhecimento pode ser tornado tão amplamente disponível quanto possível é exatamente o problema para o qual temos que encontrar uma resposta.

4

Se está em voga hoje minimizar a importância do conhecimento das circunstâncias específicas de tempo e lugar, isso está intimamente

O USO DO CONHECIMENTO NA SOCIEDADE

relacionado com a menor importância que agora é atribuída à mudança como tal. Na verdade, há poucos pontos em que as suposições feitas (em geral apenas implicitamente) pelos "planejadores" diferem das de seus adversários tanto quanto no que diz respeito à importância e frequência das mudanças que farão alterações substanciais dos planos de produção necessários. Naturalmente, se planos econômicos detalhados pudessem ser estabelecidos por períodos razoavelmente longos com antecedência e, depois, seguidos de perto, de modo que nenhuma outra decisão econômica de importância fosse necessária, a tarefa de elaborar um plano abrangente que governasse toda a atividade econômica seria muito menos difícil.

Talvez valha a pena enfatizar que os problemas econômicos surgem sempre e somente em consequência das mudanças. Enquanto as coisas continuarem como antes, ou pelo menos como eram esperadas, não surgirão novos problemas que exijam uma decisão, nem a necessidade de elaborar um novo plano. A crença de que as mudanças, ou pelo menos os ajustes do dia a dia, tornaram-se menos importantes nos tempos modernos implica a alegação de que os problemas econômicos também se tornaram menos importantes. Essa crença na importância decrescente da mudança é, por esse motivo, geralmente apoiada pelas mesmas pessoas que afirmam que a importância dos fatores econômicos foi posta em segundo plano pela crescente importância do conhecimento tecnológico.

Será que é verdade que, com o aparato elaborado da produção moderna, as decisões econômicas são requeridas apenas em longos intervalos, como, por exemplo, quando uma nova instalação fabril deve ser construída ou um novo processo deve ser introduzido? Será que é verdade que, uma vez construída uma instalação fabril, o resto é mais ou menos mecânico, determinado pelo tipo de instalação fabril, e deixando pouco a ser mudado para se adaptar às circunstâncias sempre em transformação do momento?

A crença bastante difundida na afirmativa não é, até onde posso apurar, confirmada pela experiência prática do empresário. De qualquer forma, em uma indústria competitiva — e essa indústria por si só pode servir de teste —, a tarefa de evitar o aumento de custos requer esforço constante, absorvendo grande parte da energia do gestor. Como é fácil para um gestor ineficiente dissipar os diferenciais em que se assenta a lucratividade e que é possível, com as mesmas instalações técnicas, produzir com uma grande variedade de custos estão entre os lugares-comuns da experiência empresarial que não parecem ser igualmente familiares no estudo do economista. A própria força do desejo, constantemente expressada por fabricantes e engenheiros, de poder prosseguir livres de considerações dos custos monetários é um testemunho eloquente de até onde esses fatores entram em seu trabalho diário.

Uma razão pela qual os economistas estão cada vez mais propensos a esquecer as pequenas e constantes mudanças que compõem todo o quadro econômico é provavelmente sua crescente preocupação com agregados estatísticos, que mostram uma estabilidade muito maior do que os movimentos do detalhe. No entanto, a estabilidade comparativa dos agregados não pode ser explicada — como os estatísticos parecem ocasionalmente inclinados a fazer — pela "lei dos grandes números" ou pela compensação mútua das mudanças aleatórias. O número de elementos com os quais temos que lidar não é grande o suficiente para que essas forças acidentais produzam estabilidade. O fluxo contínuo de bens e serviços é mantido por ajustes constantes e deliberados, por novos arranjos feitos todos os dias em função das circunstâncias não conhecidas no dia anterior, por B intervindo imediatamente quando A não consegue entregar. Mesmo uma instalação fabril grande e extremamente mecanizada continua funcionando em grande medida por causa de um ambiente ao qual pode recorrer para todos os tipos de necessidades inesperadas: telhas para o telhado, material de escritório e todos os mil e um tipos de equipamentos em que não pode ser autossuficiente e que os planos de operação fabril exigem que estejam facilmente disponíveis no mercado.

Talvez este também seja o momento em que devo mencionar brevemente o fato de que o tipo de conhecimento com o qual tenho me preocupado é aquele que, por sua natureza, não pode entrar nas estatísticas e, portanto, não pode ser transmitido a nenhuma autoridade central em forma estatística. As estatísticas que essa autoridade central teria que usar precisariam ser obtidas rigorosamente pela abstração de pequenas diferenças entre as coisas, agrupando, como recursos de um tipo, itens que diferem quanto à localização, qualidade e outros detalhes, de uma maneira que pode ser muito significativa para a decisão específica. Disto resulta que o planejamento central baseado em informações estatísticas não pode, por sua própria natureza, levar em conta diretamente essas circunstâncias de tempo e lugar e que o planejador central terá que encontrar uma

O USO DO CONHECIMENTO NA SOCIEDADE

maneira ou outra pela qual as decisões que dependem dele possam ser deixadas para o "homem *in loco*".

5

Se pudermos concordar que o problema econômico da sociedade é sobretudo um problema de adaptação rápida às mudanças nas circunstâncias específicas de tempo e lugar, aparentemente resulta que as decisões finais devem ser deixadas para as pessoas que estão familiarizadas com essas circunstâncias, que têm conhecimento direto das mudanças relevantes e dos recursos imediatamente disponíveis para enfrentá-las. Não podemos esperar que esse problema seja resolvido comunicando primeiro todo esse conhecimento a um comitê central que, após incorporar todos os conhecimentos, emite suas ordens. Devemos resolvê-lo por meio de alguma forma de descentralização. Mas isso responde apenas a uma parte de nosso problema. Precisamos de descentralização porque só assim podemos garantir que o conhecimento das circunstâncias específicas de tempo e lugar será usado prontamente. Porém, o "homem *in loco*" não pode decidir apenas com base em seu conhecimento limitado, mas profundo, dos fatos de seu entorno imediato. Ainda resta o problema de comunicar a ele as informações adicionais necessárias para ajustar suas decisões a todo o padrão de mudanças do sistema econômico mais amplo.

De quanto conhecimento ele precisa para fazer isso com sucesso? Quais dos eventos que acontecem além do horizonte de seu conhecimento imediato são relevantes para sua decisão imediata e quantos deles ele precisa saber?

Não há quase nada que aconteça em algum lugar do mundo que *possa* não ter efeito sobre a decisão que ele deve tomar. Mas ele não precisa tomar conhecimento desses eventos como tais, nem de *todos* os seus efeitos. Não importa para ele *por que*, no momento específico, são necessários mais parafusos de um tamanho do que de outro, *por que* os sacos de papel estão mais disponíveis do que os sacos de lona, ou *por que* mão de obra especializada, ou máquinas operatrizes específicas, tornaram-se no momento mais difíceis de conseguir. Tudo o que é importante para ele é quão mais ou menos difíceis de conseguir elas se tornaram em comparação com

A ORDEM ECONÔMICA E A LIVRE INICIATIVA

outras coisas com as quais ele também está preocupado, ou quão mais ou menos urgentemente desejadas são as coisas alternativas que ele produz ou usa. É sempre uma questão da importância relativa em relação às coisas específicas com as quais ele está preocupado, e as causas que alteram sua importância relativa não interessam para ele além do efeito sobre as coisas concretas de seu próprio ambiente.

É neste contexto que o que chamei de "cálculo econômico" (ou a Lógica Pura da Escolha) nos ajuda, pelo menos por analogia, a ver como esse problema pode ser resolvido e, aliás, está sendo resolvido pelo sistema de preços. Mesmo a única mente controladora, de posse de todos os dados para algum sistema econômico pequeno e independente, não iria — sempre que algum pequeno ajuste na alocação de recursos tivesse que ser feito — passar explicitamente por todas as relações entre fins e meios que possivelmente podem ser afetadas. Na verdade, essa é a grande contribuição da Lógica Pura da Escolha, que demonstrou de forma conclusiva que mesmo uma mente única poderia resolver esse tipo de problema apenas formulando e usando constantemente taxas de equivalência (ou "valores" ou "taxas marginais de substituição"); isto é, atribuindo a cada tipo de recurso escasso um indicador numérico que não pode ser derivado de nenhuma característica possuída por aquela coisa específica, mas que reflete, ou na qual se condensa, sua importância devido a toda a estrutura meios-fim. Em qualquer pequena mudança, ela terá que avaliar apenas os indicadores quantitativos (ou "valores") nos quais todas as informações relevantes estão concentradas; e, ao ajustar as quantidades uma por uma, ela pode reorganizar apropriadamente suas disposições sem ter que resolver todo o quebra-cabeça *ab initio* ou sem precisar em qualquer fase examiná-lo imediatamente em todas as suas ramificações.

Basicamente, em um sistema em que o conhecimento de fatos relevantes está disperso entre muitas pessoas, os preços podem atuar para coordenar as ações distintas de diferentes pessoas, da mesma forma que os valores subjetivos ajudam o indivíduo a coordenar as partes de seu plano. Por um momento, vale a pena considerar um exemplo muito simples e corriqueiro da ação do sistema de preços para ver o que exatamente ele realiza. Suponha que em algum lugar do mundo tenha surgido uma nova oportunidade para o uso de alguma matéria-prima, digamos, o estanho, ou que uma das fontes de oferta de estanho tenha sido eliminada. Não importa para nosso

O USO DO CONHECIMENTO NA SOCIEDADE

propósito — e é significativo que não importe — qual dessas duas causas tornou o estanho mais escasso. Tudo ò que os usuários de estanho precisam saber é que parte do estanho que costumavam consumir é agora emprega-da mais lucrativamente em outro lugar e que, por consequência, eles devem economizar estanho. Não há necessidade para a maioria deles de sequer sa-ber onde surgiu a necessidade mais urgente, ou a favor de quais outras ne-cessidades eles deveriam administrar a oferta. Se ao menos alguns deles tiverem diretamente conhecimento da nova demanda e transferirem recur-sos para ela, e se as pessoas que tiverem consciência da nova lacuna assim criada a preencherem de outras fontes, o efeito se espalhará rapidamente por todo o sistema econômico e influenciará não só todos os usos do esta-nho, mas também seus substitutos e os substitutos desses substitutos, além da oferta de todas as coisas feitas de estanho e seus substitutos, e assim por diante; e tudo isso sem que a maioria daqueles instrumentais em viabilizar essas substituições saibam algo sobre a causa original dessas mudanças. O todo atua como um único mercado, não porque qualquer um dos seus mem-bros examine todo o campo, mas porque seus limitados campos de visão in-dividuais se sobrepõem devidamente, de modo que, por meio de muitos intermediários, as informações relevantes sejam comunicadas a todos. O simples fato de que haja um preço para qualquer mercadoria — ou melhor, que os preços locais estejam ligados de uma forma determinada pelo custo do transporte etc. — traz a solução que (é apenas conceitualmente possível) poderia ter sido alcançada por uma única mente que possui todas as infor-mações que, na verdade, estão dispersas entre todas as pessoas envolvidas no processo.

6

Devemos considerar o sistema de preços como um mecanismo de comunicação de informações se quisermos compreender sua verdadeira função — uma função que, é claro, satisfaz com menos perfeição quan-do os preços se tornam mais rígidos. (No entanto, mesmo quando os pre-ços cotados se tornaram bastante rígidos, as forças que operariam por meio de mudanças no preço ainda operam de forma considerável median-te mudanças nos outros termos do contrato.) O fato mais significativo sobre esse sistema é a economia do conhecimento com a qual ele opera, ou o quão pouco os participantes individuais precisam saber para serem capazes de agir corretamente. De forma abreviada, por uma espécie de símbolo, apenas as informações mais essenciais são repassadas e apenas aos interessados. É mais do que uma metáfora descrever o sistema de preços como um tipo de maquinário para registrar mudanças, ou um sistema de telecomunicações que permite aos produtores individuais observar apenas as oscilações de alguns indicadores, como um engenheiro observaria os ponteiros de alguns mostradores, a fim de ajustar suas atividades a mudanças das quais talvez eles nunca saibam mais do que as refletidas na variação dos preços.

Claro que esses ajustes talvez nunca sejam "perfeitos" no sentido em que o economista os concebe em sua análise de equilíbrio. No entanto, receio que nossos hábitos teóricos de abordar o problema com a suposição de um conhecimento mais ou menos perfeito por parte de quase todos nos tenham tornado um tanto cegos para a verdadeira função do mecanismo de preços e nos levado a aplicar padrões um tanto enganosos ao julgar sua eficiência. A maravilha é que em um caso como o de escassez de uma matéria-prima, sem um pedido emitido, sem mais do que talvez meia dúzia de pessoas sabendo a causa, dezenas de milhares de pessoas cuja identidade não pôde ser apurada depois de meses de investigação são levadas a usar a matéria-prima ou seus produtos com mais moderação; isto é, elas se movem na direção correta. Isso já é uma maravilha mesmo que, em um mundo em constante mudança, nem todos se deem tão bem que suas margens de lucro sejam sempre mantidas no mesmo nível uniforme ou "normal".

Usei de propósito a palavra "maravilha" para chocar o leitor e tirá-lo da complacência com que costuma admitir como natural o funcionamento desse mecanismo. Estou convencido de que se fosse o resultado do desígnio humano deliberado, e se as pessoas guiadas pelas mudanças de preço entendessem que suas decisões têm um significado muito além de seu objetivo imediato, esse mecanismo teria sido aclamado como um dos maiores triunfos da mente humana. Seu infortúnio, porém, é duplo: ele não é produto do desígnio humano e as pessoas guiadas por ele geralmente não sabem por que são levadas a fazer o que fazem. Mas aqueles que clamam por uma "direção consciente" — e que não conseguem acreditar que

O USO DO CONHECIMENTO NA SOCIEDADE

algo que evoluiu sem projeto (e até mesmo sem nosso entendimento) deve resolver problemas que não deveríamos ser capazes de resolver conscientemente — devem se lembrar disto: o problema é justamente como ampliar a extensão de nossa utilização dos recursos além da extensão do controle da mente de toda e qualquer pessoa; e, portanto, como prescindir da necessidade de controle consciente e como propiciar incentivos que farão os indivíduos realizarem coisas desejáveis sem que ninguém tenha que lhes dizer o que fazer.

O problema que encontramos aqui não é de forma alguma peculiar à economia, mas surge em conexão com quase todos os fenômenos verdadeiramente sociais, com a linguagem e com grande parte de nossa herança cultural, constituindo realmente o problema teórico central de toda a ciência social. Como Alfred Whitehead disse em outra conexão: "É um truísmo profundamente errôneo, repetido por todos os cadernos e por pessoas eminentes quando fazem discursos, que devemos cultivar o hábito de pensar o que estamos fazendo. O caso é exatamente o contrário. A civilização avança ampliando o número de operações importantes que podemos realizar sem pensar sobre elas". Isso tem um significado profundo no campo social. Fazemos uso constante de fórmulas, símbolos e regras cujo significado não entendemos, e por meio dos quais nos valemos da ajuda do conhecimento que individualmente não possuímos. Desenvolvemos essas práticas e instituições com base em hábitos e instituições que se revelaram bem-sucedidas em sua própria esfera e que, por sua vez, tornaram-se a fundação da civilização que construímos.

O sistema de preços é apenas uma daquelas formações que o homem aprendeu a utilizar (embora ainda esteja muito longe de ter aprendido a fazer o melhor uso dele) depois de deparar com ele sem entendê-lo. Por meio dele, tornou-se possível não só uma divisão do trabalho, mas também uma utilização coordenada dos recursos com base em um conhecimento igualmente dividido. As pessoas que gostam de ridicularizar qualquer sugestão de que isso possa ser assim costumam distorcer o argumento, insinuando que ele afirma que, por algum milagre, esse tipo de sistema que é o mais adequado para a civilização moderna cresceu espontaneamente. É o contrário: o homem foi capaz de desenvolver essa divisão de trabalho em que se baseia nossa civilização porque deparou por acaso com um método que a tornou possível. Se não tivesse feito isso, ainda poderia

A ORDEM ECONÔMICA E A LIVRE INICIATIVA

ter desenvolvido algum outro tipo de civilização totalmente diferente, algo como o "Estado" das formigas, ou algum outro tipo totalmente inimaginável. Tudo o que podemos dizer é que ninguém ainda conseguiu conceber um sistema alternativo em que certas características do sistema existente podem ser preservadas, que são prezadas até mesmo para aqueles que o atacam da forma mais violenta — como especialmente até que ponto o indivíduo pode escolher suas atividades e, portanto, usar livremente seu conhecimento e sua habilidade.

7

Sob vários aspectos, é uma sorte que a disputa a respeito da indispensabilidade do sistema de preços para qualquer cálculo racional em uma sociedade complexa não seja mais realizada inteiramente entre campos que defendem diferentes pontos de vista políticos. A tese de que sem o sistema de preços não poderíamos preservar uma sociedade baseada em uma divisão de trabalho tão ampla como a nossa foi recebida com um uivo de escárnio ao ser apresentada pela primeira vez por Ludwig von Mises há vinte e cinco anos. Atualmente, as dificuldades que alguns ainda encontram para aceitá-lo não são mais sobretudo políticas, e isso tende a resultar em uma atmosfera muito mais propícia a uma discussão razoável. Quando vemos Leon Trótski dizer que "a contabilidade econômica é impensável sem relações de mercado"; quando o professor Oskar Lange promete ao professor Mises uma estátua nos corredores de mármore do futuro Comitê de Planejamento Central; e quando o professor Abba P. Lerner redescobre Adam Smith e enfatiza que a utilidade essencial do sistema de preços consiste em induzir o indivíduo, enquanto busca seu próprio interesse, a fazer o que é de interesse geral, as diferenças não podem mais ser atribuídas ao preconceito político. Sem dúvida, a discordância remanescente parece se dever a diferenças puramente intelectuais e, mais especificamente, metodológicas.

Uma asserção recente de Joseph Schumpeter em seu livro *Capitalism, Socialism, and Democracy* [*Capitalismo, socialismo e democracia*] fornece um exemplo claro de uma das diferenças metodológicas que tenho em mente. Seu autor se destaca entre os economistas que abordam fenômenos

O USO DO CONHECIMENTO NA SOCIEDADE

econômicos em função de certo ramo do positivismo. Para ele, consequentemente, esses fenômenos aparecem como quantidades objetivamente dadas de mercadorias que interferem umas com as outras, quase, ao que parece, sem nenhuma intervenção das mentes humanas. Apenas em relação a esse pano de fundo posso explicar a seguinte declaração (para mim surpreendente). O professor Schumpeter sustenta que a possibilidade de um cálculo racional para os fatores de produção na ausência de mercados resulta para o teórico "da proposição elementar de que os consumidores, ao avaliar ('exigir') bens de consumo *ipso facto*, também avaliam os meios de produção que entram na produção desses bens".[1]

Considerada literalmente, essa asserção é simplesmente falsa. Os consumidores não fazem nada disso. O que o *"ipso facto"* do professor Schumpeter supostamente significa é que a avaliação dos fatores de produção está implícita ou resulta necessariamente da avaliação dos bens de consumo. Mas isso também não é correto. A implicação é uma relação lógica que pode ser asseverada de forma significativa somente de proposições presentes simultaneamente para uma e a mesma mente. É evidente, porém, que os valores dos fatores de produção não dependem apenas da avaliação dos bens de consumo, mas também das condições de oferta de diversos fatores de produção. Apenas para uma mente para a qual todos esses fatos fossem ao mesmo tempo conhecidos, as respostas necessariamente resultariam dos fatos dados a ela. Contudo, o problema prático surge justamente porque esses fatos nunca são dados a uma só mente, e porque, em consequência, é necessário que na solução do problema seja utilizado o conhecimento que está disperso entre muitas pessoas.

Portanto, o problema não está de forma alguma resolvido se pudermos mostrar que todos os fatos, *se* fossem conhecidos por uma única mente (como supomos hipoteticamente que sejam dados ao economista observador), determinariam de modo único a solução; em vez disso, devemos mostrar como uma solução é gerada pelas interações de pessoas, cada uma das quais possuindo apenas conhecimento parcial. Supor que todo o conhecimento seja dado a uma única mente da mesma maneira que supomos que seja dado a nós como economistas explicadores é presumir o problema e desconsiderar tudo o que é importante e significativo no mundo real.

O fato de um economista com o prestígio do professor Schumpeter ter caído em uma armadilha que a ambiguidade do termo *"datum"* impõe

A ORDEM ECONÔMICA E A LIVRE INICIATIVA

aos incautos não pode ser explicado como um simples erro. Em vez disso, sugere que há algo fundamentalmente errado com uma abordagem que costuma desconsiderar uma parte essencial dos fenômenos com os quais temos que lidar: a imperfeição inevitável do conhecimento do homem e a consequente necessidade de um processo pelo qual o conhecimento é constantemente comunicado e adquirido. Qualquer abordagem, como a de grande parte da economia matemática com suas equações simultâneas, que na verdade parte da suposição de que o *conhecimento* das pessoas corresponde aos fatos objetivos da situação, sistematicamente deixa de fora o que é nossa principal tarefa explicar. Estou longe de negar que, em nosso sistema, a análise de equilíbrio tem uma função útil a desempenhar. Porém, quando chega ao ponto em que induz ao erro alguns de nossos principais pensadores, levando-os a acreditar que a situação que descrevem tem relevância direta para a solução de problemas práticos, é mais do que tempo de lembrarmos que ela não trata de forma alguma do processo social e que não é mais do que uma preliminar útil para o estudo do problema principal.

CAPÍTULO V

O significado
da competição*

1

Há sinais de crescente consciência entre os economistas de que o que eles têm discutido nos últimos anos sob o nome de "competição" não é a mesma coisa que aquilo que é chamado assim na linguagem comum. Mas, embora tenham existido algumas tentativas corajosas de trazer a discussão de volta à Terra e dirigir a atenção aos problemas da vida real, sobretudo por J. M. Clark e F. Machlup,[1] a visão geral ainda parece considerar a concepção de competição atualmente empregada pelos economistas como a significativa e tratar aquela do empresário como um abuso. Parece ser geralmente aceito que a chamada teoria da "competição perfeita" fornece o modelo apropriado para julgar a eficácia da competição na vida real e que, uma vez que a verdadeira competição difere desse modelo, é indesejável e até prejudicial.

Para essa atitude, parece-me haver muito pouca justificativa. Tentarei mostrar que aquilo que a teoria da competição perfeita discute tem pouca pretensão de ser chamada de "competição" e que suas conclusões são de pouca utilidade como guias para políticas. A razão para isso me parece ser que essa teoria assume inteiramente que já há um estado de coisas que, de acordo com a visão mais verdadeira da teoria mais antiga, o processo de competição tende a produzir (ou do qual tende a se aproximar) e que, se o

---

* Este ensaio reproduz o conteúdo da Stafford Little Lecture proferida na Universidade de Princeton em 20 de maio de 1946.

A ORDEM ECONÔMICA E A LIVRE INICIATIVA

estado de coisas assumido pela teoria da competição perfeita existiu alguma vez, não apenas privaria de seu escopo todas as atividades que o verbo "competir" descreve, mas as tornaria praticamente impossíveis.

Se tudo isso afetasse apenas o uso da palavra "competição", não importaria muito. Mas parece quase como se os economistas, por meio desse uso peculiar da linguagem, estivessem enganando a si mesmos na crença de que, ao discutir a "competição", estão dizendo algo sobre a natureza e a importância do processo pelo qual o estado das coisas é produzido que eles simplesmente supõem existir. Na verdade, essa força motora da vida econômica é deixada quase totalmente sem discussão.

Não quero discutir aqui em detalhes as razões que levaram a teoria da competição a essa curiosa situação. Como sugeri em outro lugar neste livro,[2] o método tautológico apropriado e indispensável para a análise da ação individual parece, neste caso, ter sido estendido de forma ilegítima a problemas nos quais temos que lidar com um processo social em que as decisões de muitos indivíduos influenciam uns aos outros e necessariamente sucedem um ao outro no tempo. O cálculo econômico (ou a Lógica Pura da Escolha) que trata do primeiro tipo de problema consiste em um aparato de classificação das possíveis atitudes humanas e nos fornece uma técnica para descrever as inter-relações das diferentes partes de um único plano. Suas conclusões estão implícitas em seus pressupostos: os desejos e o conhecimento dos fatos, que se presume estarem ao mesmo tempo presentes em uma única mente, determinam uma solução única. As relações discutidas nesse tipo de análise são relações lógicas, preocupadas tão só com as conclusões que seguem para a mente do indivíduo planejador a partir das premissas dadas.

No entanto, quando lidamos com uma situação em que várias pessoas estão tentando elaborar seus planos distintos, não podemos mais presumir que os dados são os mesmos para todas as mentes planejadoras. O problema passa a ser como os "dados" dos diferentes indivíduos nos quais eles baseiam seus planos são ajustados aos fatos objetivos de seu ambiente (o que inclui as ações de outras pessoas). Embora na solução desse tipo de problema ainda devamos fazer uso de nossa técnica para elaborar rapidamente as implicações de um determinado conjunto de dados, temos agora que lidar não só com diversos conjuntos distintos de dados de diferentes pessoas, mas também — e isso é ainda mais importante — com um

O SIGNIFICADO DA COMPETIÇÃO

processo que envolve necessariamente mudanças contínuas nos dados para os diferentes indivíduos. Como já sugeri, o fator causal entra aqui sob a forma da aquisição de novos conhecimentos por diferentes indivíduos ou de mudanças em seus dados provocadas pelos contatos entre eles.

A relevância disso para o meu problema atual aparecerá quando for lembrado que a teoria moderna de competição lida quase exclusivamente com um estado do que é chamado "equilíbrio competitivo", em que se assume que os dados para os diferentes indivíduos estão totalmente ajustados uns aos outros, enquanto o problema que requer explicação é a natureza do processo pelo qual os dados são assim ajustados. Em outras palavras, a descrição do equilíbrio competitivo nem sequer tenta dizer que, se encontrarmos tais e tais condições, tais e tais consequências resultarão, mas se limita a definir condições nas quais suas conclusões já estão implicitamente contidas e que podem concebivelmente existir, mas das quais não nos diz como podem ser produzidas. Ou, para antecipar nossa principal conclusão em um breve enunciado: a competição é, por sua natureza, um processo dinâmico cujas características essenciais são presumidas pelas suposições subjacentes à análise estática.

2

Que a teoria moderna do equilíbrio competitivo *presume* a situação a existir que uma verdadeira explicação deve considerar como efeito do processo competitivo fica mais bem demonstrada examinando-se a lista conhecida de condições encontrada em qualquer compêndio moderno. Aliás, grande parte dessas condições não só fundamenta a análise da competição "perfeita" como é igualmente assumida na discussão de diversos mercados "imperfeitos" ou "monopolistas", os quais pressupõem completamente certas "perfeições" irrealistas.[3] Porém, para nosso propósito imediato, a teoria da competição perfeita será o caso mais instrutivo a ser examinado.

Embora diferentes autores possam formular a lista de condições essenciais da competição perfeita de maneira diferente, o que se segue talvez seja mais do que suficientemente abrangente para nosso propósito, porque, como veremos, essas condições não são de fato independentes

A ORDEM ECONÔMICA E A LIVRE INICIATIVA

umas das outras. De acordo com a visão geralmente aceita, a competição perfeita pressupõe:

1. Uma mercadoria homogênea ofertada e demandada por um grande número de vendedores ou compradores relativamente pequenos, nenhum do quais esperando exercer por sua ação uma influência perceptível no preço.
2. Acesso livre ao mercado e ausência de outras restrições à variação de preços e à circulação de recursos.
3. Conhecimento completo dos fatores relevantes por parte de todos os participantes do mercado.

Nesse estágio, não perguntaremos para o que precisamente essas condições são exigidas ou o que está implícito se forem assumidas como dadas. Mas devemos indagar um pouco mais sobre seu significado e, a esse respeito, a terceira condição é a condição crítica e obscura. Evidentemente, o padrão não pode ser o conhecimento perfeito de tudo o que afeta o mercado por parte de todos os participantes. Não entrarei aqui no paradoxo conhecido do efeito paralisante que o conhecimento e a previsão realmente perfeitos teriam sobre todas as ações.[4] Também será óbvio que nada se resolve quando supomos que todos sabem tudo e que o verdadeiro problema é como isso pode ser viabilizado se o máximo possível do conhecimento disponível é utilizado. Para uma sociedade competitiva, isso suscita a questão não de como podemos "encontrar" as pessoas que sabem melhor, mas sim de quais arranjos institucionais são necessários para que as pessoas desconhecidas, que possuem conhecimento especialmente adequado para uma tarefa específica, sejam mais propensas a serem atraídas para essa tarefa. Todavia, devemos indagar um pouco mais sobre que tipo de conhecimento deveria estar em posse das partes do mercado.

Se considerarmos o mercado para algum tipo de bens de consumo acabado e começarmos com a posição de seus produtores ou vendedores, descobriremos, primeiro, que se presume que eles saibam o menor custo pelo qual a mercadoria pode ser produzida. No entanto, esse conhecimento que se presume ser dado para começar é um dos pontos principais pelos quais apenas por meio do processo de competição é que os fatos serão descobertos. Este me parece um dos elementos mais importantes em que

O SIGNIFICADO DA COMPETIÇÃO

o ponto de partida da teoria do equilíbrio competitivo assume a tarefa principal que apenas o processo de competição pode resolver. A posição é um tanto semelhante no concernente ao segundo ponto em que se presume que os produtores estejam plenamente informados: as vontades e os desejos dos consumidores, incluindo os tipos de bens e serviços que demandam e os preços que estão dispostos a pagar. Esses não podem ser considerados propriamente como fatos dados, mas devem ser considerados como problemas a serem resolvidos pelo processo de competição.

A mesma situação existe do lado dos consumidores ou compradores. Mais uma vez, o conhecimento que eles devem possuir em um estado de equilíbrio competitivo não pode ser legitimamente assumido como sob seu comando antes do início do processo de competição. O conhecimento das alternativas diante deles é o resultado do que acontece no mercado, de atividades como propaganda etc.; e toda a organização do mercado atende sobretudo à necessidade de divulgar as informações em relação às quais o comprador deve atuar.

A natureza peculiar dos pressupostos de onde a teoria do equilíbrio competitivo parte se destaca muito claramente se perguntarmos quais das atividades geralmente designadas pelo verbo "competir" ainda seriam possíveis se essas condições fossem todas satisfeitas. Talvez valha a pena lembrar que, de acordo com o dr. Johnson*, a competição é "a ação de se esforçar para ganhar o que o outro se esforça para ganhar ao mesmo tempo". Ora, quantos dos dispositivos adotados na vida cotidiana para esse fim ainda estariam livres para um vendedor em um mercado em que prevalece a chamada "competição perfeita"? Acredito que a resposta seja exatamente nenhum. A propaganda, a subcotação de preço e a melhoria ("diferenciação") dos bens e serviços produzidos são todos excluídos por definição — na verdade, a competição "perfeita" significa a ausência de todas as atividades competitivas.

A esse respeito, especialmente notável é a exclusão explícita e completa da teoria da competição perfeita de todas as relações pessoais existentes

---

* Samuel Johnson (Lichfield, 18 de setembro de 1709 - Londres, 13 de dezembro de 1784), conhecido em língua inglesa como doutor Johnson (Dr. Johnson), foi um escritor e pensador inglês conhecido por suas notáveis contribuições à língua inglesa como poeta, ensaísta, moralista, biógrafo, crítico literário e lexicógrafo.

entre as partes.[5] Na vida real, que nosso conhecimento inadequado das mercadorias ou serviços disponíveis é compensado por nossa experiência com pessoas ou empresas que os ofertam — que a competição é em grande medida uma competição por reputação ou boa vontade — é um dos mais importantes fatos que nos permitem resolver nossos problemas diários. A função da competição está aqui precisamente para nos ensinar *quem* vai nos atender bem: que mercearia ou agência de viagens, que loja de departamentos ou hotel, que médico ou advogado podemos esperar que nos forneça a solução mais satisfatória para qualquer problema pessoal específico que possamos ter que encarar. Evidentemente, em todos esses campos, a competição pode ser bastante intensa, tão só porque os serviços de diferentes pessoas ou empresas nunca serão exatamente iguais, e será devido a essa competição que vamos estar em uma posição de ser tão bem atendidos quanto somos. Na verdade, as razões pelas quais a competição nesse campo é descrita como imperfeita não têm nada a ver com o caráter competitivo das atividades dessas pessoas; reside na natureza das próprias mercadorias ou serviços. Se não existem dois médicos perfeitamente iguais, isso não significa que a competição entre eles seja menos intensa, mas apenas que qualquer grau de competição entre eles não produzirá exatamente os resultados que produziria se seus serviços fossem exatamente iguais. Isso não é um ponto puramente verbal. A fala sobre defeitos ou competição quando, na verdade, estamos falando da diferença necessária entre mercadorias e serviços oculta uma confusão muito verdadeira e leva por vezes a conclusões absurdas.

Embora à primeira vista a suposição concernente ao conhecimento perfeito possuído pelas partes possa parecer a mais surpreendente e artificial de todas aquelas em que se baseia a teoria da competição perfeita, pode, na verdade, não ser mais do que uma consequência de outro dos pressupostos em que se baseia e em parte até justificada por ele. Se, de fato, começarmos assumindo que um grande número de pessoas está produzindo a mesma mercadoria e comanda as mesmas instalações e oportunidades objetivas para fazer isso, então, de fato, pode se tornar plausível (embora isso, pelo que sei, nunca tenha sido tentado) que, com o tempo, elas todas serão levadas a conhecer grande parte dos fatos relevantes para julgar o mercado daquela mercadoria. Não apenas cada produtor, por sua experiência, tomará conhecimento dos mesmos fatos que todos os outros, mas também virá a saber o que seus colegas sabem e, em consequência, saberá a elasticidade da demanda de seu próprio produto. De fato, a condição em que diferentes fabricantes produzem o mesmo produto sob condições idênticas é a mais favorável para gerar o estado de conhecimento entre eles que a competição perfeita exige. Talvez isso signifique tão só que as mercadorias podem ser idênticas no sentido em que são relevantes para nossa compreensão da ação humana apenas se as pessoas tiverem as mesmas opiniões a respeito delas, embora também deva ser possível estabelecer um conjunto de condições físicas que sejam favoráveis a todos aqueles que estão preocupados com um conjunto de atividades intimamente inter-relacionadas, aprendendo os fatos relevantes para suas decisões.

Seja como for, ficará claro que os fatos nem sempre serão tão favoráveis para esse resultado quanto são quando muitas pessoas estão pelo menos em condições de produzir o mesmo artigo. A concepção do sistema econômico como divisível em mercados distintos para mercadorias distintas é, afinal de contas, em grande parte, o produto da imaginação do economista e, sem dúvida, não é a regra no campo da manufatura e dos serviços pessoais, para o qual se refere tão amplamente a discussão a respeito da competição. Na verdade, não é preciso dizer que os produtos de dois produtores nunca são exatamente iguais, mesmo que seja só porque, ao deixarem a instalação fabril, devem estar em lugares diferentes. Essas diferenças são parte dos fatos que criam nosso problema econômico, sendo de pouca ajuda respondê-lo na suposição de que estejam ausentes.

A crença nas vantagens da competição perfeita costuma levar os entusiastas até a sustentar que um uso mais vantajoso dos recursos seria alcançado se a variedade existente de produtos fosse reduzida pela padronização *compulsória*. Agora, sem dúvida, há muito a ser dito em vários campos para ajudar na padronização por recomendações ou padrões acordados que serão aplicados, a menos que diferentes requisitos sejam explicitamente estipulados nos contratos. Contudo, isso é algo muito diferente das exigências daqueles que acreditam que a variedade de gostos das pessoas deve ser ignorada e a experimentação constante de melhorias deve ser suprimida para obter as vantagens da competição perfeita. Com certeza, não seria uma melhoria construir todas as casas exatamente iguais para criar um mercado perfeito para casas, e o mesmo se aplica para a maioria dos outros campos onde as diferenças entre os produtos individuais impedem a concorrência de ser perfeita.

A ORDEM ECONÔMICA E A LIVRE INICIATIVA

3

Provavelmente, aprenderemos mais sobre a natureza e a importância do processo competitivo se nos esquecermos por um tempo dos pressupostos artificiais subjacentes à teoria da competição perfeita e perguntarmos se a competição seria menos importante se, por exemplo, duas mercadorias nunca fossem exatamente iguais. Se não fosse pela dificuldade de análise de tal situação, valeria bem a pena considerar com algum detalhe o caso em que diferentes mercadorias não pudessem ser facilmente classificadas em grupos distintos, mas em que tivéssemos que lidar com uma gama contínua de substitutos próximos, com cada unidade um tanto diferente da outra, mas sem nenhuma quebra marcante na gama contínua. O resultado da análise da competição em tal situação pode, em muitos aspectos, ser mais relevante para as condições da vida real do que o resultado da análise da competição em uma única indústria que produz uma mercadoria homogênea bastante diferenciada de todas as outras. Ou, se o caso em que duas mercadorias nunca são exatamente iguais for considerado muito extremo, podemos pelo menos abordar o caso em que dois produtores nunca produzem exatamente a mesma mercadoria, como é a regra não apenas com todos os serviços pessoais, mas também nos mercados de muitos produtos manufaturados, tais como os mercados de livros ou instrumentos musicais.

Para nosso presente propósito, não preciso tentar algo como uma análise completa de tais tipos de mercados, mas apenas perguntarei qual seria o papel da competição neles. Claro que, embora o resultado fosse indeterminado dentro de margens bastante amplas, o mercado ainda gera um conjunto de preços em que se vende cada mercadoria barato o suficiente para superar seus possíveis substitutos próximos — e isso em si não é pouca coisa quando consideramos as dificuldades insuperáveis de descobrir até mesmo esse sistema de preços por qualquer outro método exceto o de tentativa e erro no mercado, com os participantes individuais aprendendo gradualmente as circunstâncias relevantes. Naturalmente, é verdade que nessa correspondência de mercado entre preços e custos marginais só é de esperar à medida que as elasticidades da demanda por mercadorias individuais se aproximam das condições assumidas pela teoria da competição perfeita ou que as elasticidades da substituição entre as

O SIGNIFICADO DA COMPETIÇÃO

diferentes mercadorias se aproximam do infinito. Mas a questão é que, nesse caso, esse padrão de perfeição como algo desejável ou a ser alcançado é totalmente irrelevante. A base de comparação, por cujos fundamentos deve ser avaliada a realização da competição, não pode ser uma situação diferente dos fatos objetivos e que não pode ser produzida por quaisquer meios conhecidos. Deveria ser a situação tal como existiria se a competição fosse impedida de funcionar. O teste não deveria ser a abordagem de um ideal inatingível e sem sentido, mas sim a melhoria nas condições que existiram sem competição.

Em tal situação, como as condições se diferenciariam se a competição fosse "livre" no sentido tradicional daquelas que existiriam se, por exemplo, apenas pessoas licenciadas pelas autoridades pudessem produzir coisas específicas ou os preços fossem fixados pela autoridade, ou ambos? Certamente, não só não existiria nenhuma probabilidade de que as diferentes coisas fossem produzidas por aqueles que sabiam fazê-las melhor e, portanto, poderiam fazer com o menor custo, mas também nenhuma probabilidade de que todas essas coisas fossem produzidas, e se fossem e os consumidores tivessem a opção, eles gostariam mais. Haveria pouca relação entre preços reais e o custo mais baixo pelo qual alguém seria capaz de produzir essas mercadorias; na verdade, as alternativas entre as quais produtores e consumidores estariam em condições de escolher seus dados seriam totalmente diferentes daquelas que estariam sob a concorrência.

O verdadeiro problema em tudo isso não é se obteremos *determinadas* mercadorias ou serviços a *determinados* custos marginais, mas principalmente por quais mercadorias e serviços as necessidades das pessoas podem ser satisfeitas da maneira mais barata. Nesse sentido, a solução do problema econômico da sociedade sempre é uma viagem de exploração ao desconhecido, uma tentativa de descobrir novas formas de fazer as coisas melhor do que foram feitas antes. Isso deve sempre subsistir enquanto existirem problemas econômicos a serem resolvidos, porque todos os problemas econômicos são criados por mudanças imprevistas que requerem adaptação. Somente o que não previmos e provemos requer novas decisões. Se tais adaptações não fossem necessárias, se a qualquer momento soubéssemos que todas as mudanças tinham cessado e as coisas continuariam para sempre exatamente como estão agora, não haveria mais questões sobre o uso de recursos a serem resolvidas.

Uma pessoa que possui conhecimento ou habilidade exclusiva que lhe permite reduzir o custo de produção de uma mercadoria em 50% ainda presta um enorme serviço à sociedade se participa de sua produção e reduz seu preço em apenas 25% — não apenas por meio dessa redução de preço, mas também por meio de sua economia adicional de custos. Porém, é só mediante a competição que podemos assumir que essas possíveis economias de custo serão alcançadas. Mesmo se em cada caso os preços fossem apenas baixos o suficiente para impedir a entrada de produtores que não desfrutam dessas ou de outras vantagens equivalentes, de modo que todas as mercadorias fossem produzidas da forma mais barata possível, embora muitas possam ser vendidas a preços consideravelmente acima dos custos, isso provavelmente seria um resultado que não poderia ser alcançado por qualquer outro método que não o de permitir o funcionamento da concorrência.

4

Que em condições de vida real a posição de quaisquer dois produtores quase nunca é a mesma se deve a fatos que a teoria da competição perfeita elimina por sua concentração em um equilíbrio de longo prazo que em um mundo em constante mudança nunca pode ser alcançado. Em qualquer momento, o equipamento de uma empresa específica é sempre amplamente determinado por acidente histórico, e o problema é que essa empresa deve fazer o melhor uso do equipamento dado (incluindo as capacidades adquiridas dos membros de sua equipe de funcionários), e não o que deveria fazer se tivesse tempo ilimitado para se ajustar às condições constantes. Para o problema do melhor uso de recursos duráveis, mas esgotáveis, o preço de equilíbrio de longo prazo, com o qual uma teoria que discute a competição "perfeita" deve se preocupar, não é apenas irrelevante; as conclusões relativas à política às quais a preocupação com esse modelo leva são altamente enganosas e até mesmo perigosas. A ideia de que sob a competição "perfeita" os preços devem ser iguais aos custos de longo prazo leva muitas vezes à aprovação de práticas antissociais como a demanda por uma "competição ordenada" que garantirá um retorno justo sobre o capital e a destruição do excesso da capacidade. O entusiasmo pela competição perfeita na teoria e

O SIGNIFICADO DA COMPETIÇÃO

o apoio ao monopólio na prática são, na verdade, encontrados convivendo com frequência de maneira surpreendente.

No entanto, esse é apenas um dos muitos pontos em que a negligência do elemento tempo torna o quadro teórico da competição perfeita tão inteiramente distante de tudo o que é relevante para uma compreensão do processo de competição. Se pensarmos nisso, como devemos, como uma sucessão de eventos, torna-se ainda mais óbvio que, na vida real, haverá a qualquer momento, como regra, apenas um produtor capaz de fabricar um determinado artigo com o menor custo e que pode realmente vender abaixo do custo de seu imediato competidor de sucesso, mas que, enquanto ainda tenta ampliar seu mercado, muitas vezes será ultrapassado por outro produtor, que, por sua vez, será impedido de capturar todo o mercado por outro, e assim por diante. Com certeza, esse mercado nunca se encontraria em um estado de competição perfeita, mas a competição nele poderia não apenas ser tão intensa quanto possível como também seria o fator essencial para que o artigo em questão fosse fornecido a qualquer momento ao consumidor tão barato quanto isso pode ser conseguido por qualquer método conhecido.

Ao compararmos um mercado "imperfeito" como esse com um mercado relativamente "perfeito" como o de grãos, por exemplo, alcançamos uma melhor posição para apresentar a distinção que ficou subjacente em toda essa discussão — a distinção entre os fatos objetivos subjacentes de uma situação que não pode ser alterada pela atividade humana e a natureza das atividades competitivas pelas quais os homens se ajustam à situação. Onde, como neste último caso, temos um mercado altamente organizado de uma mercadoria totalmente padronizada produzida por inúmeros produtores, há pouca necessidade ou escopo para atividades competitivas, porque a situação é tal que as condições que essas atividades podem trazer já estão satisfeitas. As melhores maneiras de produzir a mercadoria, seu caráter e seus usos, são na maioria das vezes conhecidas quase no mesmo grau por todos os membros do mercado. O conhecimento de qualquer mudança importante se espalha tão rápido, e a adaptação a ela é efetuada tão depressa, que em geral simplesmente desconsideramos o que acontece durante esses curtos períodos de transição e nos limitamos a comparar os dois estados de quase equilíbrio que existem antes e depois deles. Porém, é durante esse intervalo curto e negligenciado que as forças da competição

A ORDEM ECONÔMICA E A LIVRE INICIATIVA

agem e se tornam visíveis, e são os eventos durante esse intervalo que devemos estudar se quisermos "explicar" o equilíbrio resultante.

É apenas em um mercado em que a adaptação é lenta em comparação com a taxa de mudança que o processo de competição está em operação contínua. E ainda que a razão pela qual a adaptação seja lenta *possa* ser a fraca competição, por exemplo, porque existem obstáculos específicos para a entrada no ramo, ou por causa de alguns outros fatores relativos ao caráter dos monopólios naturais, a adaptação lenta não significa necessariamente competição fraca. Quando a variedade de quase substitutos é grande e muda com rapidez, onde leva muito tempo para descobrir a respeito dos méritos relativos das alternativas disponíveis, ou onde a necessidade de toda uma classe de bens ou serviços ocorre apenas de forma descontínua em intervalos irregulares, o ajuste deve ser lento, mesmo se a competição for forte e ativa.

A confusão entre os fatos objetivos da situação e o caráter das respostas humanas a ela tende a ocultar de nós o relevante fato de que a competição é tanto mais importante quanto mais complexas ou "imperfeitas" são as condições objetivas em que tem que agir. De fato, longe de a competição ser benéfica apenas quando é "perfeita", estou inclinado a sustentar que a necessidade por competição não é em lugar nenhum maior do que nos campos em que a natureza das mercadorias ou serviços torna impossível que ela alguma vez crie um mercado perfeito no sentido teórico. As imperfeições reais e inevitáveis da competição são apenas um argumento contra a competição quanto as dificuldades de alcançar uma solução perfeita referentes a qualquer outra tarefa são um argumento contra a tentativa de resolvê-la, ou somente quanto a saúde imperfeita é um argumento contra a saúde.

Em condições em que nunca poderemos ter muitas pessoas oferecendo o mesmo produto ou serviço homogêneo, devido ao caráter em constante mudança de nossas necessidades ou de nossos conhecimentos, ou à variedade infinita de habilidades e capacidades, o estado ideal não pode ser aquele que requer um caráter idêntico de um grande número desses produtos e serviços. O problema econômico é o de fazermos o melhor uso dos recursos de que dispomos, e não o que deveríamos fazer se a situação fosse diferente do que realmente é. Não faz sentido falar de um uso de recursos "como se" um mercado perfeito existisse, se isso significa que os recursos teriam que ser diferentes do que são, ou em discutir o que alguém com conhecimento perfeito faria se nossa tarefa devesse ser fazer o melhor uso do conhecimento que as pessoas existentes têm.

5

O argumento em favor da competição não se baseia nas condições que existiriam se ela fosse perfeita. Ainda que, onde os fatos objetivos possibilitariam que a competição se aproximasse da perfeição, isso também fosse assegurar o uso mais eficaz dos recursos, e ainda que haja, portanto, todos os casos para remoção dos obstáculos humanos à competição, isso não significa que a competição também não traz um uso de recursos tão eficaz quanto possa ser trazido por qualquer meio conhecido quando, na natureza do caso, ela deva ser imperfeita. Mesmo onde o acesso livre garantirá não mais do que em qualquer momento, todos os bens e serviços para os quais haveria uma demanda efetiva se estivessem disponíveis são de fato produzidos no dispêndio mínimo corrente[6] de recursos em que, na dada situação histórica, podem ser produzidos, mesmo que o preço que o consumidor seja obrigado a pagar por eles seja consideravelmente mais alto e apenas um pouco abaixo do custo da próxima melhor maneira pela qual sua necessidade poderia ser satisfeita, isso, eu sustento, é mais do que podemos esperar de qualquer outro sistema conhecido. O ponto decisivo ainda é o elementar de que é mais improvável que, sem obstáculos artificiais que a atividade governamental cria ou pode remover, qualquer mercadoria ou serviço, por qualquer período de tempo, estará disponível apenas a um preço pelo qual os de fora poderiam esperar mais do que o lucro normal se eles entrassem no campo.

A lição prática de tudo isso, acredito, é que deve nos preocupar muito menos se a competição em um determinado caso é perfeita e nos preocupar muito mais se minimamente existe competição. O que nossos modelos teóricos de setores industriais distintos ocultam é que, na prática, um abismo muito maior divide a competição da não competição do que a competição perfeita da imperfeita. No entanto, a tendência atual em discussão é ser intolerante em relação às imperfeições e silenciar em relação à prevenção da competição. É provável que ainda possamos aprender mais

A ORDEM ECONÔMICA E A LIVRE INICIATIVA

sobre o verdadeiro significado da competição estudando os resultados que ocorrem com regularidade quando a competição é deliberadamente suprimida do que nos concentrando nas deficiências da competição real em comparação com uma ideal que é irrelevante para os fatos dados. Digo com discernimento "quando a competição é deliberadamente suprimida" e não apenas "quando ela está ausente", porque seus efeitos principais estão em geral operando, mesmo que mais lentamente, desde que não seja completamente suprimida com a ajuda ou a tolerância do Estado. Os males cuja experiência tem mostrado ser a consequência regular da supressão da competição estão em um plano diferente daqueles que as imperfeições da competição podem causar. Muito mais sério do que o fato de que os preços podem não corresponder ao custo marginal é que, com um monopólio entrincheirado, os custos tendem a ser muito mais altos do que o necessário. Por outro lado, um monopólio baseado na eficiência superior causa comparativamente poucos danos, desde que seja assegurado que desaparecerá assim que qualquer outro se tornar mais eficiente em proporcionar satisfação aos consumidores.

Para finalizar, quero por um momento voltar ao ponto de onde parti e reafirmar a conclusão mais importante de uma forma mais geral. Basicamente, a competição é um processo de formação de opinião: ao difundir informações, ela cria aquela unidade e coerência do sistema econômico que pressupomos quando pensamos nele como um mercado. Cria as opiniões que as pessoas têm sobre o que é melhor e mais barato, e é por causa disso que as pessoas sabem pelo menos tanto sobre possibilidades e oportunidades como de fato sabem. Portanto, é um processo que envolve uma mudança contínua nos dados e cujo significado deve, dessa maneira, ser completamente perdido por qualquer teoria que trata esses dados como constantes.

CAPÍTULO VI

A "livre" iniciativa e a ordem competitiva*

1

Se durante os próximos anos, isto é, durante o período com o qual os políticos práticos estão apenas preocupados, um movimento contínuo em direção a mais controle governamental na maior parte do mundo é quase certo, isso se deve, mais do que qualquer outra coisa, à falta de um programa verdadeiro, ou talvez seja melhor dizer, de uma filosofia consistente dos grupos que desejam se opor a isso. A situação é ainda pior do que a mera falta de programa implicaria; a verdade é que quase em toda parte os grupos que pretendem se opor ao socialismo ao mesmo tempo apoiam políticas que, se os princípios em que se baseiam fossem generalizados, não levariam menos ao socialismo do que as políticas manifestamente socialistas. Pelo menos, há alguma justificativa na provocação de que muitos dos pretensos defensores da "livre iniciativa" são, na verdade, defensores de privilégios e partidários da atividade governamental em seu favor, em vez de adversários de todos os privilégios. Em princípio, o protecionismo industrial e os cartéis apoiados pelo governo e as políticas agrícolas dos grupos conservadores não são diferentes das propostas para uma direção da vida econômica mais abrangente patrocinadas pelos socialistas. É uma ilusão quando os intervencionistas mais conservadores acreditam que serão

---

* O conteúdo de um trabalho que serviu para abrir uma discussão sobre o assunto indicado por seu título realizada em uma conferência em Mont Pèlerin, na Suíça, em abril de 1947.

capazes de limitar esses controles governamentais aos tipos específicos que eles aprovam. Em uma sociedade democrática, de qualquer forma, uma vez admitido o princípio de que o governo assume a responsabilidade pelo *status* e a posição de grupos específicos, é inevitável que esse controle seja estendido para satisfazer as aspirações e os preconceitos das grandes massas. Não há esperança de um retorno a um sistema mais livre até que os líderes do movimento contra o controle do Estado estejam preparados para impor a si mesmos a disciplina de um mercado competitivo que pedem às massas que aceitem. Na verdade, a desesperança da perspectiva para um futuro próximo se deve sobretudo a que nenhum grupo político organizado em qualquer lugar é a favor de um sistema verdadeiramente livre.

É mais do que provável que, do ponto de vista dos políticos práticos, eles tenham razão e que, na situação atual da opinião pública, nada mais seja praticável. Mas o que para os políticos são limites fixos de praticabilidade impostos pela opinião pública não devem ser limites semelhantes para nós. Sobre essas questões, a opinião pública é obra de homens como nós, os economistas e filósofos políticos das últimas gerações, que criaram o clima político em que os políticos de nosso tempo devem se mover. Não me encontro muitas vezes concordando com o falecido Keynes, mas ele nunca disse algo mais verdadeiro do que quando escreveu acerca de um assunto sobre o qual sua própria experiência o qualificou singularmente a falar que "as ideias de economistas e filósofos políticos, tanto quando têm razão como quando não têm, são mais poderosas do que geralmente se pensa. Na verdade, o mundo é governado por pouco mais. Loucos com autoridade, que ouvem vozes no ar, estão destilando seu frenesi de algum escriba acadêmico de alguns anos atrás. Tenho certeza de que o poder dos direitos adquiridos é muito exagerado em comparação com a invasão gradual das ideias. Não, de fato, imediatamente, mas após certo intervalo de tempo; pois no campo da filosofia econômica e política não há muitos que são influenciados por novas teorias depois dos vinte e cinco ou trinta anos de idade, de modo que as ideias que servidores públicos, políticos e até agitadores aplicam não tendem a ser as mais novas. Porém, mais cedo ou mais tarde, são as ideias, e não os direitos adquiridos, que são perigosos para o bem e para o mal".[1]

É desse ponto de vista de longo prazo que devemos olhar para nossa tarefa. As crenças a serem difundidas, se uma sociedade livre deve ser

A "LIVRE" INICIATIVA E A ORDEM COMPETITIVA

preservada ou restaurada, e não o que é praticável no momento, é que devem ser nossa preocupação. Porém, embora seja preciso que nos emancipemos dessa servidão aos preconceitos atuais em que o político é mantido, devemos ter uma visão lúcida do que a persuasão e a instrução tendem a alcançar. Embora possamos esperar que, no que diz respeito aos meios a serem empregados e aos métodos a serem adotados, o público pode, até certo ponto, ser acessível a um argumento razoável, provavelmente haveremos de supor que muitos de seus valores básicos, seus padrões éticos, são pelo menos estáveis por um tempo muito mais longo e, de certa forma, inteiramente além do escopo do raciocínio. De certo modo, pode ser nossa tarefa, mesmo aqui, mostrar que os objetivos a que nossa geração se propôs são incompatíveis ou conflitantes e que a busca por alguns deles colocará em perigo valores ainda maiores. Todavia, talvez também descubramos que, em alguns aspectos, durante os últimos cem anos, certos objetivos morais se estabeleceram firmemente para a satisfação de que, em uma sociedade livre, técnicas adequadas possam ser encontradas. Mesmo que não devamos compartilhar totalmente a nova importância atribuída a alguns desses valores mais novos, faremos bem em supor que eles determinarão a ação por um longo tempo a vir e considerar cuidadosamente até que ponto um lugar pode ser encontrado para eles em uma sociedade livre. Claro que são sobretudo as exigências de maior segurança e igualdade que tenho aqui em mente. Em ambos os aspectos, acredito que deverão ser traçadas distinções muito cuidadosas entre o sentido em que "segurança" e "igualdade" podem e não podem ser proporcionadas em uma sociedade livre.

No entanto, em outro sentido considero que teremos que prestar atenção deliberada ao temperamento moral do homem contemporâneo se quisermos ter sucesso em canalizar suas energias das políticas prejudiciais às quais agora são devotadas a um novo esforço em nome da liberdade individual. A menos que possamos estabelecer uma tarefa definida para o zelo reformatório dos homens, a menos que possamos apontar reformas que possam ser enfrentadas por homens desprendidos, dentro de um programa de liberdade, seu fervor moral decerto será usado contra a liberdade. O erro tático mais fatal de muitos liberais do século XIX foi, provavelmente, ter dado a impressão de que o abandono de toda atividade estatal prejudicial ou desnecessária era a consumação de toda sabedoria política e que a questão de *como* o Estado deveria usar os poderes que ninguém negava a ele não oferecia problemas sérios e importantes dos quais pessoas razoáveis podiam divergir.

Evidente que isso não é verdade em relação a todos os liberais do século XIX. Cerca de cem anos atrás, John Stuart Mil, então ainda um autêntico liberal, expressou um de nossos principais problemas atuais em termos inequívocos. "O princípio da propriedade privada ainda não teve um julgamento justo em nenhum país", escreveu ele na primeira edição de sua obra *Principles of Political Economy* [*Princípios de economia política*]. "Os direitos de propriedade jamais se adaptaram aos princípios sobre os quais se baseia a justificativa da propriedade privada. Eles tornaram propriedade coisas que nunca deveriam ser propriedade, e tornaram propriedade absoluta quando apenas uma propriedade qualificada deveria existir (...) se a tendência dos legisladores tivesse sido favorecer a difusão da riqueza, em vez de sua concentração, estimular a subdivisão de grandes unidades, em vez de se esforçar para mantê-las juntas, o princípio da propriedade privada teria sido considerado como não tendo nenhuma ligação verdadeira com os males físicos e sociais que fizeram tantas mentes se voltarem avidamente para qualquer perspectiva de alívio, por mais desesperada que fosse."[2] Mas, na verdade, pouco foi feito para levar as regras de propriedade a se adaptarem melhor a seu fundamento lógico, e o próprio Mill, como tantos outros, logo dirigiu sua atenção para os esquemas que envolviam sua restrição ou abolição, em vez de seu uso mais eficaz.

Embora fosse um exagero, não seria totalmente falso afirmar que a interpretação do princípio fundamental do liberalismo como ausência de atividade do Estado, e não como uma política que adota deliberadamente a competição, o mercado e os preços como seu princípio ordenador e utiliza o arcabouço legal imposto pelo Estado para tornar a competição tão eficaz e benéfica quanto possível — e complementá-la quando, e somente quando, ela não pode ser tornada eficaz — é tão responsável pelo declínio da competição quanto o apoio ativo que os governos deram direta e indiretamente ao crescimento do monopólio. A primeira tese geral que teremos de considerar é que a competição pode se tornar mais eficaz e mais benéfica por certas atividades do governo do que seria sem elas. No que diz respeito a algumas dessas atividades, isso nunca foi negado, embora as pessoas falem às vezes como se as tivessem esquecido. Que um mercado funcional pressupõe não apenas a prevenção da violência e da fraude como

A "LIVRE" INICIATIVA E A ORDEM COMPETITIVA

também a proteção de certos direitos, como o de propriedade e de cumprimento dos contratos, é sempre admitido como fato consumado. Onde a discussão tradicional se torna muito insatisfatória é onde se sugere que, com o reconhecimento dos princípios da propriedade privada e da liberdade contratual, que sem dúvida todo liberal deve reconhecer, todas as questões foram resolvidas, como se os direitos de propriedade e contratuais fossem dados de uma vez por todas em sua forma final e mais apropriada, isto é, na forma que fará a economia de mercado funcionar no seu melhor. Só depois de concordarmos com esses princípios é que começam os verdadeiros problemas.

Foi esse fato que eu quis enfatizar quando chamei o assunto dessa discussão de "'Livre' iniciativa e ordem competitiva". As duas denominações não necessariamente designam o mesmo sistema, e é o sistema descrito pela segunda que queremos. Talvez eu deva acrescentar imediatamente que aquilo que quero dizer com "ordem competitiva" é quase o oposto do que costuma ser chamado de "competição ordenada". O objetivo de uma ordem competitiva é fazer a competição funcionar; o da chamada "competição ordenada" é quase sempre de restringir a eficácia da competição. Assim entendida, essa descrição de nosso assunto distingue ao mesmo tempo nossa abordagem tanto daquela dos planejadores conservadores como daquela dos socialistas.

Neste estudo introdutório, devo me limitar a enumerar os problemas principais que teremos que discutir e devo deixar qualquer exame detalhado para outros palestrantes. Talvez eu deva começar enfatizando mais do que já enfatizei que, embora nossa principal preocupação deva ser fazer o mercado funcionar onde quer que possa funcionar, é claro que não podemos esquecer que há, em uma comunidade moderna, um número considerável de serviços que são necessários, como medidas sanitárias e de saúde, e que não poderiam ser fornecidas pelo mercado pela razão óbvia de que nenhum preço pode ser cobrado dos beneficiários ou, melhor, que não é possível restringir os benefícios àqueles que estão dispostos a ou são capazes de pagar por eles. Existem alguns exemplos óbvios do tipo, como o que mencionei, mas, em um exame mais detalhado, descobriremos que, até certo ponto, esse tipo de caso se transforma pouco a pouco naqueles em que todos os serviços prestados podem ser vendidos a quem quiser comprá-los. Em algum momento, na certa teremos que considerar quais serviços desse tipo sempre devemos esperar que os governos forneçam *fora*

A ORDEM ECONÔMICA E A LIVRE INICIATIVA

do mercado e em que medida o fato de que eles devem fornecê-los também afetará as condições nas quais a economia de mercado se desenvolve.

2

Há dois outros conjuntos de problemas que dizem respeito às precondições de uma ordem competitiva, em vez do que se poderia chamar de política de mercado adequada e que devo mencionar. O primeiro envolve a questão do tipo de política monetária e financeira necessária para garantir a estabilidade econômica adequada. Creio que todos concordamos que qualquer atenuação do desemprego cíclico depende, pelo menos em parte, da política monetária. Ao abordarmos esses problemas, uma de nossas principais preocupações terá que ser até que ponto é possível tornar a gestão monetária novamente automática ou pelo menos previsível porque sujeita a regras fixas. O segundo grande problema para o qual teremos que achar uma resposta definitiva, sem entrar em detalhes neste momento, é que, na sociedade moderna, devemos admitir como fato consumado que algum tipo de provisão será feito para os desempregados e para os pobres incapazes de trabalhar. A este respeito, tudo o que podemos considerar de forma proveitosa não é se tal provisão é desejável ou não, mas simplesmente em que forma ela interferirá menos no funcionamento do mercado.

Mencionei esses pontos, sobretudo em sentido mais acentuado, para delimitar meu assunto principal. Antes de prosseguir para a limitada enumeração com a qual devo me contentar, acrescentarei apenas que me parece bastante desejável que os liberais discordem com veemência desses tópicos. Quanto mais, melhor. O que é necessário mais do que qualquer outra coisa é que essas questões de uma política de ordem competitiva voltem a ser questões vivas discutidas publicamente; e teremos dado uma contribuição importante se conseguirmos direcionar o interesse para elas.

3

Salvo engano, as principais categorias pelas quais as medidas necessárias para assegurar uma ordem competitiva eficaz devem ser consideradas são os direitos de propriedade e contratuais, de empresas e associações, incluindo, em particular, os sindicatos, os problemas de como lidar com os monopólios ou situações quase monopolistas, que persistiriam em um arcabouço elaborado de forma sensata, os problemas de tributação e os problemas de comércio exterior, em particular, em nosso tempo, das relações entre as economias livres e as planificadas.

No que concerne ao grande campo dos direitos de propriedade e contratuais, devemos, como já enfatizei, sobretudo ter cuidado com o erro de que as fórmulas "propriedade privada" e "liberdade contratual" resolvem nossos problemas. Elas não são respostas adequadas porque seu significado é ambíguo. Nossos problemas começam quando perguntamos qual deve ser o conteúdo dos direitos de propriedade, quais contratos devem ser cumpridos e como os contratos devem ser interpretados ou, melhor, que formas contratuais padrão devem ser lidas nos acordos informais das transações cotidianas.

No que diz respeito ao direito de propriedade, não é difícil perceber que as regras simples, que são adequadas para "coisas" móveis comuns ou "bens móveis", não são apropriadas para extensão indefinida. Precisamos apenas abordar os problemas que surgem em relação aos terrenos, em particular no que se refere aos terrenos urbanos nas grandes cidades modernas, a fim de perceber que a concepção de propriedade baseada na suposição de que o uso de um item específico de propriedade afeta apenas os interesses de seu proprietário perde validade. Não há dúvida de que grande parte, pelo menos, dos problemas com os quais o urbanista moderno se preocupa são questões genuínas com as quais os governos, ou as autoridades locais, são obrigados a se preocupar. A menos que possamos fornecer alguma orientação em campos como este sobre o que são atividades governamentais legítimas ou necessárias e quais são seus limites, não devemos reclamar se nossas opiniões não são levadas a sério quando nos opomos a outros tipos de "planejamento" menos justificados.

O problema da prevenção do monopólio e da preservação da competição é suscitado de maneira muito mais intensa em alguns outros campos aos quais o conceito de propriedade foi estendido só recentemente. Refiro-me aqui à extensão do conceito de propriedade a direitos e privilégios como patentes de invenções, direitos autorais, marcas registradas e afins. Parece-me inquestionável que nesses campos uma aplicação servil do conceito de propriedade, tal qual foi desenvolvido para as coisas materiais, fez muito para fomentar o crescimento do monopólio, e que nesse caso, reformas drásticas podem ser necessárias para que a competição funcione. Em particular, no campo das patentes industriais teremos que examinar seriamente se a concessão de um privilégio de monopólio é mesmo a forma mais apropriada e eficaz de recompensa pelo tipo de risco que envolve o investimento em pesquisa científica.

As patentes, sobretudo, são especialmente interessantes de nosso ponto de vista porque propiciam um exemplo muito claro de como é necessário, em todos esses casos, não aplicar uma fórmula pronta, mas voltar ao princípio lógico do sistema de mercado e decidir para cada categoria quais são os direitos precisos que o governo deve proteger. Essa é uma tarefa tanto para os economistas como para os advogados. Talvez não seja uma perda de tempo se eu mostrar o que tenho em mente citando uma decisão bastante conhecida de um juiz norte-americano: "(…) quanto à sugestão de que competidores fossem excluídos do uso da patente, respondemos que essa exclusão pode ser considerada a própria essência do direito conferido pela patente". E ele acrescenta: "(…) já que é privilégio de qualquer detentor da propriedade usá-la ou não sem nenhum questionamento do motivo".[3] É esta última afirmação que me parece significativa para a forma como uma extensão mecânica do conceito de propriedade pelos advogados tanto fez para criar privilégios indesejáveis e prejudiciais.

4

Outro campo em que uma extensão mecânica da concepção simplificada de propriedade privada gerou resultados indesejáveis foi o das marcas registradas e nomes comerciais. Não tenho dúvida de que a legislação tem tarefas importantes a desempenhar nesse campo e que assegurar informações adequadas e verdadeiras sobre a origem de qualquer produto é um, mas apenas um, aspecto disso. Porém, a ênfase exclusiva na descrição do produtor e o desprezo por disposições semelhantes concernentes ao caráter e à qualidade da mercadoria ajudaram, até certo ponto, a criar condições monopolísticas porque as marcas comerciais passaram a ser utilizadas como uma descrição do tipo de mercadoria, que então, naturalmente, apenas o detentor da marca registrada poderia produzir ("Kodak", "Coca-Cola"). Por exemplo, a dificuldade poderia ser resolvida se o uso das marcas registradas fosse protegido apenas em relação a nomes descritivos que seriam de uso livre para todos.

A situação é bastante semelhante no campo dos contratos. Não podemos encarar a "liberdade contratual" como uma verdadeira resposta a nossos problemas se sabemos que nem todos os contratos devem ser cumpridos e, de fato, somos obrigados a sustentar que os contratos "com restrições ao comércio" não devem ser cumpridos. Uma vez que estendemos o poder de fazer contratos de pessoas físicas para empresas e afins, não pode mais ser o contrato, mas sim a lei que decide quem é responsável e como a propriedade deve ser determinada e protegida, o que limita a responsabilidade da empresa.

Na verdade, a "liberdade contratual" não é nenhuma solução porque, em uma sociedade complexa como a nossa, nenhum contrato pode prever explicitamente todos os imprevistos, e porque a jurisdição e a legislação desenvolvem tipos de contratos padrão para vários fins que não só tendem a se tornar exclusivamente praticáveis e inteligíveis, mas que determinam a interpretação e são usados para preencher as lacunas em todos os contratos que podem realmente ser feitos. Um sistema jurídico que deixa o tipo de obrigações contratuais sobre as quais a ordem da sociedade se apoia inteiramente na decisão sempre nova das partes contratantes nunca existiu e provavelmente não pode existir. Nesse caso, tanto quanto no âmbito da propriedade, o conteúdo preciso do arcabouço jurídico permanente, as normas do direito civil, é da maior importância para o funcionamento de um mercado competitivo. A extensão em que o desenvolvimento do direito civil, tanto quando é realizado por juízes como quando é alterado pela legislação, pode determinar o desenvolvimento para longe ou em direção a um sistema competitivo e o quanto essa mudança no direito civil é determinada pelas ideias dominantes do que seria uma ordem social desejável são bem exemplificados pelo desenvolvimento, nos últimos cinquenta anos, da legislação e da jurisdição sobre cartéis, monopólios e restrições ao comércio em geral. Parece-me que, sem dúvida, é possível que esse desenvolvimento, mesmo quando manteve plenamente o princípio da "liberdade contratual", e em parte porque fez isso, tenha contribuído muito para o declínio da competição. Porém, pouco esforço

A ORDEM ECONÔMICA E A LIVRE INICIATIVA

intelectual foi direcionado para a questão de como esse arcabouço legal deveria ser modificado para tornar a competição mais eficaz.

O principal campo em que surgem esses problemas e aquele a partir do qual posso melhor ilustrar meu ponto é, naturalmente, o direito societário e, em particular, aquele concernente à responsabilidade limitada. Não creio que possa haver muita dúvida de que a forma específica que a legislação assumiu neste campo ajudou muito o crescimento do monopólio ou que foi apenas por causa da legislação especial que confere direitos especiais — não tanto para as próprias empresas quanto para aqueles que lidam com as empresas — que o tamanho da empresa se tornou uma vantagem além do ponto em que é justificada pelos fatos tecnológicos. Em geral, parece-me que a liberdade do indivíduo de modo algum precisa ser estendida para dar todas essas liberdades a grupos organizados de indivíduos, mesmo que ocasionalmente possa ser dever do governo proteger o indivíduo contra grupos organizados. Parece-me também que historicamente no campo do direito societário tivemos uma situação bastante análoga à do campo do direito de propriedade ao qual já me referi. Como no direito de propriedade, as regras desenvolvidas para a propriedade móvel comum foram estendidas acriticamente e sem modificações apropriadas a todos os tipos de novos direitos; assim, o reconhecimento das empresas como pessoas fictícias ou jurídicas teve como efeito que todos os direitos de uma pessoa física foram estendidos automaticamente às empresas. Pode haver argumentos válidos para conceber o direito societário assim, no sentido de impedir o crescimento ilimitado de empresas individuais; e as maneiras pelas quais isso poderia ser feito sem criar quaisquer limites rígidos ou dar ao governo poderes indesejáveis de interferência direta é um dos problemas mais interessantes que podemos discutir.

5

Até agora, falei deliberadamente apenas do que é necessário para tornar a competição eficaz do lado dos empregadores, não porque considero isso de importância sem igual, mas porque estou convencido de que politicamente não há chance de fazer nada em relação ao outro lado do problema — o lado da mão de obra — até que os próprios empregadores

A "LIVRE" INICIATIVA E A ORDEM COMPETITIVA

mostrem sua crença na competição e demonstrem que estão dispostos a colocar sua própria casa em ordem. Porém, não devemos nos iludir de que, sob vários aspectos, a parte mais crucial, mais difícil e mais delicada de nossa tarefa consiste em formular um programa apropriado de política trabalhista ou sindical. Em nenhum outro aspecto, creio eu, a evolução da opinião liberal foi mais inconsistente ou mais infeliz, ou existe mais incerteza e imprecisão mesmo entre os verdadeiros liberais de hoje. Historicamente, o liberalismo, em primeiro lugar, manteve por muito tempo uma oposição injustificada contra os sindicatos como tais, apenas para desmoronar completamente no início do século XX e conceder aos sindicatos em muitos aspectos a isenção da lei ordinária e até mesmo, para todos os efeitos, legalizar a violência, a coerção e a intimidação. Se há alguma esperança de um retorno a uma economia livre, essa questão de como os poderes dos sindicatos podem ser adequadamente delimitados nos termos da lei e também na prática é uma das mais importantes de todas as questões para as quais devemos dar nossa atenção. Muitas vezes, já no decorrer deste esboço, me senti tentado a encaminhar o leitor aos textos do falecido Henry Simon, mas quero agora chamar sua atenção para o artigo "Reflections on Syndicalism", do referido autor, que expõe esse problema com rara coragem e lucidez.[4]

O problema, claro, se tornou ainda maior recentemente pela assunção por parte da maioria dos governos da responsabilidade pelo que é chamado de "pleno emprego" e por todas as suas implicações, e não vejo como poderemos, quando chegarmos a esses problemas, separá-los por mais tempo dos problemas mais gerais de política monetária que sugeri que deveríamos, na medida do possível, manter separados. O mesmo se aplica para o próximo conjunto de problemas principais, que neste momento só posso mencionar brevemente: os do comércio exterior, das tarifas, do controle cambial etc. Embora relativamente a todas essas questões, nosso ponto de vista de longo prazo não deva ser posto em dúvida, claro que elas suscitam problemas reais para o futuro imediato, que, no entanto, provavelmente seria melhor deixarmos de lado como pertencentes a questões de política imediata, em vez de princípios de longo prazo. O mesmo, receio, talvez não devêssemos ter o direito de fazer em relação ao outro problema que já mencionei — o da relação entre as economias livres e as planificadas.

6

Se tenho que me limitar à enunciação dos principais problemas, devo agora me apressar para chegar a uma conclusão e apenas abordar mais um campo importante: o da tributação, que é, naturalmente, por si só muito grande. Quero destacar apenas dois aspectos disso. O primeiro é o efeito da tributação progressiva da renda à taxa que foi alcançada agora e utilizada para fins igualitários extremos. As duas consequências disso que me parecem mais graves são, por um lado, que contribui para a imobilidade social, tornando praticamente impossível para o homem de sucesso ascender acumulando uma fortuna e que, por outro lado, chegou perto de eliminar o elemento mais importante em qualquer sociedade livre: o homem de meios independentes, um personagem cujo papel essencial na manutenção de uma opinião livre e, em geral, da atmosfera de independência do controle governamental apenas começamos a perceber quando ele está desaparecendo de cena. Comentários semelhantes se aplicam à tributação sobre herança moderna e, em particular, aos impostos sucessórios como existem na Grã-Bretanha. Porém, ao mencionar isso, devo logo acrescentar que os impostos sobre herança poderiam, é claro, ser convertidos em um instrumento para uma maior mobilidade social e uma maior dispersão de propriedades e, em consequência, podem ter de ser considerados como instrumentos importantes de uma política verdadeiramente liberal que não deve ser condenada pelo abuso feito dela.

Há muitos outros problemas importantes que nem sequer mencionei. Todavia, espero que o que eu disse seja suficiente para indicar o campo que tinha em mente quando sugeri nosso presente tópico para discussão. É um campo muito vasto para tratar todo ele de modo adequado, mesmo se tivéssemos muito mais tempo a nossa disposição. Porém, como já afirmei, espero que essas discussões sejam apenas um começo, e que não importe muito por onde começamos.

CAPÍTULO VII

O cálculo socialista I: A natureza e história do problema*

1

Há razões para acreditar que estamos ingressando finalmente em uma era de discussões fundamentadas do que, por muito tempo, assumiu-se, de forma acrítica, como sendo uma reconstrução da sociedade em termos racionais. Durante mais de meio século, a crença de que a regulamentação deliberada de todos os assuntos sociais seria necessariamente mais bem-sucedida do que a aparente interação aleatória de indivíduos independentes foi ganhando terreno até o ponto em que, hoje, não existe nenhum grupo político, em nenhum lugar do mundo, que não deseje uma direção central na maioria das atividades humanas a serviço de um ou outro objetivo. Parecia ser muito fácil aprimorar as instituições de uma sociedade livre que vieram a ser consideradas, cada vez mais, como resultado do mero acaso, o produto de um crescimento histórico peculiar que poderia muito bem ter seguido uma direção diferente. Colocar ordem nesse caos, aplicar a razão para a organização da sociedade e moldá-la deliberadamente em cada detalhe de acordo com os desejos humanos e as ideias comuns a respeito da justiça parecia ser o único curso de ação digno de um ser racional.

No entanto, nos dias de hoje está claro — e haveria de ser admitido por todos os lados — que, durante a maior parte do crescimento dessa

---

* Reimpresso de *Collectivist Economic Planning,* ed. F. A. Hayek (Londres: George Routledge & Sons, Ltd., 1935).

crença, alguns dos problemas mais sérios dessa reconstrução não foram sequer reconhecidos e muito menos respondidos com êxito. Durante muitos anos, a discussão sobre o socialismo — e, na maior parte do período, o movimento surgiu apenas do próprio socialismo — girou quase exclusivamente em torno de questões éticas e psicológicas. Por um lado, havia a questão geral de se a justiça exigia uma reorganização da sociedade em moldes socialistas e quais princípios de distribuição de renda seriam considerados justos. Por outro, havia a questão de se poderíamos confiar que os homens em geral possuiriam as qualidades morais e psicológicas que eram vagamente consideradas como essenciais para que um sistema socialista funcionasse. Porém, embora essa última questão suscite algumas dificuldades sérias, ela não toca de modo algum o cerne do problema. O que se questionava era apenas se as autoridades na nova situação estariam em uma posição de fazer com que as pessoas realizassem seus planos de maneira adequada. Somente a possibilidade prática de execução dos planos foi posta em dúvida, não se o planejamento, mesmo no caso ideal em que essas dificuldades estivessem ausentes, alcançaria o fim desejado. Portanto, o problema parecia ser *apenas* de psicologia ou educação, com o "apenas" significando que, após as dificuldades iniciais, esses obstáculos seriam superados com toda a certeza.

Se isso fosse verdade, então os economistas nada teriam a dizer da viabilidade de tais propostas e, de fato, é improvável que qualquer discussão científica de seus méritos fosse possível. Seria um problema de ética, ou melhor, de julgamentos individuais de valor, a respeito dos quais pessoas distintas poderiam concordar ou discordar, mas sobre os quais nenhum argumento fundamentado seria possível. Algumas das questões poderiam ser deixadas à decisão dos psicólogos, se eles tivessem realmente quaisquer meios de dizer como os homens seriam sob circunstâncias totalmente diferentes. Além disso, nenhum cientista, e menos ainda um economista, teria algo a dizer em relação aos problemas do socialismo. Muitas pessoas que acreditam que o conhecimento do economista só se aplica aos problemas de uma sociedade capitalista (isto é, aos problemas decorrentes de instituições humanas peculiares que estariam ausentes em um mundo organizado em moldes distintos) ainda consideram que este é o caso.

2

Se essa crença generalizada se baseia em uma clara convicção de que não haveria problemas econômicos em um mundo socialista, ou se simplesmente demonstra que as pessoas que a sustentam não sabem o que são os problemas econômicos, isso nem sempre é evidente. Em geral, o que vale é a segunda hipótese. Isso não é nada surpreendente. Os grandes problemas econômicos que o economista percebe e que ele sustenta que terão de ser resolvidos em uma sociedade coletivista não são aqueles que, no presente, são resolvidos deliberadamente por alguém no mesmo sentido em que os problemas econômicos de uma família encontram solução. Em uma sociedade puramente competitiva, ninguém se incomoda com nada além de suas próprias questões econômicas. Portanto, não há motivo para que a existência de problemas econômicos, no sentido em que o economista utiliza o termo, seja conhecida por outros. Porém, a distribuição de recursos disponíveis entre os diferentes usos, que é o problema econômico, não é uma questão menor para a sociedade do que o é para o indivíduo e, embora a decisão não seja tomada conscientemente por ninguém, o mecanismo competitivo traz algum tipo de solução.

Sem dúvida, colocando nesta forma geral, todos estariam dispostos a admitir que tal problema existe. Contudo, poucos se dão conta de que isso é fundamentalmente diferente dos problemas de engenharia não apenas em dificuldade, mas também em caráter. A preocupação crescente do mundo moderno com problemas relativos ao caráter da engenharia tende a cegar as pessoas para o caráter totalmente diferente do problema econômico e é, talvez, a principal causa de a natureza deste último problema ser cada vez menos compreendida. Ao mesmo tempo, a terminologia cotidiana utilizada na discussão de qualquer tipo de problema aumentou muito a confusão. A conhecida frase "tentar obter os melhores resultados com os meios dados" aborda os dois problemas. O metalurgista que procura um método que lhe permitirá extrair a máxima quantidade de metal de uma dada quantidade de minério, o engenheiro militar que tenta construir uma ponte com certo número de homens no menor tempo possível, o opticista que se empenha em construir um telescópio que permitirá ao astrônomo observar estrelas ainda mais distantes estão todos preocupados unicamente com os problemas tecnológicos. A natureza comum desses problemas é determinada pela singularidade de seu propósito em cada caso, a natureza absolutamente determinada dos fins aos quais os meios disponíveis devem ser dedicados. Tampouco altera o caráter fundamental do problema se o meio disponível para um propósito definido for uma dada quantia de dinheiro a ser gasta em fatores de produção com preços dados. Desse ponto de vista, o engenheiro industrial que decide qual o melhor método de produção de certa mercadoria com base em determinados preços está envolvido apenas com problemas tecnológicos, embora possa falar de sua tentativa de encontrar o método mais econômico. Porém, o único elemento que torna sua decisão *em seus efeitos* uma decisão econômica não faz parte de seus cálculos, mas sim o fato de que ele utiliza, com base para esses cálculos, os preços tal como os encontra no mercado.

Os problemas que o dirigente de todas as atividades econômicas de uma comunidade teria que enfrentar seriam semelhantes aos resolvidos por um engenheiro apenas se a ordem de importância das diferentes necessidades da comunidade fosse fixada de forma tão clara e absoluta que a provisão de uma necessidade sempre poderia ser feita independentemente do custo. Se fosse possível para ele decidir primeiro sobre a melhor maneira de produzir a provisão necessária de, digamos, comida como a necessidade mais importante, como se fosse a única necessidade, e se ele pensasse a respeito da provisão de, digamos, roupas, apenas se e quando sobrassem alguns meios após a satisfação plena da demanda por comida, então não haveria nenhum problema econômico, pois em tal caso não sobraria nada, com exceção do que possivelmente não poderia ser utilizado para o primeiro propósito, fosse por não poder ser transformado em comida, fosse por não haver mais demanda por comida. O critério seria simplesmente se o máximo possível de gêneros alimentícios teria sido produzido ou se a aplicação de métodos diferentes não levaria, talvez, a uma produção maior. Mas a tarefa deixaria de ser tão só de caráter tecnológico e assumiria uma natureza inteiramente diferente se em adição fosse postulado que o máximo possível de recursos deveria ser deixado para outros fins. Então, surge a questão do que *é* uma maior quantidade de recursos. Se um engenheiro propusesse um método que deixasse uma grande quantidade de terra, mas pouco trabalho para outros propósitos, enquanto outro deixasse muito trabalho e pouca terra, como, na ausência de qualquer padrão de valor, seria possível decidir qual a maior quantidade? Se houvesse

O CÁLCULO SOCIALISTA I: A NATUREZA E HISTÓRIA DO PROBLEMA

apenas um fator de produção, isso poderia ser decidido de modo inequívoco com embasamento meramente técnico, pois então o principal problema em toda e qualquer linha de produção seria mais uma vez reduzido ao de obter a quantidade máxima de produto a partir de qualquer quantidade dada desses mesmos recursos. Neste caso, o problema econômico remanescente de quanto produzir em cada linha de produção seria de natureza muito simples e quase desprezível. No entanto, assim que surgem dois ou mais fatores, essa possibilidade deixa de estar presente.

Assim, o problema econômico surge logo que diferentes propósitos competem pelos recursos disponíveis. O critério de sua presença é que os custos devem ser levados em consideração. O custo aqui, como em qualquer outro lugar, não significa nada além das vantagens obtidas da utilização dos recursos dados em outras direções. Quer isso corresponda simplesmente ao uso de parte do possível dia de trabalho para recreação, quer ao uso de recursos materiais em uma linha alternativa de produção, faz pouca diferença. É evidente que decisões dessa espécie terão que ser tomadas em qualquer tipo concebível de sistema econômico, onde quer que seja necessário escolher entre empregos alternativos de determinados recursos. Porém, as decisões entre dois usos alternativos possíveis não podem ser tomadas de maneira absoluta tal como foi possível em nosso exemplo anterior. Mesmo que o dirigente do sistema econômico tivesse bastante claro em sua mente que a comida de uma pessoa é sempre mais importante que a roupa de outra, isso não implicaria necessariamente que também seja mais importante que a roupa de duas ou dez outras pessoas. O quanto essa questão é crítica torna-se mais claro se considerarmos os desejos menos elementares. É bem possível que, embora a necessidade de um médico adicional seja maior do que a de um professor adicional, ainda assim, sob condições em que custa três vezes mais formar um médico adicional do que preparar um professor adicional, três professores adicionais possam parecer preferíveis a um médico.

Como já foi dito, o fato de, na ordem atual das coisas, esses problemas econômicos não serem resolvidos pela decisão consciente de ninguém tem como consequência a maior parte das pessoas não ter consciência da existência de tais problemas. As decisões de se e o quanto produzir de algo são decisões econômicas neste sentido. Todavia, a tomada de tal decisão por parte de um único indivíduo é apenas parte da

A ORDEM ECONÔMICA E A LIVRE INICIATIVA

solução do problema econômico em questão. Aquele que toma essa decisão a toma com base nos preços dados. O fato de que, por meio dessa decisão, ele influencia esses preços em certa medida, provavelmente muito pequena, não influenciará sua escolha. A outra parte do problema é resolvida pelo funcionamento do sistema de preços. Contudo, ela é resolvida de uma maneira que apenas o estudo sistemático do funcionamento desse sistema revela. Já foi sugerido que não é necessário, para o funcionamento desse sistema, que alguém precise compreendê-lo. Porém, as pessoas tenderão a não deixá-lo funcionar se não o entenderem.

Neste sentido, a verdadeira situação se reflete bem na estimativa popular dos méritos relativos dos economistas e do engenheiro. Não deve ser exagero afirmar que, para a maioria das pessoas, o engenheiro é o indivíduo que realmente faz as coisas, e o economista é o sujeito odioso que se recosta em sua poltrona e explica por que os esforços bem-intencionados do primeiro não são bem-sucedidos. Em certo sentido, isso não é falso. Entretanto, a implicação de que as forças que o economista estuda e que o engenheiro tende a desconsiderar não são importantes e devem ser ignoradas é absurda. A formação específica do economista é necessária para perceber que as forças espontâneas que limitam as ambições do engenheiro proporcionam um meio de resolver um problema que, caso contrário, teria de ser resolvido deliberadamente.

3

No entanto, há outras razões, além da crescente conspicuidade das elaboradas técnicas de produção modernas, que são responsáveis por nosso atual fracasso em perceber a existência de problemas econômicos. Nem sempre foi assim. Por um período comparativamente curto, em meados do século XIX, o grau em que os problemas eram percebidos e compreendidos pelo público em geral era, sem dúvida, muito maior do que é atualmente. Porém, o sistema clássico de economia política, cuja influência extraordinária facilitou esse entendimento, assentava-se sobre fundações inseguras e, em parte, claramente defeituosas. Sua popularidade tinha sido alcançada ao preço de um grau de simplificação excessiva que mostrou ser sua ruína. Foi só muito mais tarde, depois que seus

O CÁLCULO SOCIALISTA I: A NATUREZA E HISTÓRIA DO PROBLEMA

ensinamentos perderam influência, que a reconstrução gradual da teoria econômica mostrou que os defeitos que existiam em seus conceitos básicos invalidaram sua explicação do funcionamento do sistema econômico a um grau muito menor do que tinha parecido provável a princípio. No entanto, no intervalo, um dano irreparável fora causado. A derrocada do sistema clássico tendeu a desacreditar a própria ideia de análise teórica e se tentou utilizar uma mera descrição das ocorrências dos fenômenos econômicos no lugar do entendimento de suas razões. Em consequência, a compreensão da natureza do problema econômico, a conquista de gerações de ensinamentos, foi perdida. Os economistas que ainda estavam interessados na análise geral achavam-se preocupados demais com a reconstrução dos fundamentos puramente abstratos da ciência econômica para exercer uma influência visível nas opiniões sobre as políticas.

Em grande medida, foi devido a esse eclipse temporário da economia analítica que os verdadeiros problemas relacionados com as sugestões de uma economia planificada receberam, supreendentemente, tão pouca análise cuidadosa. Porém, esse eclipse não se deveu, de forma alguma, apenas às fraquezas inerentes e à consequente necessidade de reconstrução da velha economia. Tampouco teria tido o mesmo efeito se não tivesse coincidido com a ascensão de outro movimento claramente hostil aos métodos racionais na economia. A causa comum que ao mesmo tempo solapou a posição da teoria econômica e favoreceu o crescimento de uma escola de socialismo, o que desencorajou positivamente qualquer especulação sobre o verdadeiro funcionamento da sociedade do futuro, foi o surgimento da chamada escola histórica da economia,[1] uma vez que a essência do ponto de vista dessa escola era que as leis da economia só poderiam ser estabelecidas mediante a aplicação dos métodos das ciências naturais ao material da história. A natureza desse material é tal que qualquer tentativa desse tipo está destinada a degenerar em mero registro e descrição e um ceticismo total concernente à existência de quaisquer leis.

Não é difícil entender por que isso deveria acontecer. Em todas as ciências, exceto naquelas que lidam com fenômenos sociais, tudo o que a experiência nos mostra é o resultado de processos que não podemos observar diretamente e que temos a tarefa de reconstruir. Todas as nossas conclusões a respeito da natureza desses processos são necessariamente hipotéticas, e o único teste de validade para essas hipóteses é que se mostram igualmente aplicáveis à explicação de outros fenômenos. O que nos permite chegar, por meio desse processo de indução, à formulação de leis gerais ou hipóteses no concernente ao processo de causalidade, é o fato de que a possibilidade de realizar experimentos, de observar a repetição dos mesmos fenômenos sob condições idênticas, mostra a existência de regularidades definidas nos fenômenos observados.

No entanto, nas ciências sociais, a situação é exatamente oposta. Por um lado, a experimentação é impossível e, portanto, não temos conhecimento das regularidades definidas nos fenômenos complexos no mesmo sentido que temos nas ciências naturais. Mas, por outro lado, a posição do homem, a meio caminho entre os fenômenos naturais e sociais — como efeito dos primeiros e como causa dos últimos —, traz à tona que os fatos básicos essenciais de que precisamos para a explicação dos fenômenos sociais fazem parte da experiência comum, parte da matéria de nosso pensamento. Nas ciências sociais, os elementos dos fenômenos complexos são aqueles que conhecemos para além da possibilidade de contestação. Nas ciências naturais, no máximo, podem ser supostos. A existência desses elementos é tão mais certa do que quaisquer regularidades nos fenômenos complexos aos quais dão origem que são eles que constituem o fator verdadeiramente empírico nas ciências sociais. Resta pouca dúvida de que é essa posição diferente do elemento empírico no processo de raciocínio nos dois grupos de disciplinas que está na raiz de grande parte da confusão sobre seu caráter lógico. É inquestionável que as ciências sociais, assim como as naturais, devem empregar raciocínios dedutivos. A diferença essencial é que, nas ciências naturais, o processo de dedução deve partir de alguma hipótese que resulta de generalizações indutivas, ao passo que, nas ciências sociais, parte diretamente dos elementos empíricos conhecidos e os utiliza para encontrar as regularidades dos fenômenos complexos, que as observações diretas não conseguem estabelecer. Por assim dizer, são ciências empiricamente dedutivas, que provêm dos elementos conhecidos para as regularidades nos fenômenos complexos que não podem ser estabelecidos diretamente. Mas este não é lugar para discutir questões de metodologia em proveito de si mesmas. Nossa preocupação é apenas mostrar como sucedeu que, na era dos grandes triunfos do empirismo nas ciências naturais, foi feita uma tentativa de forçar os mesmos métodos empíricos nas ciências sociais, o que estava destinado a levar ao desastre. Para começar aqui pelo

O CÁLCULO SOCIALISTA I: A NATUREZA E HISTÓRIA DO PROBLEMA

lugar errado, buscar regularidades de fenômenos complexos que nunca poderiam ser observados duas vezes sob condições idênticas não poderia deixar de levar à conclusão de que não existiam leis gerais, nem necessidades inerentes determinadas pela natureza permanente dos elementos constitutivos, e que a única tarefa da ciência econômica, em particular, era a descrição das mudanças históricas. Foi somente com esse abandono dos métodos de procedimentos adequados, bem estabelecidos no período clássico, que começou a ser pensado que não havia leis da vida social além daquelas produzidas pelos homens, e que todos os fenômenos observados eram em sua totalidade apenas o produto de instituições sociais ou jurídicas, meramente "categorias históricas", e não surgiam, de forma alguma, dos problemas econômicos básicos que a humanidade deve enfrentar.

4

Sob muitos aspectos, a escola de socialismo mais poderosa que o mundo já viu é, basicamente, produto desse tipo de historicismo. Embora em alguns pontos Karl Marx tenha adotado as ferramentas dos economistas clássicos, ele fez pouco uso de sua principal contribuição permanente: sua análise da competição. Porém, ele aceitou plenamente a argumentação central da Escola Histórica de que grande parte dos fenômenos da vida econômica não era o resultado de causas permanentes, mas o produto apenas de um desenvolvimento histórico específico. Não é por acaso que o país em que a Escola História ficou mais em voga, a Alemanha, também foi aquele em que o marxismo encontrou mais pronta aceitação.

O fato de que essa escola do socialismo mais influente tenha estado relacionada de maneira tão estreita às tendências antiteóricas existentes nas ciências sociais da época teve um efeito mais profundo em todas as discussões posteriores acerca dos verdadeiros problemas do socialismo. Não só toda a perspectiva criou uma incapacidade peculiar de perceber qualquer um dos problemas econômicos permanentes, que são independentes do quadro histórico, como Marx e os marxistas também agiram, de forma bastante consistente, para desencorajar categoricamente qualquer investigação da verdadeira organização e do funcionamento da sociedade socialista do futuro. Se a mudança fosse provocada pela lógica inexorável da história, se fosse o resultado inevitável da evolução, haveria pouca necessidade de saber em detalhes como seria exatamente a nova sociedade. Se quase todos os fatores determinantes da atividade econômica na sociedade atual estivessem ausentes, se não houvesse problemas na nova sociedade, com exceção daqueles determinados pelas novas instituições que o processo de mudança histórica teria criado, então haveria de fato pouca possibilidade de resolver qualquer um dos problemas de antemão. O próprio Marx mostrou apenas desprezo e zombaria por qualquer tentativa deliberada de construir um plano de trabalho referente à tal utopia. Apenas de vez em quando, e mesmo assim de forma negativa, encontramos, em suas obras, afirmações sobre como a nova sociedade *não* seria. Podemos vasculhar seus textos em vão, em busca de quaisquer afirmações definidas referentes aos princípios gerais que orientariam a atividade econômica na comunidade socialista.[2]

A atitude de Marx neste ponto teve um efeito duradouro sobre os socialistas de sua escola. Especular acerca da organização real da sociedade socialista estigmatizava imediatamente o autor desafortunado como sendo "anticientífico", a condenação mais temida à qual um membro da escola "científica" do socialismo poderia se expor. Contudo, mesmo fora do campo marxista, a linhagem comum de todos os ramos modernos do socialismo, provenientes de alguma visão essencialmente histórica ou "institucional" dos fenômenos econômicos, conseguiu abafar com sucesso todas as tentativas de estudar os problemas que qualquer política socialista construtiva teria que resolver. Como veremos, foi apenas em resposta às críticas externas que essa tarefa foi finamente empreendida.

5

Chegamos neste momento a um ponto em que se torna claramente necessário separar diversos aspectos diferentes do programa que até agora agrupamos como sendo socialista. Para a primeira parte do período em que a crença no planejamento central se desenvolveu, justifica-se historicamente identificar, sem muitas qualificações, a ideia do socialismo e a do planejamento. No que se refere aos principais problemas econômicos, isso ainda é válido hoje em dia. No entanto, devemos admitir que, em muitos

O CÁLCULO SOCIALISTA I: A NATUREZA E HISTÓRIA DO PROBLEMA

outros aspectos, os socialistas modernos e outros planejadores modernos têm todo o direito de não assumir nenhuma responsabilidade quanto aos programas uns dos outros. O que devemos distinguir aqui são os fins almejados e os meios propostos ou os que são de fato necessários para o propósito. As ambiguidades que existem neste contexto surgem do fato de que os meios necessários para atingir os fins socialistas, no sentido mais estrito, podem ser utilizados para outros fins, e que os problemas com os quais estamos preocupados surgem dos meios, e não dos fins.

No sentido mais estrito, o fim comum de todo socialismo, do socialismo "proletário", é a melhoria da posição das classes sociais desprovidas de propriedade por meio de uma redistribuição da renda proveniente da propriedade. Isso implica a propriedade coletiva dos meios materiais de produção e o direcionamento e controle coletivista de seu uso. Todavia, os mesmos métodos coletivistas podem ser aplicados a serviço de fins bastante diferentes. Uma ditadura aristocrática, por exemplo, pode utilizar os mesmos métodos para favorecer os interesses de alguma elite racial ou de outro tipo, ou então a serviço de algum outro propósito claramente anti-igualitário. A situação é ainda mais complicada porque o método de propriedade e controle coletivista, essencial para qualquer uma dessas tentativas de dissociar a distribuição de renda da propriedade privada dos meios de produção, admite aplicação em diversos graus. Por enquanto, será conveniente utilizar o termo "socialismo" para descrever os fins socialistas tradicionais e usar o termo "planejamento" para descrever o método, não obstante posteriormente venhamos a empregar "socialismo" em um sentido mais amplo. No sentido mais estrito do termo pode ser dito, então, que é possível ter muito planejamento com pouco socialismo ou pouco planejamento e muito socialismo. Em todo caso, o método de planejamento pode certamente ser utilizado para propósitos que não têm nada a ver com os objetivos éticos do socialismo. Se é igualmente possível dissociar por completo o socialismo do planejamento — e as críticas dirigidas contra o método levaram a tentativas nesse sentido — é uma questão que teremos de investigar mais tarde.

Que seja possível, não somente em teoria, mas também na prática, separar o problema do método do problema dos fins é muito auspicioso para os propósitos da discussão científica. Sobre a validade dos fins últimos a ciência não tem nada a dizer. Eles podem ser aceitos ou rejeitados, mas não podem ser provados ou refutados. Tudo o que é possível sustentar racionalmente é se e até que ponto determinadas medidas levarão aos resultados desejados. Se, no entanto, o método em questão fosse proposto apenas como um meio para um fim específico, poderia ser difícil, na prática, manter separados completamente o argumento referente à questão técnica e os juízos de valor. Porém, como o mesmo problema dos meios surge relativamente a ideais éticos totalmente diferentes, podemos esperar que seja possível manter os juízos de valor totalmente fora da discussão.

A condição comum necessária para se obter uma distribuição de renda que seja independente da propriedade individual de recursos — o fim imediato comum do socialismo e de outros movimentos anticapitalistas — é que a autoridade que decide sobre os princípios dessa distribuição também controle os recursos. Agora, qualquer que seja a substância desses princípios distributivos, essas ideias acerca da divisão justa ou desejável da renda devem ser semelhantes em um aspecto puramente formal, mas muito importante: é preciso que elas sejam apresentadas sob a forma de uma escala de importância de certo número de fins individuais concorrentes. É esse aspecto formal, esse fato de que uma autoridade central tem que resolver o problema econômico de distribuir uma quantidade limitada de recursos entre um número praticamente infinito de propósitos concorrentes, o que constitui o problema do socialismo enquanto método. A questão fundamental é se é possível, sob as condições complexas de uma grande sociedade moderna, que essa autoridade central leve adiante as implicações de uma escala de valores qualquer com um grau razoável de precisão e com um grau de sucesso que se iguale ou se aproxime dos resultados do capitalismo competitivo, e não se um conjunto específico de valores desse tipo é de alguma forma superior a outro. Estamos aqui preocupados com os métodos comuns ao socialismo no sentido mais estrito e a todos os demais movimentos modernos em favor de uma sociedade planificada, e não com os fins específicos do socialismo.

6

Dado que em tudo o que se segue estaremos preocupados apenas com os métodos a serem empregados, e não com os fins almejados, de agora em

O CÁLCULO SOCIALISTA I: A NATUREZA E HISTÓRIA DO PROBLEMA

diante será conveniente utilizar o termo "socialismo" neste sentido mais amplo. Este sentido abrange, portanto, qualquer caso de controle coletivista dos recursos produtivos, independentemente do interesse de quem esse controle seja utilizado. No entanto, apesar de não precisarmos, para nossos propósitos, de nenhuma definição adicional dos fins concretos perseguidos, ainda existe a necessidade de uma definição adicional dos métodos exatos que queremos considerar. Existem, é claro, muitos tipos de socialismo, mas os termos tradicionais desses diferentes tipos, como "comunismo", "sindicalismo", "socialismo de guildas", nunca corresponderam totalmente à classificação dos métodos que desejamos, e grande parte deles, em tempos recentes, tornou-se tão intimamente ligada a partidos políticos, em vez de a programas definidos, que não tem utilidade para nosso propósito. O relevante para nós é essencialmente o grau em que o controle central e o direcionamento dos recursos são realizados em cada um dos diferentes tipos. Para ver até que nível a variação nesse ponto é possível, talvez seja melhor começar com o tipo mais familiar de socialismo e, em seguida, examinar até que medida seus arranjos podem ser alterados em diferentes direções.

O programa que é ao mesmo tempo o mais amplamente defendido e apresenta a maior plausibilidade *prima facie* envolve não apenas a propriedade coletiva, mas também o direcionamento central unificado da utilização de todos os recursos materiais de produção. Ao mesmo tempo, contempla a liberdade contínua de escolha no consumo e a liberdade também contínua de escolha profissional. Pelo menos, é essencialmente desse modo que o marxismo foi interpretado pelos partidos social-democratas da Europa continental, e é dessa forma que o socialismo é imaginado pelo maior número de pessoas. É também dessa forma que o socialismo tem sido mais amplamente discutido; grande parte das críticas mais recentes se concentra nessa variedade. Na realidade, tem sido tratado de maneira tão ampla como o único programa socialista importante que, na maioria das discussões sobre os problemas econômicos do socialismo, os autores em questão deixaram de especificar que tipo de socialismo tinham em mente. Isso teve consequências um tanto desagradáveis, pois nunca ficou muito claro se objeções ou críticas específicas se aplicavam somente a essa forma particular ou a todas as formas de socialismo.

Por esse motivo, é necessário ter em conta as possibilidades alternativas desde o início e considerar cuidadosamente, em cada estágio da

A ORDEM ECONÔMICA E A LIVRE INICIATIVA

discussão, se algum problema específico surge dos pressupostos que devem estar subjacentes a qualquer programa socialista ou se são devidos apenas a suposições feitas em algum caso específico. A liberdade de escolha do consumidor ou a liberdade profissional, por exemplo, não são de forma alguma atributos necessários de qualquer programa socialista, e embora os primeiros socialistas tenham geralmente repudiado a insinuação de que o socialismo aboliria essas liberdades, as críticas mais recentes da posição socialista têm se defrontado com a resposta de que as supostas dificuldades surgiriam apenas se essas liberdades fossem mantidas; e que não seria de forma alguma um preço muito alto a pagar em troca das demais vantagens do socialismo, caso sua abolição viesse a se mostrar necessária. Portanto, é preciso considerar essa forma extrema de socialismo igualmente com as outras. Em muitos aspectos, ela corresponde ao que no passado costumava ser chamado de "comunismo", isto é, um sistema em que não apenas os meios de produção como também todos os bens eram de propriedade coletiva, e no qual, além disso, a autoridade central também estaria em uma posição de mandar qualquer pessoa desempenhar qualquer tarefa.

Esse tipo de sociedade em que tudo é dirigido de forma centralizada pode ser considerado o caso limite de uma longa série de outros sistemas de menor grau de centralização. O tipo mais familiar já discutido se situa um tanto mais distante em direção à descentralização. Porém, ainda envolve o planejamento em uma escala bastante extensa — com um direcionamento minucioso de praticamente todas as atividades produtivas por uma autoridade central. Os primeiros sistemas do socialismo mais descentralizado, como o socialismo de guildas ou o sindicalismo, não precisam nos preocupar aqui, visto que agora parece ser admitido, de maneira geral, que não dispõem de nenhum mecanismo para uma direção racional da atividade econômica. Mais recentemente, no entanto, surgiu, de novo principalmente em respostas às críticas, uma tendência entre os pensadores socialistas de reintroduzir certo grau de competição em seus planos, a fim de superar a dificuldade que eles admitem que apareceria no caso de um planejamento completamente centralizado. Nesse estágio, não há necessidade de considerar em detalhes as formas em que a competição entre produtores individuais pode ser combinada com o socialismo. Isso será feito posteriormente.[3] Porém, é necessário ter consciência delas desde o

128

início. Por duas razões. Em primeiro lugar, para permanecermos conscientes durante toda a discussão adicional de que a direção completamente centralizada de toda atividade econômica, em geral considerada típica de todo socialismo, pode concebivelmente variar em alguma medida; e em segundo lugar — ainda mais importante —, para que possamos ver com clareza o grau de controle central que deve ser mantido para que possamos falar razoavelmente em socialismo ou quais são os pressupostos mínimos que nos darão o direito de considerar um sistema como estando dentro de nosso campo. Mesmo que a propriedade coletiva dos recursos produtivos deva ser considerada compatível com a determinação competitiva dos propósitos para os quais as unidades individuais de recursos devem ser utilizadas e o método de seu emprego, ainda devemos assumir que as questões de "quem deve exercer o comando sobre uma determinada quantidade de recursos para a comunidade" ou "que quantidade de recursos os diferentes 'empreendedores' deverão receber" terão de ser decididas por uma autoridade central. Essa parece ser a suposição mínima consistente com a ideia de propriedade coletiva, o menor grau de controle central que ainda permitiria que a comunidade mantivesse o comando sobre a renda obtida dos meios materiais de produção.

7

Sem certo controle central dos meios de produção, o planejamento no sentido em que utilizamos o termo deixa de ser um problema. Torna-se impensável. Provavelmente, a maioria dos economistas de todas as orientações concordaria com isso, embora a maioria das outras pessoas que acreditam em planejamento ainda pensasse nisso como algo que poderia ser tentado racionalmente dentro da estrutura de uma sociedade baseada na propriedade privada. Na verdade, no entanto, se por "planejamento" se entende o direcionamento real da atividade produtiva mediante prescrição oficial, quer das quantidades a serem produzidas, dos métodos de produção a serem usados ou dos preços a serem fixados, pode-se mostrar facilmente não que tal coisa seja impossível, mas sim que qualquer medida isolada desse tipo provocará reações que frustrariam seu próprio fim, e que qualquer tentativa de agir consistentemente exigirá

A ORDEM ECONÔMICA E A LIVRE INICIATIVA

mais e mais medidas de controle até que toda atividade econômica seja submetida a uma autoridade central.

No escopo dessa discussão sobre o socialismo é impossível entrar mais detalhadamente nesse problema distinto da intervenção estatal em uma sociedade capitalista. Ele é mencionado aqui apenas para dizer explicitamente que está excluído de nossas considerações. Em nossa opinião, análises bastante aceitas mostram que se trata de algo que não fornece uma alternativa que possa ser escolhida racionalmente ou a respeito da qual seja possível esperar que forneça uma solução estável ou satisfatória para qualquer um dos problemas aos quais fosse aplicada.[4]

Mas aqui, novamente, é necessário prevenir-se contra mal-entendidos. Dizer que o planejamento parcial do tipo ao qual estamos aludindo é irracional não equivale, entretanto, a afirmar que a única forma de capitalismo que pode ser racionalmente defendida é a do *laissez faire* absoluto em seu velho sentido. Não há razão para supor que as instituições jurídicas historicamente dadas sejam necessariamente as mais "naturais" em qualquer sentido. O reconhecimento do princípio da propriedade privada não implica necessariamente que as delimitações específicas do conteúdo deste direito, conforme determinado pelas leis existentes, sejam as mais adequadas. A questão de qual seria o arcabouço permanente mais apropriado para assegurar o funcionamento mais suave e eficiente da competição é da maior importância e, devemos admitir, uma que tem sido tristemente negligenciada pelos economistas.

No entanto, por outro lado, admitir a possibilidade de mudanças no arcabouço jurídico não é admitir a possibilidade de outro tipo de planejamento no sentido em que utilizamos a palavra até agora. Há uma distinção essencial aqui que não se pode desconsiderar: a distinção entre um arcabouço jurídico permanente, concebido para proporcionar todos os incentivos necessários para que a iniciativa privada produza as adaptações necessárias diante de qualquer mudança, e um sistema em que tais adaptações sejam promovidas por uma direção central. Esta é a verdadeira questão, e não a da manutenção da ordem existente *versus* a introdução de novas instituições. Em certo sentido, ambos os sistemas podem ser descritos como produtos de um planejamento racional. Porém, no primeiro caso, esse planejamento diz respeito apenas ao arcabouço permanente das instituições e pode ser prescindido caso estejamos dispostos a

130

aceitar as instituições que se desenvolveram em um lento processo histórico, enquanto, no outro caso, o planejamento tem que lidar com as mudanças diárias de todos os tipos.

Não pode haver dúvida de que esse gênero de planejamento envolve mudanças de um tipo e de magnitude até então desconhecidas na história humana. Às vezes, afirma-se que as mudanças agora em andamento são simplesmente um retorno às formas sociais da era pré-industrial. Porém, isso é um equívoco. Mesmo quando o sistema medieval de guildas estava no auge e quando as restrições ao comércio eram mais extensas, eles não eram utilizados como um meio para direcionar a atividade individual. Com certeza, não eram o arcabouço permanente mais racional que poderia ter sido concebido para a atividade individual, mas eram essencialmente tão só um arcabouço permanente dentro do qual as atividades correntes por meio da iniciativa individual tinham liberdade de ação. Mediante nossas tentativas de utilizar o antigo mecanismo de restricionismo como instrumento de ajuste quase diário às mudanças, já fomos muito mais longe na direção do planejamento central das atividades correntes do que jamais havíamos tentado anteriormente. Se seguirmos o caminho pelo qual começamos, se tentarmos agir de forma consistente e combater as tendências autofrustrantes de qualquer ato isolado de planejamento, decerto embarcaremos em um experimento que não teve paralelo na história até recentemente. No entanto, mesmo neste estágio, já fomos longe demais. Se quisermos julgar as potencialidades corretamente, será necessário perceber que o sistema sob o qual vivemos, sufocado por tentativas de planejamento parcial e restricionismo, está quase tão distante de qualquer sistema de capitalismo que poderia ser defendido racionalmente quanto difere de qualquer sistema consistente de planejamento. É importante perceber, em qualquer investigação das possibilidades de planejamento, que é uma falácia supor que o capitalismo seja uma alternativa em sua versão atual. Com certeza, estamos tão distantes do capitalismo em sua forma pura quanto estamos de qualquer sistema de planejamento central. O mundo de hoje não passa de um caos intervencionista.

8

A economia política clássica ruiu sobretudo porque não conseguiu basear sua explicação do fenômeno fundamental do valor na mesma análise das fontes da atividade econômica que ela aplicara com tanto sucesso à análise dos fenômenos mais complexos da competição. A teoria do valor-trabalho resultou de uma busca por alguma substância ilusória de valor, em vez de uma análise do comportamento do sujeito econômico. O passo decisivo no progresso da economia foi dado quando os economistas começaram a se perguntar quais eram exatamente as circunstâncias que faziam os indivíduos se comportarem em relação aos bens de determinada maneira. Formular a pergunta dessa forma levou imediatamente ao reconhecimento de que atribuir um significado ou valor definido às unidades de bens diferentes era um passo necessário para a solução do problema geral que surge sempre que uma multiplicidade de fins compete por uma quantidade limitada de meios.

A onipresença desse problema de valor onde quer que exista ação racional foi o fato básico a partir do qual poderia ser desenvolvida uma exploração sistemática das formas sob as quais ele faria sua aparição em diferentes organizações da vida econômica. Até certo ponto, desde o início, os problemas de uma economia dirigida de forma centralizada encontraram um lugar de destaque nas exposições da economia moderna. Obviamente, era muito mais simples discutir os problemas fundamentais supondo a existência de uma *única* escala de valores seguida consistentemente do que supondo uma multiplicidade de indivíduos seguindo suas escalas pessoais; assim, nos primeiros capítulos dos novos sistemas, a suposição de um estado comunista foi usada frequentemente — e com vantagem considerável — como recurso expositivo.[5] Contudo, foi utilizada apenas para demonstrar que qualquer solução daria necessariamente origem aos mesmos fenômenos de valor — aluguel, salários, juros etc. — que realmente observamos em uma sociedade competitiva. Então, em geral, os autores prosseguiam para mostrar como a interação das atividades independentes dos indivíduos produziam esses fenômenos espontaneamente, sem questionar em mais detalhes se poderiam ser produzidos em uma sociedade moderna complexa por quaisquer outros meios. A mera ausência de uma escala de valores de comum acordo parecia privar esse

O CÁLCULO SOCIALISTA I: A NATUREZA E HISTÓRIA DO PROBLEMA

problema de qualquer importância prática. É verdade que alguns dos primeiros autores da nova escola não só consideraram que tinham mesmo resolvido o problema do socialismo como também acreditaram que seu cálculo de utilidade fornecia um meio que possibilitava combinar escalas de utilidade individuais em uma escala de fins objetivamente válidos para a sociedade como um todo. Contudo, agora, reconhece-se em geral que esta última crença era apenas uma ilusão e que não há critérios científicos que nos permitiriam comparar ou avaliar a importância relativa das necessidades de pessoas diferentes, embora conclusões que impliquem tais comparações interpessoais ilegítimas de utilidades ainda possam ser encontradas em discussões de problemas específicos.

No entanto, é evidente que, conforme o progresso da análise do sistema competitivo revelava a complexidade dos problemas que resolvia espontaneamente, os economistas ficavam cada vez mais céticos acerca da possibilidade de resolver os mesmos problemas por meio de decisões deliberadas. Talvez valha a pena mencionar que, já em 1854, o mais famoso entre os predecessores da escola moderna de "utilidade marginal", o alemão H. H. Gossen, chegara à conclusão de que a autoridade econômica central projetada pelos comunistas logo descobriria que tinha diante de si uma tarefa que excedia em muito as capacidades de cada homem.[6] Entre os economistas posteriores da escola moderna, o ponto em que Gossen já tinha baseado sua objeção — ou seja, a dificuldade do cálculo racional na ausência de propriedade privada — era frequentemente sugerido. Isso foi colocado de forma particularmente clara pelo professor Cannan, que enfatizou o fato de que os objetivos dos socialistas e dos comunistas só poderiam ser alcançados mediante a "abolição tanto da instituição da propriedade privada quanto da prática das trocas, sem as quais o valor, em qualquer sentido razoável do termo, não pode existir".[7] Porém, além das afirmações genéricas desse tipo, o exame crítico das possibilidades de uma política econômica socialista fez pouco progresso, pela simples razão de que não havia nenhuma proposta socialista concreta para ser examinada a respeito de como esses problemas seriam superados.[8]

Foi apenas no início do século XX que, finalmente, uma afirmação genérica do tipo que acabamos de examinar acerca da impraticabilidade do socialismo feita pelo eminente economista holandês N. G. Pierson incitou K. Kautsky, então o principal teórico do socialismo marxista, a quebrar o tradicional silêncio a respeito do funcionamento real do futuro Estado socialista e apresentar em uma palestra, ainda de maneira um tanto hesitante e com muitas desculpas, uma descrição do que aconteceria no dia seguinte à Revolução.[9] Porém, Kautsky mostrou somente que, na verdade, nem tinha consciência do problema que os economistas haviam visto. Assim, ele deu a Pierson a oportunidade de demonstrar em detalhes, em um artigo que apareceu primeiro na *Economist* holandesa, que um Estado socialista teria seus problemas de valor assim como qualquer outro sistema econômico e que a tarefa que os socialistas precisavam resolver era mostrar como, na ausência de um sistema de preços, o valor dos diferentes bens poderiam ser determinados. Esse artigo é a primeira contribuição importante para a discussão moderna dos aspectos econômicos do socialismo e, embora tenha permanecido praticamente desconhecido fora da Holanda e só fosse disponibilizado em uma versão alemã após a discussão ter sido iniciada de forma independente por outros autores, mantém-se de particular interesse como a única discussão importante desses problemas publicada antes da Primeira Guerra Mundial. O artigo é particularmente valioso por sua discussão dos problemas advindos do comércio internacional entre as diversas comunidades socialistas.[10]

Todas as discussões posteriores dos problemas econômicos do socialismo, que surgiram antes da Primeira Guerra Mundial, limitaram-se mais ou menos à demonstração de que as principais categorias de preços, como salários, aluguéis e juros, teriam que aparecer pelo menos nos cálculos das autoridades de planejamento da mesma maneira em que aparecem atualmente, e seriam determinadas basicamente pelos mesmos fatores. O desenvolvimento moderno da teoria dos juros desempenhou um papel particularmente importante nesse contexto, e depois de Böhm-Bawerk,[11] foi o professor Cassel, em particular, quem mostrou de maneira convincente que os juros teriam de constituir um elemento importante no cálculo racional da atividade econômica. Todavia, nenhum desses autores sequer tentou mostrar como essas magnitudes essenciais poderiam ser obtidas na prática. O único autor que pelo menos abordou o problema foi o economista italiano Enrico Barone que, em 1908, em um artigo intitulado "Ministry of Production in the Collectivist State" [Ministério da Produção no Estado Coletivista] desenvolveu algumas das sugestões de Pareto.[12] Esse artigo é de considerável interesse por ser um exemplo de

O CÁLCULO SOCIALISTA I: A NATUREZA E HISTÓRIA DO PROBLEMA

como se acreditava que as ferramentas de análise matemática dos problemas econômicos poderiam ser utilizadas para resolver as tarefas da autoridade de planejamento central.[13]

9

Quando, ao final da guerra de 1914-1918, os partidos socialistas chegaram ao poder na maioria dos Estados da Europa central e oriental, as discussões sobre todos esses problemas entraram necessariamente em uma nova e decisiva fase. Os partidos socialistas vitoriosos tinham agora que pensar em um programa de ação definido, e a literatura socialista dos anos imediatamente seguintes à Primeira Guerra Mundial se ocupou pela primeira vez, em grande medida, com a questão prática de como organizar a produção em moldes socialistas. Essas discussões ainda estavam sob grande influência da experiência dos anos de guerra quando os Estados estabeleceram gestões de alimentos e matérias-primas para lidar com a grave escassez da maior parte das mercadorias essenciais. Era geralmente assumido que isso tinha mostrado que não só a direção central da atividade econômica era viável e até superior a um sistema de competição, mas também que a técnica específica de planejamento desenvolvida para enfrentar os problemas da economia de guerra poderia ser igualmente aplicada à administração permanente da economia socialista.

Com exceção da Rússia, onde a rapidez das mudanças nos anos imediatamente subsequentes à revolução deixou pouco tempo para uma reflexão serena, foi principalmente na Alemanha e ainda mais na Áustria que essas questões foram debatidas com mais seriedade. Em particular neste último país, cujos socialistas durante muito tempo desempenharam um papel importante no desenvolvimento intelectual do socialismo, e onde um partido socialista forte e coeso provavelmente exerceu uma influência maior em sua política econômica do que em qualquer outro país além da Rússia, os problemas do socialismo assumiram enorme importância prática. Talvez se possa mencionar de passagem que é bastante curioso que tão poucos estudos sérios tenham sido dedicados às experiências econômicas desse país na década após a Primeira Guerra Mundial, embora sejam provavelmente mais relevantes para os problemas de uma

A ORDEM ECONÔMICA E A LIVRE INICIATIVA

política socialista no mundo ocidental do que qualquer coisa que tenha acontecido na Rússia. Contudo, independentemente do que possamos pensar da importância dos experimentos reais realizados na Áustria, não há dúvida de que as contribuições teóricas realizadas ali para a compreensão dos problemas constituirão uma força considerável na história intelectual de nosso tempo.

Entre essas primeiras contribuições socialistas às discussões, sob vários aspectos a mais interessante e de qualquer forma a mais característica quanto ao reconhecimento ainda muito limitado da natureza dos problemas econômicos envolvidos, destaca-se um livro de Otto Neurath publicado em 1919, em que o autor procurou mostrar que as experiências de guerra revelaram que era possível prescindir de quaisquer considerações de valor na administração do fornecimento de mercadorias e que todos os cálculos das autoridades de planejamento central deveriam e poderiam ser realizados *in natura*; isto é, não precisariam ser realizados em termos de alguma unidade comum de valor, mas poderiam ser feitos em espécie.[14] Neurath estava completamente alheio às dificuldades insuperáveis que a ausência de cálculos de valor colocaria no caminho de qualquer uso econômico racional dos recursos e até parecia considerar isso como uma vantagem. Restrições similares aplicam-se às obras publicadas por volta da mesma época por Bauer,[15] um dos principais representantes do partido social-democrata austríaco. É impossível aqui fornecer qualquer relato detalhado do argumento dessas e de diversas outras publicações afins daquela época. Porém, devem ser mencionadas, porque são importantes como expressões representativas do pensamento socialista pouco antes do impacto das novas críticas e porque muitas dessas críticas dirigem-se naturalmente a essas obras ou têm a ver implicitamente com elas.

Na Alemanha, a discussão girou em torno das propostas da "comissão de socialização", criada para discutir as possibilidades de transferência de indústrias individuais para a propriedade e o controle do Estado. Foi essa comissão, ou relativamente as suas deliberações, que economistas como E. Lederer, E. Heimann e o infortunado W. Rathenau desenvolveram planos de socialização que se tornaram o principal tópico de discussão entre os economistas. Para nosso intuito, porém, essas propostas são menos interessantes do que as suas congêneres austríacas, porque não contemplavam um sistema completamente socializado, mas estavam

O CÁLCULO SOCIALISTA I: A NATUREZA E HISTÓRIA DO PROBLEMA

sobretudo preocupadas com o problema da organização de indústrias individuais socializadas em um sistema competitivo de outra forma. Por isso, seus autores não tiveram que enfrentar os principais problemas de um sistema verdadeiramente socialista. No entanto, as propostas são importantes como sintomas do estado da opinião pública da época e do país em que começou a análise mais científica desses problemas. Um dos projetos desse período merece talvez menção especial não só porque os autores são os criadores do termo atualmente em voga "economia planificada", mas também porque se assemelha muito às propostas de planejamento agora [1935] tão prevalecentes na Grã-Bretanha. Trata-se do plano desenvolvido em 1919 pelo Reichswirtschaftsminister, R. Wissel, e por seu subsecretário de Estado, W. von Moellendorf.[16] Porém, por mais interessantes que suas propostas para a organização das indústrias individuais possam ser, e por mais relevante que seja a discussão que originam para muitos dos problemas discutidos na Inglaterra no momento atual, não podem ser consideradas como propostas socialistas do tipo discutido aqui, mas ficam a meio caminho entre o capitalismo e o socialismo, cujo debate, pelas razões mencionadas acima, foi deliberadamente excluído do presente ensaio.

10

A distinção de ter formulado em primeiro lugar o problema central da economia socialista dessa forma, impossibilitando que volte a desaparecer das discussões, pertence ao economista austríaco Ludwig von Mises. Em seu artigo "Economic Calculation in a Socialist Community", publicado na primavera de 1920, ele demonstrou que a possibilidade de cálculo racional em nosso sistema econômico atual baseava-se no fato de que os preços expressos em moeda propiciavam a condição essencial que possibilitava esse cômputo.[17] O ponto essencial sobre o qual o professor Mises foi muito além de qualquer coisa feita por seus antecessores foi a demonstração em detalhes de que um uso econômico dos recursos disponíveis só seria possível se essa precificação fosse aplicada não apenas ao produto final, mas também a todos os produtos intermediários e fatores de produção, e que não era concebível outro processo que levasse em consideração todos os fatos relevantes da mesma forma que o processo de precificação no mercado competitivo. Juntamente com a obra maior na qual esse artigo foi mais tarde incorporado, o estudo do professor Mises representa o ponto desde o qual devem necessariamente partir todas as discussões dos problemas econômicos do socialismo, quer construtivas, quer críticas, que aspiram ser levadas a sério.

Embora os textos do professor Mises contenham, sem dúvida, a exposição mais completa e bem-sucedida do que, daí em diante, tornou-se o problema central, e embora tenham de longe a maior influência em todas as discussões posteriores, é uma coincidência interessante que, quase ao mesmo tempo, dois outros autores ilustres tenham chegado independentemente a conclusões muito semelhantes. O primeiro foi o grande sociólogo alemão Max Weber, que, em sua *magnum opus* póstuma *Wirtschaft und Gesellschaft*, publicada em 1921, abordou expressamente as condições que, em um sistema econômico complexo, tornavam possíveis as decisões racionais. Como Mises (cujo artigo ele cita como tendo chegado a seu conhecimento apenas quando sua própria discussão já estava no prelo), ele insistiu que os cálculos *in natura* propostos pelos principais defensores de uma economia planificada não podiam fornecer uma solução racional dos problemas que as autoridades nesse sistema teriam que resolver. Em particular, Weber enfatizou que o uso racional e a preservação do capital poderiam ser assegurados apenas em um sistema baseado na troca e na utilização de dinheiro, e que os desperdícios devidos à impossibilidade do cálculo racional em um sistema completamente socializado talvez fossem sérios o suficiente para tornar impossível manter vivas as populações atuais dos países mais densamente habitados.

"A suposição de que algum sistema de contabilidade seria encontrado ou inventado no devido tempo se alguém tentasse a sério resolver a questão de uma economia sem dinheiro não ajuda aqui: a questão é o problema fundamental de qualquer socialização completa e, com certeza, é impossível falar de uma 'economia planificada' *racionalmente*, embora, no que diz respeito ao ponto decisivo, nenhum meio para a construção de um 'plano' seja conhecido."[18]

Um desenvolvimento quase simultâneo das mesmas ideias pode ser encontrado na Rússia. Ali, no verão de 1920, no curto intervalo após os primeiros sucessos militares do novo sistema, quando pelo menos uma vez se tornou possível proferir críticas em público, Boris Brutzkus, ilustre economista conhecido sobretudo por seus estudos dos problemas agrícolas russos, submeteu a críticas argutas, em uma série de palestras, as doutrinas que regiam a ação dos governantes comunistas. Essas palestras, que foram publicadas sob o título "The Problems of Social Economy under Socialism" em uma revista russa e só muitos anos depois se tornaram acessíveis a um público mais amplo em uma tradução para o alemão,[19] apresentam em sua conclusão principal uma semelhança notável com as doutrinas de Mises e Max Weber, embora tenham surgido do estudo dos problemas concretos que a Rússia teve que enfrentar naquela época e, embora tenham sido escritas num momento em que seu autor, isolado de toda comunicação com o mundo exterior, não poderia saber das iniciativas semelhantes dos estudiosos austríaco e alemão. Como o professor Mises e Max Weber, as críticas de Brutzkus giram em torno da impossibilidade de um cálculo racional em uma economia dirigida de forma centralizada, em que os preços estão necessariamente ausentes.

11

Embora até certo ponto Max Weber e o professor Brutzkus compartilhem o crédito de terem apontado independentemente o problema central da economia do socialismo, foi a exposição mais completa e sistemática do professor Mises, sobretudo em sua obra mais ampla *Die Gemeinwirtschaft*, que influenciou principalmente a tendência de discussões mais aprofundadas na Europa continental. Nos anos subsequentes a sua publicação, várias tentativas foram feitas para fazer frente diretamente ao desafio de Mises e mostrar que ele estava errado em sua tese principal e que, mesmo em um sistema econômico dirigido estritamente de forma centralizada, os valores podiam ser determinados com exatidão sem quaisquer dificuldades sérias. Porém, embora a discussão sobre esse ponto tenha se arrastado por muitos anos, no decurso dos quais Mises respondeu duas vezes a seus críticos,[20] tornou-se cada vez mais claro que, no que dizia respeito ao sistema planificado dirigido estritamente de forma centralizada do tipo originalmente proposto pela maioria dos socialistas, sua tese central não podia ser refutada. A princípio, grande parte das objeções feitas era na verdade mais uma implicância terminológica causada pelo fato de

A ORDEM ECONÔMICA E A LIVRE INICIATIVA

Mises uma vez ou outra ter utilizado a afirmação um tanto vaga de que o socialismo era "impossível", apesar de ele ter querido dizer com isso que o socialismo impossibilitava o cálculo racional. Claro que qualquer linha de ação sugerida, se a proposta tiver significado, será possível no sentido estrito da palavra, isto é, pode ser tentada. A questão só pode ser se levará aos resultados esperados, ou seja, se a linha de ação proposta é consistente com os objetivos aos quais pretende atender. À medida que se esperava alcançar por meio da direção central de toda a atividade econômica, *ao mesmo tempo*, uma distribuição de renda independente da propriedade privada nos meios de produção e um volume de produção que fosse pelo menos aproximadamente o mesmo ou ainda maior que o obtido sob a livre concorrência, era cada vez mais geralmente admitido que esta não era uma forma viável de atingir esses fins.

Porém, era natural que, mesmo quando a tese principal do professor Mises era admitida, isso não significava um abandono da busca por uma maneira de alcançar os ideais socialistas. Seu efeito principal foi desviar a atenção do que até então tinha sido universalmente considerado como as formas mais viáveis de organização socialista para a exploração de esquemas alternativos. É possível distinguir dois tipos principais de reação entre aqueles que admitiram seu argumento central. Em primeiro lugar, havia quem pensasse que a perda de eficiência, o declínio da riqueza geral que seria o efeito da ausência de um meio de cálculo racional, não seria um preço muito alto a pagar para a realização de uma distribuição mais justa dessa riqueza. Evidente que se essa atitude se baseia em uma percepção clara do que essa escolha implica não há mais nada a ser dito a respeito, exceto que parece questionável que aqueles que a sustentam encontrariam muitos que concordariam com sua ideia. Óbvio que a verdadeira dificuldade aqui é que para a maioria das pessoas a decisão sobre esse ponto dependerá da extensão pela qual a impossibilidade do cálculo racional levará a uma redução da produção em uma economia dirigida de forma centralizada, em comparação com a de um sistema competitivo. Apesar de na opinião do presente autor parecer que um estudo cuidadoso não pode deixar dúvidas sobre a enorme magnitude dessa diferença, deve-se admitir que não existe nenhuma maneira simples de provar quão grande seria essa diferença. A resposta aqui não pode ser obtida de considerações gerais, mas terá que se basear em um estudo comparativo cuidadoso do funcionamento de dois sistemas alternativos, e pressupõe um conhecimento muito maior dos problemas envolvidos do que pode possivelmente ser conseguido de qualquer outra forma, com exceção de um estudo sistemático da economia.[21]

O segundo tipo de reação à crítica do professor Mises foi considerá-la válida apenas quanto à forma específica de socialismo contra a qual foi principalmente dirigida e tentar construir outros esquemas que seriam imunes a essa crítica. Uma parte bastante considerável e provavelmente a mais interessante a respeito das discussões posteriores na Europa continental tendeu a seguir nessa direção. Existem duas tendências principais nessa especulação. Por um lado, procurou-se superar a dificuldade em questão ampliando o elemento de planificação ainda mais do que fora contemplado anteriormente, de modo a abolir por completo a livre escolha do consumidor e a livre escolha profissional. Ou, por outro lado, procurou-se introduzir diversos elementos de competição. Até que ponto essas propostas realmente superam quaisquer dessas dificuldades e até que ponto são pontos analisados em várias seções de *Collective Economic Planning*.

CAPÍTULO VIII

O cálculo socialista II:
O estado do debate (1935)*

1

Apesar de uma tendência natural por parte dos socialistas de subestimar sua importância, é evidente que a crítica ao socialismo já teve um efeito muito profundo na direção do pensamento socialista. Claro que a grande maioria dos "planejadores" ainda não é afetada por ela; a grande massa de adeptos de qualquer movimento popular está sempre inconsciente das correntes intelectuais que produzem uma mudança de direção.[1] Além disso, na Rússia, a existência real de um sistema que professa ser planificado levou muitos daqueles que nada sabem acerca de seu desenvolvimento a supor que os principais problemas estavam resolvidos. Na verdade, como veremos, a experiência russa fornece confirmação abundante das dúvidas já expostas. Porém, entre os líderes do pensamento socialista não apenas a natureza do problema central é cada vez mais reconhecida, mas também a força das objeções suscitadas contra os tipos de socialismo que costumavam ser considerados mais viáveis no passado é cada vez mais admitida. Agora raramente se nega que, em uma sociedade que deve preservar a liberdade de escolha do consumidor e a livre escolha profissional, o direcionamento central de toda atividade econômica representa uma tarefa que não pode ser resolvida racionalmente nas complexas condições da vida moderna. Como veremos, é verdade que mesmo

---

* Reimpresso de *Collectivist Economic Planning*, ed. F. A. Hayek (Londres: George Routledge & Sons, Ltd., 1935).

O CÁLCULO SOCIALISTA II: O ESTADO DO DEBATE (1935)

entre aqueles que enxergam o problema, essa posição ainda não foi completamente abandonada; mas sua defesa é mais ou menos da natureza de uma ação de retaguarda, em que tudo o que se tenta é demonstrar que, "em princípio", uma solução é concebível. Pouca ou nenhuma alegação é feita de que essa solução seja viável. Mais adiante, teremos oportunidade de discutir algumas dessas tentativas. Todavia, a grande maioria dos esquemas mais recentes procura contornar as dificuldades por meio da construção de sistemas socialistas alternativos, que diferem mais ou menos fundamentalmente dos tipos tradicionais contra os quais a crítica foi dirigida em primeiro lugar e que deveriam estar imunes às objeções às quais estes últimos estão sujeitos.

Neste ensaio, será considerada a literatura inglesa recente sobre esse assunto e será feita uma tentativa de avaliar as propostas recentes que foram elaboradas para superar as dificuldades agora reconhecidas. Contudo, antes de entrarmos nessa discussão, algumas palavras relativas à relevância da experiência russa para os problemas em discussão podem ser úteis.

2

É claro que, nesse momento, não é possível nem desejável realizar uma análise dos resultados concretos da experiência russa. A este respeito, é necessário referir-se a investigações específicas, em particular as do professor Brutzkus.[2] Neste momento, estamos preocupados apenas com a questão mais geral de como os resultados estabelecidos desse exame das experiências concretas se encaixam com o argumento mais teórico e até que ponto as conclusões alcançadas pelo raciocínio *a priori* são confirmadas ou refutadas por evidências empíricas.

Aqui, talvez seja necessário lembrar ao leitor que não foi a possibilidade de planejar que foi questionada com base em considerações gerais, mas sim a possibilidade da planificação bem-sucedida, de alcançar os fins para os quais a planificação foi realizada. Portanto, devemos primeiro ser claros quanto aos testes pelos quais devemos julgar o sucesso, ou as formas pelas quais devemos esperar que o fracasso se manifeste. Não há razão para esperar que a produção pare, ou que as autoridades tenham dificuldades em utilizar todos os recursos disponíveis de algum modo, ou até mesmo que a produção seja permanentemente menor do que tinha sido antes do início da planificação. O que devemos antecipar é que a produção, sempre que a utilização dos recursos disponíveis fosse determinada por alguma autoridade central, seria menor do que se o mecanismo de preços de um mercado operasse livremente em circunstâncias semelhantes. Isso se deveria ao desenvolvimento excessivo de algumas linhas de produção à custa de outras e ao uso de métodos inadequados nas circunstâncias. Devemos esperar encontrar o superdesenvolvimento de alguns setores industriais a um custo não justificado pela importância de sua maior produção e ver sem controle a ambição do engenheiro de aplicar os últimos desenvolvimentos realizados em outros lugares, sem considerar se eram economicamente apropriados na situação. Em muitos casos, a utilização dos métodos de produção mais recentes, que não poderiam ter sido aplicados sem planejamento central, seria então um sintoma de uso impróprio de recursos, em vez de uma prova de sucesso.

Portanto, resulta que, do ponto de vista tecnológico, a excelência de algumas partes do equipamento industrial russo, que muitas vezes impressiona o observador casual e que se costuma considerar como evidência de sucesso, tem pouca importância no que diz respeito à resposta para a questão central. Se uma nova instalação fabril se provará um elo útil na estrutura industrial visando a um aumento da produção vai depender não apenas de considerações tecnológicas, mas ainda mais da situação econômica geral. A melhor fábrica de tratores pode não ser uma vantagem, e o capital investido nela pode significar prejuízo total, caso a mão de obra que o trator substitui seja mais barata do que o custo do material e do trabalho envolvido para fabricar o trator, acrescido de juros.

Porém, quando nos libertamos da fascinação enganosa resultante da existência de colossais instrumentos de produção, que tendem a cativar o observador acrítico, apenas dois testes válidos de sucesso permanecem: os bens que o sistema realmente fornece ao consumidor e a racionalidade ou irracionalidade das decisões da autoridade central. Não há dúvida de que o primeiro teste levaria a um resultado negativo, de qualquer modo para o presente, ou se aplicado a toda a população e não a um pequeno grupo privilegiado. Praticamente todos os observadores parecem concordar que mesmo em comparação com a Rússia de antes da guerra a situação das grandes massas se deteriorou. No entanto, essa comparação ainda faz os

O CÁLCULO SOCIALISTA II: O ESTADO DO DEBATE (1935)

resultados parecerem muito auspiciosos. Admite-se que a Rússia czarista não oferecia condições muito favoráveis ao setor industrial capitalista e que, em um regime mais moderno, o capitalismo teria gerado um rápido progresso. Também deve ser levado em conta que o sofrimento nos últimos quinze anos, aquela "fome de grandeza" que deveria ser do interesse do progresso posterior, já deveria ter dado alguns frutos. Proporcionaria uma base mais adequada de comparação se assumíssemos que as mesmas restrições de consumo, que realmente ocorreram, foram causadas pela tributação, cuja receita foi emprestada aos setores industriais competitivos para fins de investimento. Não se pode negar que isso teria provocado um aumento rápido e imenso do padrão geral de vida, para além de qualquer coisa que atualmente seja possível, mesmo de forma remota.

Portanto, resta apenas a tarefa de realmente examinar os princípios sobre os quais agiu a autoridade de planificação. Embora seja impossível descrever aqui, mesmo em poucas palavras, o curso variado dessa experiência, tudo o que sabemos dele, em particular a partir do estudo do professor Brutzkus mencionado acima, nos dá o direito de dizer que as previsões baseadas no raciocínio geral foram totalmente confirmadas. O colapso do "comunismo de guerra" ocorreu exatamente pelas mesmas razões, ou seja, a impossibilidade de cálculo racional em uma economia sem dinheiro, que os professores Mises e Brutzkus previram. Desde então, a evolução, com suas repetidas reversões de política, mostrou apenas que os governantes russos tiveram que aprender pela experiência todos os obstáculos revelados pela análise sistemática do problema. Porém, não suscitou novos problemas importantes, e muito menos sugeriu soluções. Oficialmente, a culpa por quase todas as dificuldades ainda recai sobre os desafortunados que são perseguidos por obstruir o plano, não obedecendo às ordens da autoridade central ou executando-as de forma literal. Contudo, embora isso signifique que as autoridades apenas admitem a evidente dificuldade de fazer com que as pessoas sigam o plano com lealdade, não há dúvida de que as decepções mais graves se devem mesmo às dificuldades inerentes de qualquer planejamento central. Na verdade, a partir de relatos como os do professor Brutzkus, inferimos que, longe de avançar para métodos mais racionais de planificação, a tendência atual é cortar o nó, abandonando os métodos comparativamente científicos empregados no passado. Em vez disso, são substituídos por decisões cada vez mais arbitrárias e não correlacionadas acerca de problemas específicos, conforme são sugeridos pelas contingências do dia. No que diz respeito a problemas políticos ou psicológicos, a experiência russa pode ser bastante instrutiva. Todavia, para o estudioso dos problemas econômicos do socialismo faz pouco mais do que fornecer exemplos de conclusões bem estabelecidas. Não nos ajuda a responder ao problema intelectual suscitado pelo desejo de uma reconstrução racional da sociedade. Para isso, teremos que prosseguir com nosso estudo sistemático sobre os diferentes sistemas concebíveis, que não são menos importantes por existirem até agora apenas como sugestões teóricas.

3

Como foi salientado no capítulo VII, a discussão dessas questões na literatura inglesa começou relativamente tarde e em um nível comparativamente alto. No entanto, não se pode dizer que as primeiras tentativas satisfizeram qualquer um dos pontos principais. Dois norte-americanos, F. M. Taylor e W. C. Roper, foram os primeiros no campo. Suas análises, e até certo ponto também as de H. D. Dickinson, na Inglaterra, foram direcionadas para mostrar que, no pressuposto de um conhecimento completo de todos os dados relevantes, os valores e as quantidades de diferentes mercadorias a serem produzidas poderiam ser determinados pela aplicação do aparato pelo qual a economia teórica explica a formação de preços e o direcionamento da produção em um sistema competitivo.[3] Agora, deve-se admitir que isso não é uma impossibilidade no sentido de que é logicamente contraditória. No entanto, a alegação de que a determinação de preços por tal procedimento sendo logicamente concebível de forma alguma invalida a alegação de que não é uma solução possível apenas revela que a verdadeira natureza do problema não foi percebida. Basta tentar visualizar o que a aplicação desse método implicaria na prática para excluí-lo como humanamente impraticável e impossível. Está claro que qualquer solução teria que se basear na solução de algum sistema de equações como aquele desenvolvido no artigo de Barone.[4] Porém, o que é praticamente relevante aqui não é a estrutura formal desse sistema, mas sim a natureza e a quantidade de informações concretas necessárias se uma solução numérica deve ser tentada, e a magnitude da tarefa que essa solução numérica deve envolver em qualquer comunidade moderna. Evidente que o problema aqui não é quão detalhadas essas informações teriam que ser e quão exato precisaria ser o cálculo para tornar a solução perfeitamente exata, mas apenas até onde alguém teria que ir para tornar o resultado pelo menos comparável com aquele fornecido pelo sistema competitivo. Vamos nos aprofundar um pouco mais nisso.

Antes de mais nada, é evidente que se a direção central assumir mesmo o lugar da iniciativa do gestor da empresa individual sem ser simplesmente uma limitação mais irracional de sua liberdade de ação em algum aspecto específico não será suficiente que assuma a forma de mero direcionamento geral, mas terá que incluir e ser intimamente responsável pelos detalhes referentes à descrição mais meticulosa. É impossível decidir racionalmente quanto material ou novo maquinário deve ser atribuído a qualquer empresa, e a que preço (no sentido contábil) será racional fazê--lo, sem também decidir ao mesmo tempo se e de que maneira o maquinário e as ferramentas já em uso devem continuar a ser usados ou ser descartados. São questões desse tipo, detalhes de técnica, a economia de um material em vez de outro ou qualquer uma das pequenas economias que cumulativamente decidem o sucesso ou o fracasso de uma empresa; e em qualquer planejamento central que não seja irremediavelmente perdulário, essas questões devem ser levadas em consideração. Para conseguir fazer isso será necessário tratar cada máquina, ferramenta ou edifício não apenas como exemplo de uma classe de objetos fisicamente semelhantes, mas sim como um item individual cuja utilidade é determinada por seu estado particular de desgaste, sua localização etc. O mesmo se aplica a todo lote de mercadorias situado em um lugar diferente ou que difere em qualquer outro aspecto de outros lotes. Isso significa que, para alcançar o grau de economia garantido pelo sistema competitivo, os cálculos da autoridade de planejamento central teriam que tratar o acervo existente de bens instrumentais como sendo constituído de praticamente tantos tipos diversos de bens quanto existem de unidades individuais. No que se refere às mercadorias comuns, ou seja, bens semiacabados ou acabados não duráveis, é evidente que haveria muitas vezes mais tipos diferentes dessas mercadorias a considerar do que poderíamos imaginar se fossem classificados apenas por suas características técnicas. Dois bens tecnicamente semelhantes em locais distintos, com embalagens diferentes ou com datas de fabricação diferentes, não podem ser tratados como iguais em utilidade para a maioria dos propósitos, caso se deseje assegurar um mínimo de uso eficiente.

Ora, visto que em uma economia dirigida de forma centralizada o gestor da empresa individual seria privado da liberdade de substituir à vontade um tipo de mercadoria por outro, toda essa imensa massa de unidades diferentes teria necessariamente que entrar *separadamente* nos cálculos da autoridade de planejamento. É óbvio que a mera tarefa estatística de enumeração excede qualquer coisa desse tipo até então empreendida. Mas isso não é tudo. As informações de que a autoridade de planejamento central precisaria também teriam que incluir uma descrição completa de todas as propriedades técnicas relevantes de cada um desses bens, incluindo os custos de movimentação para qualquer outro lugar em que possa ser usado com maior vantagem, custo de eventuais reparos ou mudanças etc.

Porém, isso leva a outro problema de importância ainda maior. As habituais abstrações teóricas utilizadas na explicação do equilíbrio em um sistema competitivo incluem a suposição de que uma certa gama de conhecimento técnico é "dada". Claro que isso não significa que todo o melhor conhecimento técnico esteja concentrado em algum lugar, em uma única cabeça, mas que pessoas de todos os tipos de conhecimento estarão disponíveis e que entre aquelas que competem por um determinado emprego, em termos gerais, aquelas que fazem o uso mais adequado do conhecimento técnico terão sucesso. Em uma sociedade planificada de forma centralizada, a seleção do mais apropriado entre os métodos técnicos conhecidos só será possível se todo esse conhecimento puder ser utilizado nos cálculos da autoridade central. Na prática, isso significa que esse conhecimento terá que estar concentrado nas cabeças de uma ou, no máximo, de pouquíssimas pessoas que de fato formulam as equações a serem calculadas. É praticamente desnecessário enfatizar que esta é uma ideia absurda, mesmo no que diz respeito ao conhecimento que pode ser apropriadamente considerado "existente" a qualquer momento. Porém, grande parte do conhecimento que é realmente utilizado não está de modo algum "existente" nesta forma já pronta. Grande parte dele consiste em uma técnica de pensamento que permite ao engenheiro individual encontrar novas soluções com rapidez assim que for confrontado com

O CÁLCULO SOCIALISTA II: O ESTADO DO DEBATE (1935)

novas constelações de circunstâncias. Para assumir a praticabilidade dessas soluções matemáticas, devemos assumir que a concentração de conhecimento na autoridade central também incluiria a capacidade de descobrir qualquer melhoria de detalhes deste tipo.[5]

Há um terceiro conjunto de dados que teriam que estar disponíveis antes que a operação real de calcular o método adequado de produção e as quantidades a serem produzidas pudesse ser realizada — dados relativos à importância de diferentes tipos e quantidades de bens de consumo. Em uma sociedade em que o consumidor fosse livre para gastar sua renda como quisesse, esses dados teriam que assumir a forma de listas completas de diferentes quantidades de todas as mercadorias que seriam compradas em qualquer combinação possível de preços das diferentes mercadorias talvez disponíveis. Esses números seriam inevitavelmente referentes à natureza das estimativas para um período futuro com base na experiência passada. Contudo, a experiência passada não pode proporcionar a gama de conhecimentos necessários e, como os gostos mudam de um momento para o outro, as listas teriam que ser revisadas continuamente.

Deve ser evidente que a simples reunião desses dados consiste em uma tarefa além da capacidade humana. No entanto, se a sociedade dirigida de forma centralizada funcionasse de maneira tão eficiente quanto a sociedade competitiva, o que, por assim dizer, descentraliza a tarefa de coletá-los, eles teriam que estar presentes. Mas por enquanto vamos supor que essa dificuldade, a "mera dificuldade da técnica estatística", como é desdenhosamente referida pela maioria dos planejadores, seja mesmo superada. Esse seria apenas o primeiro passo para a solução da tarefa principal. Depois de coletar o material, ainda seria necessário elaborar as decisões concretas que isso implica. Agora, a magnitude dessa operação matemática essencial dependerá do número de incógnitas a serem determinadas. O número dessas incógnitas será igual ao número de mercadorias que devem ser produzidas. Como já vimos, temos que tratar como mercadorias diferentes todos os produtos finais a serem concluídos em momentos diferentes, cuja produção deve ser iniciada ou continuada em um determinado momento. Atualmente, mal podemos dizer qual é o seu número, mas não é um exagero supor que, em uma sociedade razoavelmente avançada, a ordem de grandeza seria pelo menos de centenas de milhares. Isso significa que, em cada momento sucessivo, todas as decisões teriam que se basear na solução de um número igual de equações diferenciais simultâneas — uma tarefa que, com qualquer dos meios conhecidos atualmente [1935], não poderia ser realizada durante uma vida. No entanto, essas decisões não só teriam que ser tomadas continuamente como também teriam que ser transmitidas de imediato para aqueles que tivessem que executá-las.

Provavelmente será dito que tal grau de exatidão não seria necessário, visto que o funcionamento do sistema econômico atual não chega nem perto disso. Mas isso não é bem verdade. É óbvio que nunca chegamos perto do estado de equilíbrio descrito pela solução desse sistema de equações. Todavia, a questão não é essa. Não devemos esperar que o equilíbrio seja alcançado a menos que todas as mudanças externas tenham cessado. O essencial acerca do sistema econômico atual é que ele reage até certo ponto a todas aquelas pequenas mudanças e diferenças que teriam que ser deliberadamente desconsideradas no sistema que estamos discutindo se os cálculos fossem manejáveis. Assim, a decisão racional seria impossível em todas essas questões de detalhe, que, no conjunto, decidem o sucesso do esforço produtivo.

É improvável que alguém que tenha percebido a magnitude da tarefa envolvida tenha proposto seriamente um sistema de planificação baseado em sistemas abrangentes de equações. O que na verdade passou pela cabeça daqueles que propuseram esse tipo de análise foi a crença de que, partindo de uma determinada situação, que presumivelmente seria a da sociedade capitalista preexistente, a adaptação às pequenas mudanças que ocorrem dia a dia poderia ser realizada gradualmente por um método de tentativa e erro. No entanto, essa sugestão padece de dois erros fundamentais. Em primeiro lugar, como já foi assinalado muitas vezes, é inadmissível supor que as mudanças nos valores relativos provocadas pela transição do capitalismo para o socialismo seriam de menor importância, permitindo assim que preços do sistema capitalista preexistente fossem utilizados como ponto de partida e, se possível, evitando um rearranjo completo do sistema de preços. Porém, mesmo se desprezarmos essa objeção bastante séria, não há a menor razão para supor que a tarefa pudesse ser resolvida dessa maneira. Precisamos apenas lembrar as dificuldades experimentadas com a fixação de preços, mesmo quando aplicada apenas a algumas mercadorias, e também considerar que, nesse sistema, a fixação de preços

O CÁLCULO SOCIALISTA II: O ESTADO DO DEBATE (1935)

teria que ser aplicada não a algumas, mas a todas as mercadorias, acabadas ou não acabadas, e que isso teria que provocar variações de preços tão frequentes e variadas como as que ocorrem em uma sociedade capitalista todos os dias e todas as horas, para percebermos que essa não é uma maneira para alcançar, mesmo que de forma aproximada, a solução proporcionada pela competição. Quase toda mudança de um único preço tornaria necessária a mudança de centenas de outros preços, e a maioria dessas outras mudanças de modo algum seriam proporcionais, mas seriam afetadas pelos diferentes graus de elasticidade da demanda, pelas possibilidades de substituição e por outras mudanças nos métodos de produção. Imaginar que todo esse ajuste pudesse ser realizado por meio de ordens sucessivas da autoridade central quando a necessidade fosse constatada, e que então todo preço fosse fixado e mudado até que algum grau de equilíbrio fosse obtido, é certamente uma ideia absurda. Que os preços possam ser fixados com base em uma visão geral da situação é pelo menos concebível, embora totalmente impraticável; mas basear a fixação de preços oficial na observação de uma pequena parte do sistema econômico é uma tarefa que não pode ser realizada racionalmente em nenhuma circunstância. Uma tentativa nesse sentido terá que ser feita nos termos da solução matemática discutida antes ou então terá que ser totalmente abandonada.

4

Devido a essas dificuldades, é compreensível que praticamente todos os que realmente tentaram pensar no problema do planejamento central tenham se desesperado com a possibilidade de resolvê-lo em um mundo em que cada capricho passageiro do consumidor tende a perturbar completamente os planos elaborados de forma tão cuidadosa. É mais ou menos consensual agora que a livre escolha do consumidor (e presumivelmente também a livre escolha profissional) e o planejamento a partir do centro são objetivos incompatíveis. No entanto, isso deu a impressão de que a imprevisibilidade dos gostos dos consumidores é o único ou o principal obstáculo para um planejamento bem-sucedido. Recentemente, Maurice Dobb seguiu isso em sua conclusão lógica, afirmando que valeria a pena o preço de abandonar a liberdade do consumidor se, com o sacrifício, o socialismo pudesse ser viabilizado.[6] Sem dúvida, esse é um passo bastante corajoso. No passado, os socialistas protestaram sistematicamente contra qualquer insinuação de que a vida no socialismo seria como uma vida em um quartel, sujeita à organização de todos os detalhes. O dr. Dobb considera essas opiniões obsoletas. Se ele encontraria muitos seguidores, se manifestasse esse ponto de vista para as massas socialistas não é uma questão que precisa nos preocupar aqui. A questão é se isso forneceria uma solução para nosso problema.

O dr. Dobb admite publicamente que abandonou a visão, agora defendida por H. D. Dickinson e outros, de que o problema poderia ou deveria ser resolvido por um tipo de sistema de preços em que os preços dos produtos finais e os preços dos agentes originais seriam determinados em algum tipo de mercado, ao passo que os preços de todos os outros produtos seriam obtidos a partir destes mediante algum sistema de cálculo. Contudo, o dr. Dobb parece padecer da curiosa ilusão de que a necessidade de qualquer precificação se deve apenas ao prejulgamento de que as preferências dos consumidores devem ser respeitadas e que, em consequência, as categorias da teoria econômica e aparentemente todos os problemas de valor deixariam de ter importância em uma sociedade socialista. "Se prevalecesse a igualdade de recompensas, as avaliações de mercado perderiam *ipso facto* sua suposta importância, uma vez que o custo do dinheiro não teria significado."

Ora, não se pode negar que a abolição da livre escolha dos consumidores simplificaria o problema em certos aspectos. Uma das variáveis imprevisíveis seria eliminada e, assim, a frequência dos reajustes necessários seria um tanto reduzida. Porém, acreditar, como o dr. Dobb acredita, que dessa maneira a necessidade de alguma forma de precificação, de uma comparação exata entre custos e resultados, seria eliminada na certa indica um completo desconhecimento do problema verdadeiro. Os preços deixariam de ser necessários apenas se pudéssemos supor que, no Estado socialista, a produção não teria um objetivo definido — que não seria dirigida de acordo com alguma ordem de preferências bem definida, por mais que fosse arbitrariamente fixada, mas que, em vez disso, o Estado tão só produziria algo e os consumidores teriam então que ficar com o que fosse produzido. O dr. Dobb pergunta qual seria a perda. A resposta é: quase tudo. Sua atitude só seria defensável se os custos determinassem o

O CÁLCULO SOCIALISTA II: O ESTADO DO DEBATE (1935)

valor, de modo que, contanto que os recursos disponíveis fossem utilizados de alguma forma, a maneira como fossem utilizados não afetasse nosso bem-estar, pois o próprio fato de terem sido utilizados conferiria valor aos produtos. No entanto, a questão sobre se vamos ter mais ou menos para consumir, se vamos manter ou elevar nosso padrão de vida, ou se vamos regredir à condição de selvagens sempre à beira da inanição depende acima de tudo de como utilizamos nossos recursos. A diferença entre uma distribuição e uma combinação de recursos econômica e não econômica entre os diferentes setores industriais é a diferença entre a escassez e a abundância. O ditador, que agrupa em ordem as diferentes necessidades dos membros da sociedade de acordo com suas opiniões acerca dos méritos deles, livrou-se do problema de descobrir o que as pessoas realmente preferem e evitou a tarefa impossível de associar as escalas individuais em uma escala comum acordada, que expressa as ideias gerais de justiça. Porém, se ele quiser seguir essa norma com algum grau de racionalidade ou consistência, se quiser alcançar o que considera serem os fins da comunidade, terá que resolver todos os problemas que já discutimos. Ele nem vai notar que seus planos não foram perturbados por mudanças imprevistas, já que as mudanças de gostos não são de forma alguma as únicas, e talvez nem mesmo as mais importantes, mudanças que não podem ser previstas. As mudanças no clima, as mudanças nos números ou no estado de saúde da população, enguiços do maquinário, a descoberta ou a exaustão repentina de um depósito mineral e centenas de outras mudanças constantes não tornarão menos necessário que ele refaça seus planos de um momento para outro. A distância ao realmente praticável e os obstáculos à ação racional terão sido apenas ligeiramente reduzidos com o sacrifício de um ideal que os poucos que se apercebessem do que significava abandonariam prontamente.

5

Nessas circunstâncias, é fácil conceber que a solução radical do dr. Dobb não teve muitos seguidores e que vários dos socialistas mais jovens buscam uma solução na direção totalmente oposta. Enquanto o dr. Dobb deseja suprimir os resquícios de liberdade ou competição que ainda são

A ORDEM ECONÔMICA E A LIVRE INICIATIVA

considerados nos esquemas socialistas tradicionais, grande parte da discussão mais recente visa a uma reintrodução completa da competição. Na Alemanha, essas propostas foram publicadas e discutidas. Porém, na Inglaterra, essas linhas de pensamento ainda estão em estágio embrionário. As sugestões do sr. Dickinson são um pequeno passo nesse sentido. Mas sabe-se que alguns dos economistas mais jovens, que pensaram nestes problemas, foram muito mais longe e estão dispostos a ir até o fim para restaurar completamente a competição, pelo menos à medida que, em sua opinião, isso é compatível com o Estado retendo a propriedade de todos os meios materiais de produção. Embora ainda não seja possível referir-se a trabalhos publicados nesses termos, o que aprendemos a seu respeito em conversas e discussões deve ser suficiente para fazer valer a pena alguma análise de seu conteúdo.[7]

Em diversos aspectos, esses planos são bastante interessantes. A ideia básica comum é que deve haver mercados e competição entre empreendedores independentes ou gestores de empresas individuais e que, em consequência, deve haver preços monetários, como na sociedade atual, para todos os bens, intermediários ou acabados, mas que esses empreendedores não devem ser proprietários dos meios de produção utilizados por eles, mas funcionários assalariados do Estado, agindo de acordo com instruções do Estado e produzindo, sem fins lucrativos, mas para poderem vender a preços que apenas cubram os custos.

É inútil perguntar se esse esquema ainda se enquadra no que normalmente é considerado socialismo. Em geral, parece que deveria ser incluído nessa categoria. A questão mais séria é saber se ainda merece a designação de planificação. Parece não envolver muito mais planificação do que a construção de um arcabouço legal racional para o capitalismo. Se pudesse ser realizada em uma forma pura, em que o direcionamento da atividade econômica fosse totalmente deixado à competição, a planificação também se restringiria à provisão de um arcabouço permanente no qual a ação concreta seria deixada para a iniciativa individual. E o tipo de planificação ou organização centralizada da produção que deveria levar a uma organização da atividade humana mais racional do que a competição "caótica" estaria completamente ausente. Porém, até que ponto isso seria realmente verdade dependeria, é claro, do grau de reintrodução da competição — ou seja, da questão crucial que aqui é decisiva em todos os

O CÁLCULO SOCIALISTA II: O ESTADO DO DEBATE (1935)

aspectos, a saber, qual será a unidade independente, aquela que compra e vende nos mercados.

À primeira vista, dois tipos principais desses sistemas parecem ser possíveis. Podemos supor que haverá competição entre os setores industriais e que cada setor é representado como se fosse uma empresa, ou que dentro de cada setor existem muitas empresas independentes que competem entre si. É só nesta última forma que essa proposta realmente escapa de grande parte das objeções ao planejamento central como tal e suscita seus próprios problemas. Esses problemas são de natureza interessantíssima. Em sua forma pura, suscitam a questão do fundamento lógico da propriedade privada em seu aspecto mais geral e fundamental. A questão, então, não é se todos os problemas de produção e distribuição podem ser decididos racionalmente por uma autoridade central, mas sim se as decisões e as responsabilidades podem ser deixadas com sucesso para indivíduos concorrentes que não são proprietários ou não estão diretamente interessados nos meios de produção sob seu comando. Será que existe alguma razão decisiva para que a responsabilidade pelo uso feito de qualquer parte do equipamento produtivo existente deva sempre estar ligada a um interesse pessoal nos lucros ou prejuízos realizados neles, ou seria realmente apenas uma questão de saber se os gestores individuais, os quais representam a comunidade no exercício de seus direitos de propriedade ao abrigo do regime em questão, atenderam aos fins comuns com lealdade e dando o melhor de si?

6

Poderemos discutir melhor essa questão quando tratarmos dos esquemas em detalhes. Porém, antes que possamos fazer isso, é necessário mostrar por que, se a competição deve funcionar satisfatoriamente, será necessário ir até o fim e não parar na reintrodução parcial da competição. Portanto, o caso que temos de considerar a seguir é o dos setores industriais completamente integrados sob uma direção central, mas competindo com outros setores industriais pelos hábitos dos consumidores e pelos fatores de produção. Esse caso assume alguma importância para além dos problemas do socialismo que nos preocupam aqui, pois é por meio da

A ORDEM ECONÔMICA E A LIVRE INICIATIVA

criação desses monopólios para produtos específicos que aqueles que defendem o planejamento no interior da estrutura do capitalismo esperam "racionalizar" o chamado "caos" da livre concorrência. Isso cria o problema geral de saber se é sempre do interesse geral planejar ou racionalizar setores individuais quando isso só é possível mediante a criação de um monopólio ou se, pelo contrário, não devemos supor que isso levará a um uso não econômico dos recursos e que as supostas economias são, na verdade, deseconomias do ponto de vista da sociedade.

O argumento teórico que mostra que em condições de monopólio generalizado não existe posição de equilíbrio determinada e que, em consequência, nessas condições, não há razão para supor que os recursos sejam utilizados da melhor maneira possível é agora bastante bem aceito. Talvez não seja inadequado abrir a discussão do que isso significaria na prática por meio de uma citação da obra de um grande estudioso que foi o principal responsável por estabelecê-la.

> Foi proposto como ideal econômico que cada ramo do comércio e da indústria fosse constituído em um sindicato distinto. A ideia tem alguns atrativos. Nem é à primeira vista moralmente repulsiva, pois onde todos são monopolistas, ninguém será vítima do monopólio. Porém, uma consideração atenta revelará um incidente bastante prejudicial à indústria: a instabilidade no valor de todos os artigos cuja demanda é influenciada pelos preços dos outros artigos, uma classe que provavelmente é muito extensa.
>
> Entre os que sofreriam com o novo regime haveria uma classe que interessa em particular aos leitores dessa publicação, a saber, os economistas abstratos, que seriam privados de seu ofício: a investigação das condições que determinam o valor. Sobreviveria apenas a escola empírica, florescendo no caos compatível com sua mentalidade.[8]

O mero fato de que os economistas abstratos seriam privados de seu ofício deveria ser apenas uma questão de gratificação para a maioria dos defensores do planejamento se não fosse que, ao mesmo tempo, a ordem que eles estudam também deixaria de existir. A instabilidade dos valores, de que fala Edgeworth, ou a indeterminação do equilíbrio, como o mesmo fato pode ser descrito em termos mais gerais, não é de forma alguma uma possibilidade apenas para perturbar os economistas teóricos. Significa, com efeito, que nesse sistema não haverá a tendência de usar os fatores disponíveis de maneira mais vantajosa, para combiná-los em cada setor industrial de um modo que a contribuição proporcionada por cada fator não seja significativamente menor do que aquela que poderia proporcionar caso fosse utilizado em outro lugar. A tendência real predominante seria ajustar a produção não de maneira que o maior retorno fosse obtido de todos os tipos de recursos disponíveis, mas que a diferença entre o valor dos fatores que podem ser utilizados em outro lugar e o valor do produto fosse maximizada. Esse foco na maximização dos lucros de monopólio em vez de na melhor utilização dos fatores disponíveis é a consequência necessária de tornar o próprio direito de produzir um bem um "fator de produção escasso". Em um mundo de tais monopólios, isso pode não ter o efeito de reduzir a produção geral, no sentido de que alguns dos fatores de produção permanecerão sem ser empregados, mas certamente terá o efeito de reduzir a produção gerando uma distribuição não econômica dos fatores entre os setores industriais. Isso continuará sendo verdade mesmo se a instabilidade temida por Edgeworth se revele de menor importância. O equilíbrio a ser alcançado seria aquele em que o melhor uso teria sido feito apenas de um "fator" escasso: a possibilidade de explorar os consumidores.

7

Essa não é a única desvantagem de uma reorganização geral do setor industrial em moldes monopolistas. As chamadas "economias" que se afirma que seriam possíveis se o setor industrial fosse "reorganizado" em moldes monopolistas demonstram ser puro desperdício em um exame mais detalhado. Em praticamente todos os casos em que o planejamento dos setores industriais individuais é defendido atualmente, o objetivo é lidar com os efeitos do progresso técnico.[9] Às vezes, afirma-se que a introdução desejável de uma inovação técnica é inviabilizada por causa da competição. Em outras ocasiões, alega-se que a competição provoca desperdício ao forçar a adoção de novas máquinas etc., quando os produtores prefeririam continuar a utilizar as antigas. Mas em ambos os casos, como pode ser facilmente demonstrado, o

A ORDEM ECONÔMICA E A LIVRE INICIATIVA

planejamento que visa impedir o que aconteceria sob competição leva ao desperdício social.

Se algum equipamento produtivo de qualquer tipo já existe, é desejável que seja utilizado desde que os custos de usá-lo (os "custos primários") sejam inferiores ao custo total de prover o mesmo serviço de forma alternativa. Se sua existência impede a introdução de equipamentos mais modernos, isso significa que os recursos necessários para produzir o mesmo produto com métodos mais modernos podem ser utilizados com mais vantagem em algum outro contexto. Se instalações fabris mais antigas e mais modernas existem lado a lado, e as empresas mais modernas são ameaçadas pela "competição acirrada" de empresas mais obsoletas, isso pode significar uma de duas coisas. Ou o método mais novo não é realmente melhor, isto é, sua introdução se baseou em um erro de cálculo e nunca deveria ter ocorrido. Nesse caso, quando os custos operacionais com o novo método são mesmo maiores do que com o antigo, a solução é, evidentemente, fechar a nova instalação fabril, mesmo que seja "tecnicamente" superior em certo sentido. Ou — e este é o caso mais provável — a situação será que, embora os custos operacionais com o novo método sejam mais baixos do que com o antigo, não são mais baixos o bastante para deixar a um preço que cubra os custos operacionais da instalação fabril antiga margem suficiente para o pagamento de juros e amortização da nova instalação fabril. Também nesse caso ocorreu um erro de cálculo. A nova instalação fabril nunca deveria ter sido construída. Porém, uma vez que foi construída, a única maneira pela qual o público pode obter pelo menos algum benefício do capital que foi mal direcionado é permitir que os preços caiam a um nível competitivo e que parte do valor do capital das novas empresas seja amortizada. Manter artificialmente os valores de capital da nova instalação fabril por meio do fechamento compulsório da antiga significaria simplesmente tributar o consumidor em benefício do proprietário da nova instalação fabril sem nenhum benefício compensatório sob a forma de aumento ou melhoria da produção.

Tudo isso fica ainda mais claro no caso não raro em que a nova instalação fabril é realmente superior no sentido de que, se ainda não tivesse sido construída, seria vantajoso construí-la agora; no entanto, quando as empresas que a utilizam enfrentam dificuldades financeiras porque a instalação foi construída em uma época de valores inflacionados, em consequência se encontram oneradas com uma dívida excessiva. Diz-se que casos como este, em que as empresas tecnicamente mais eficientes são, ao mesmo tempo, as menos sólidas financeiramente, são frequentes em alguns setores industriais ingleses. Mas também aqui, qualquer tentativa de preservar os valores de capital suprimindo a competição das empresas menos modernas só pode ter o efeito de permitir que os produtores mantenham os preços mais altos do que seriam normalmente, apenas no interesse dos acionistas. O caminho correto do ponto de vista social é depreciar o capital inflacionado a um nível mais apropriado, e a competição em potencial das empresas menos modernas tem, portanto, o efeito benéfico de reduzir os preços a um nível adequado aos custos de produção atuais. Os capitalistas que investiram em um momento infeliz podem não gostar disso, mas é sem dúvida do interesse social.

Os efeitos do planejamento para preservar os valores de capital são talvez ainda mais prejudiciais quando assumem a forma de retardar a introdução de novas invenções. Se abstrairmos, como provavelmente temos o direito de fazer, do caso em que há razão para supor que a autoridade de planejamento possui maior visão e é mais qualificada para avaliar a probabilidade de progresso técnico adicional do que o empreendedor individual, haverá de ficar claro que qualquer tentativa nesse sentido deve ter o efeito de que aquilo que deveria eliminar o desperdício é, de fato, a causa do desperdício. Considerando uma visão razoável por parte do empreendedor, uma nova invenção será introduzida somente se possibilitar prover os mesmos serviços que estavam disponíveis antes com um dispêndio menor dos recursos correntes (isto é, com um sacrifício menor de outros usos possíveis desses recursos) ou prover melhores serviços com um dispêndio que não seja proporcionalmente maior. A queda dos valores de capital dos instrumentos existentes que sem dúvida se seguirá não será de forma alguma uma perda social. Se o capital puder ser empregado para outros fins, uma queda de seu valor em seu uso atual abaixo do que alcançaria em outro lugar será uma indicação distinta de que ele deveria ser transferido. Se o capital não tiver outro uso além do atual, seu valor anterior interessará apenas como indicação de quanto o custo de produção deve ser reduzido pela nova invenção antes que se torne racional abandoná-lo por completo. Os únicos interessados na manutenção do valor do capital já investido são seus proprietários. No entanto, a única maneira de fazer isso

A ORDEM ECONÔMICA E A LIVRE INICIATIVA

nessas circunstâncias é negando aos outros membros da sociedade as vantagens da nova invenção.

8

Provavelmente será objetado que essas restrições podem ser verdadeiras em relação aos monopólios capitalistas que visam à maximização dos lucros, mas que, com certeza, não seriam verdadeiras no que concerne aos setores industriais integrados de um Estado socialista cujos gestores teriam instruções para praticar preços que apenas cobrissem os custos. É verdade que a seção anterior foi essencialmente uma digressão sobre o planejamento no capitalismo. Contudo, isso nos permitiu não só examinar algumas das supostas vantagens em geral associadas a qualquer forma de planejamento como também apontar certos problemas que necessariamente acompanharão o planejamento no socialismo. Voltaremos a encontrar alguns desses problemas mais à frente. Por enquanto, porém, devemos nos concentrar de novo no caso em que os setores industriais monopolizados são conduzidos não para obterem o maior lucro, mas sim para que atuem como se a competição existisse. Será que a instrução de que devem visar a preços que apenas cobrirão o custo (marginal) proporciona mesmo um critério claro de ação?

É neste contexto que quase parece como se a preocupação excessiva com as condições de um hipotético estado de equilíbrio estacionário tivesse levado os economistas modernos em geral, e sobretudo aqueles que propõem essa solução específica, a atribuir à noção de custos em geral uma muito maior precisão e certeza do que se pode atribuir a qualquer fenômeno de custos na vida real. Sob condições de competição generalizada, o termo "custo de produção" possui, de fato, um significado muito preciso. Porém, assim que deixamos o âmbito da competição extensiva e de um estado estacionário e consideramos um mundo onde grande parte dos meios de produção existentes é o produto de processos específicos que provavelmente jamais se repetirão — onde, em consequência da mudança incessante, o valor de grande parte dos instrumentos de produção mais duráveis tem pouca ou nenhuma conexão com os custos que foram incorridos em sua produção, mas depende apenas dos serviços que se

O CÁLCULO SOCIALISTA II: O ESTADO DO DEBATE (1935)

espera que prestem no futuro —, a questão de quais são exatamente os custos de produção de um determinado produto é uma questão de extrema dificuldade que não pode ser respondida definitivamente com base em quaisquer processos que ocorram no interior da firma individual ou do setor industrial. É uma questão que não pode ser respondida sem que primeiro se façam algumas suposições quanto aos preços dos produtos em cuja produção serão utilizados os mesmos instrumentos. Grande parte do que costuma ser denominado "custo de produção" não é realmente um elemento de custo dado independentemente do preço do produto, mas sim uma quase renda, ou uma cota de depreciação que tem de ser permitida no valor capitalizado das quase rendas esperadas e, portanto, depende dos preços que se espera que venham a prevalecer no futuro.

Para cada empresa individual em um setor competitivo, essas quase rendas, embora dependentes dos preços, não são uma orientação menos confiável e indispensável para a determinação do volume adequado de produção do que o custo verdadeiro. Ao contrário, é só assim que alguns dos fins alternativos que são afetados pela decisão podem ser levados em conta. Consideremos o caso de algum instrumento de produção único, que nunca será substituído e que não pode ser utilizado fora do setor industrial monopolizado e que, portanto, não possui preço de mercado. Sua utilização não implica custos que podem ser determinados independentemente do preço de seu produto. No entanto, se for durável e puder ser consumido mais ou menos rapidamente, seu desgaste deve ser contabilizado como custo real se o volume adequado de produção for racionalmente determinado a qualquer momento. Isso é válido não só porque seus possíveis serviços no futuro têm que ser comparados com os resultados de um uso mais intensivo no presente, mas também porque, enquanto existir, economiza os serviços de algum outro fator que seria necessário para substituí-lo e que, não obstante, pode ser utilizado para outros fins. O valor dos serviços deste instrumento é aqui determinado pelos sacrifícios envolvidos na próxima melhor forma de produzir o mesmo produto; e esses serviços, portanto, precisam ser economizados porque algumas satisfações alternativas dependem deles de maneira indireta. Porém, seu valor pode ser determinado apenas se a competição real ou potencial de outros possíveis métodos de produção do mesmo produto puder influenciar seu preço.

A ORDEM ECONÔMICA E A LIVRE INICIATIVA

O problema que surge aqui é bem conhecido no campo da regulamentação dos serviços de utilidade pública. O problema de como, na ausência de competição real, seus efeitos podem ser simulados e os órgãos monopolistas podem ser obrigados a cobrar preços equivalentes aos preços competitivos tem sido amplamente discutido nesse contexto. No entanto, todas as tentativas de solução fracassaram e, como foi recentemente demonstrado por R. F. Fowler,[10] elas estavam fadadas ao fracasso porque as instalações fixas são muito usadas e um dos elementos de custo mais importantes, os juros e a depreciação dessa instalação, só pode ser determinado depois de conhecido o preço que será obtido pelo produto.

Mais uma vez, pode-se objetar que essa é uma consideração que talvez seja relevante em uma sociedade capitalista, mas que, dado que mesmo em uma sociedade capitalista, os custos fixos são desconsiderados na determinação do volume de produção de curto prazo, eles também podem, com muito mais razão, ser desconsiderados em uma sociedade socialista. Mas não é assim. Se a disposição racional dos recursos deve ser tentada, e sobretudo se as decisões desse tipo devem ser deixadas aos gestores do setor industrial individual, com certeza é necessário proporcionar a reposição do capital a partir da receita bruta do setor, e também será necessário que os retornos desse capital reinvestido sejam pelo menos tão altos quanto seriam em outros lugares. Seria tão enganoso no socialismo quanto em uma sociedade capitalista determinar o valor do capital que deve ser recuperado em alguma base histórica, como o custo de produção passado dos instrumentos em questão. O valor de qualquer instrumento específico, e, portanto, o valor de seus serviços que devem ser contabilizados como custo, deve ser determinado a partir de uma consideração dos retornos esperados, tendo em conta todas as formas alternativas pelas quais o mesmo resultado pode ser obtido e todos os usos alternativos aos quais pode ser dado. Todas aquelas questões de obsolescência em razão do progresso técnico ou mudança de necessidades, que foram discutidas na seção 7, entram aqui no problema. Fazer um monopolista cobrar o preço que vigoraria sob competição, ou um preço igual ao custo necessário, é impossível, porque o custo competitivo ou necessário não pode ser conhecido a menos que exista competição. Isso não quer dizer que o gestor do setor monopolizado no socialismo continuará, contra suas instruções, a obter lucros de monopólio. Mas significa que, uma vez que não há como

O CÁLCULO SOCIALISTA II: O ESTADO DO DEBATE (1935)

testar as vantagens econômicas de um método de produção em comparação com outro, o lugar dos lucros de monopólio será ocupado pelo desperdício não econômico.

Há também a questão adicional de saber se, sob condições dinâmicas, os lucros não cumprem uma função necessária, e se não são a principal força de equilíbrio que gera a adaptação a qualquer mudança. Certamente, quando há competição no setor, a questão de saber se é aconselhável abrir ou não uma nova empresa pode ser decidida apenas com base nos lucros obtidos pelos setores já existentes. Pelo menos no caso da competição mais completa que ainda temos que discutir, os lucros como incentivo à mudança não podem ser dispensados. Mas podemos conceber que, quando qualquer produto é fabricado por uma única empresa, ela adaptará o volume de sua produção à demanda sem variar o preço do produto, exceto à medida que o custo varie. Entretanto, como então se deve decidir quem vai receber os produtos antes que a oferta alcance o aumento da demanda? Ainda mais importante, como é a preocupação de decidir se se justifica incorrer no custo inicial de trazer fatores adicionais ao local de produção? Grande parte do custo de movimentação ou transferência do trabalho e de outros fatores é da natureza do investimento de capital não recorrente que só se justifica se os juros à taxa de mercado puderem ser auferidos sobre as somas envolvidas. Os juros sobre tais investimentos não tangíveis relacionados com a implantação ou expansão de uma instalação fabril (a "boa vontade", que não é só uma questão de popularidade com os compradores, mas igualmente de ter todos os fatores necessários reunidos no local adequado) constituem certamente um fator bastante essencial nesses cálculos. Contudo, uma vez que esses investimentos tenham sido realizados, não pode em nenhum sentido ser considerado como custo, mas aparecerá como lucro, o que mostra que se justificou o investimento original.

Essas não são todas as dificuldades que surgem em relação à ideia de uma organização da produção em termos de monopólios estatais. Não dissemos nada acerca do problema da delimitação dos setores industriais individuais, do problema do *status* de uma empresa que fornece equipamentos necessários em várias linhas de produção diferentes ou dos critérios pelos quais o sucesso ou o fracasso de qualquer um dos gestores seria julgado. Um "setor industrial" deve incluir todos os processos que levam a um

A ORDEM ECONÔMICA E A LIVRE INICIATIVA

único produto final ou deve incluir todas as instalações fabris que produzem o mesmo produto imediato, em qualquer processo adicional que seja utilizado? Em ambos os casos, a decisão também envolverá uma decisão a respeito dos métodos de produção a serem adotados. Se cada setor industrial deve produzir suas próprias ferramentas ou se deve comprá-las de outro setor industrial que as produz em grande escala afetará basicamente a questão de saber se será vantajoso empregar um instrumento específico. No entanto, esses problemas ou problemas muito semelhantes terão que ser discutidos detalhadamente em relação às propostas de readmissão da competição de uma forma muito mais completa. Todavia, o que foi dito aqui parece suficiente para mostrar que, caso se deseje preservar a competição no Estado socialista para resolver o problema econômico, não ajudaria muito chegar a uma solução satisfatória para percorrer apenas a metade do caminho. Somente se a competição existir não apenas *entre* mas também *dentro* dos diferentes setores industriais podemos esperar que ela atenda a seu propósito. Neste momento, devemos nos voltar para o exame de um sistema mais completamente competitivo.

9

À primeira vista, não é evidente por que um sistema socialista com competição dentro dos setores industriais, assim como entre eles, não deveria funcionar tão bem ou tão mal quanto o capitalismo competitivo. Todas as dificuldades que podemos esperar que surjam parecem propensas a ser apenas de caráter psicológico ou moral sobre o qual muito pouco de definitivo pode ser dito. É fato que os problemas que surgem em relação a esse sistema são de natureza um tanto diferente dos que surgem em um sistema "planificado", embora no exame se mostrem não muito diferentes como podem parecer a princípio.

Nesse caso, as questões cruciais são: qual deve ser a unidade de negócios independente? Quem deve ser o gestor? Que recursos devem ser confiados a ele e como seu sucesso ou fracasso deve ser testado? Como veremos, esses não são de forma alguma apenas problemas administrativos menores, questões de recursos humanos como aquelas que precisam ser resolvidas em qualquer grande organização atualmente, mas sim

O CÁLCULO SOCIALISTA II: O ESTADO DO DEBATE (1935)

problemas importantes cuja solução afetará a estrutura do setor industrial quase tanto quanto as decisões de uma autoridade de planejamento real.

Para começar, deve ficar claro que a necessidade de alguma autoridade econômica central não diminuirá significativamente. Também é evidente que essa autoridade terá de ser quase tão poderosa quanto em um sistema planificado. Se a comunidade é a proprietária de todos os recursos materiais da produção, alguém terá que exercer esse direito em seu nome, pelo menos no que diz respeito à distribuição e ao controle da utilização desses recursos. Não é possível conceber essa autoridade central simplesmente como uma espécie de superbanco que empresta os fundos disponíveis pela melhor oferta. Seria um empréstimo para pessoas que não possuem propriedades próprias. Portanto, a autoridade central assumiria todo o risco e não teria direito a uma quantia de dinheiro definida como um banco tem. Teria simplesmente direitos de propriedade de todos os recursos reais. Tampouco podem suas decisões se limitar à redistribuição de capital livre sob a forma de dinheiro e talvez de terras. Também teria que decidir se uma determinada instalação fabril ou peça de máquina deveria ser deixada para o empreendedor que a utilizou no passado, a sua avaliação, ou se deveria ser transferida para outro empreendedor que prometa um retorno maior.

Ao imaginar um sistema desse tipo, é mais caridoso supor que a distribuição inicial de recursos entre as empresas individuais será feita com base na estrutura historicamente dada do setor e que a seleção dos gestores será feita com base em alguns testes de eficiência e na experiência prévia. Se a organização existente do setor não for aceita, poderá ser melhorada ou modificada racionalmente apenas com base em um planejamento central bastante amplo, e isso nos levaria de volta aos sistemas que o sistema competitivo é uma tentativa de substituir. Porém, a aceitação da organização existente resolveria as dificuldades apenas momentaneamente. Cada mudança nas circunstâncias exigirá mudanças nessa organização, e no decurso de um espaço de tempo comparativamente curto, a autoridade central terá que efetuar uma reorganização completa.

Ela irá agir com base em quais princípios?

É evidente que, nessa sociedade, as mudanças serão tão frequentes quanto no capitalismo, e também serão imprevisíveis. Toda ação terá que se basear na antecipação de eventos futuros, e as expectativas por parte

A ORDEM ECONÔMICA E A LIVRE INICIATIVA

dos diferentes empreendedores irão diferir naturalmente. A decisão a quem confiar um determinado montante de recursos terá que ser tomada com base em promessas individuais de retorno futuro. Ou, melhor, terá que ser tomada com base na afirmação de que um certo retorno deve ser esperado com um certo grau de probabilidade. É claro que não vai haver teste objetivo para a magnitude do risco. Mas quem então deve decidir se vale a pena correr o risco? A autoridade central não terá outra base para decidir além do desempenho anterior do empreendedor. Mas como decidir se os riscos que o empreendedor correu no passado eram justificados? E sua atitude em relação a empreendimentos arriscados será a mesma que teria se arriscasse seus próprios bens?

Consideremos de início a questão de como seu sucesso ou fracasso será testado. A primeira questão será se ele conseguiu preservar o valor dos recursos que lhe foram confiados. Porém, há ocasiões em que mesmo o melhor empreendedor registra prejuízos, e de vez em quando, até prejuízos muito pesados. Ele deve ser culpado se seu capital se tornou obsoleto por causa de uma invenção ou de uma mudança na demanda? Como deve ser decidido se ele tinha o direito de correr um certo risco? O homem que nunca registra prejuízos porque nunca corre riscos é necessariamente o homem que mais atua no interesse da comunidade? Com certeza, haverá a tendência de preferir o empreendimento seguro ao arriscado.

No entanto, os empreendimentos arriscados e mesmo aqueles puramente especulativos não serão menos importantes aqui do que no capitalismo. A especialização na função de assunção de riscos por especuladores profissionais em mercadorias será uma forma de divisão de trabalho tão desejável quanto é atualmente. Mas como a magnitude do capital do especulador será determinada e como será fixada sua remuneração? Durante quanto tempo um empreendedor anteriormente bem-sucedido deve sofrer e continuar registrando prejuízos? Se o ônus pelo prejuízo for a renúncia à posição de "empreendedor", não será quase inevitável que a possível chance de ter um prejuízo funcione como um dissuasor tão forte que superará a chance de ter o maior lucro? No capitalismo, a perda de capital também pode significar a perda de *status* como capitalista. Porém, em relação a esse dissuasor, existe sempre a atração do possível ganho. No socialismo, isso não existe. É até concebível que a relutância geral em empreender qualquer negócio arriscado possa reduzir a taxa de juros a quase

O CÁLCULO SOCIALISTA II: O ESTADO DO DEBATE (1935)

zero. Mas isso seria uma vantagem para a sociedade? Caso se devesse apenas ao fato de todos os canais absolutamente seguros de investimento estarem saciados, seria obtido com o sacrifício de toda experimentação como métodos novos e não testados. Mesmo que o progresso esteja associado inevitavelmente como o que costuma ser chamado de "desperdício", não valeria a pena se, no todo, os ganhos excederem as perdas?

No entanto, voltando ao problema da distribuição e do controle dos recursos, resta a questão muito séria de como decidir a curto prazo se uma empresa em atividade está fazendo o melhor uso de seus recursos. Mesmo se estiver tendo lucros ou prejuízos, é uma questão que dependerá da estimativa dos retornos futuros esperados de seu equipamento. Seus resultados poderão ser determinados somente se um valor definido for dado a sua instalação fabril existente. Qual deverá ser a decisão se outro empreendedor prometer obter um retorno maior da instalação fabril (ou mesmo de uma máquina individual) do que aquele em que o usuário atual baseia sua avaliação? A instalação fabril ou a máquina deverá ser tirada dele e dada a outro homem com base meramente em sua promessa? Esse pode ser um caso extremo, mas apenas ilustra a mudança constante de recursos entre empresas que ocorre no capitalismo e que seria igualmente vantajosa em uma sociedade socialista. Em uma sociedade capitalista, as transferências de capital dos empreendedores menos eficientes para os mais eficientes são realizadas pelos primeiros registrando prejuízos, e pelos últimos, obtendo lucros. A questão de quem deve ter o direito a recursos de risco e do quanto lhe deve ser confiado é decidida aqui pelo homem que conseguiu obtê-los e mantê-los. No Estado socialista, a questão será decidida segundo os mesmos princípios? O gestor de uma empresa terá a liberdade para reinvestir os lucros onde e quando considerar que vale a pena? No momento, ele comparará o risco envolvido em uma maior expansão do empreendimento atual com o resultado que obterá se investir em outro lugar ou se consumir seu capital. Será que a consideração das vantagens alternativas que a sociedade pode obter desse capital tem o mesmo peso nesse cálculo de risco e ganho que teria seu próprio ganho ou sacrifício alternativo?

A decisão acerca do montante de capital a ser ofertado a um empreendedor individual e a decisão assim em questão quanto ao tamanho da empresa individual sob um controle único são, de fato, decisões sobre a

A ORDEM ECONÔMICA E A LIVRE INICIATIVA

combinação mais adequada de recursos.[11] Caberá à autoridade central decidir se uma instalação fabril situada em um lugar deverá ser ampliada em vez de uma outra instalação fabril situada em outro lugar. Tudo isso envolve planejamento por parte da autoridade central praticamente na mesma escala como se ela estivesse de fato gerindo a empresa. Embora muito provavelmente o empreendedor individual receba algum mandato contratual definido para administrar a instalação fabril que lhe foi confiada, todos os novos investimentos serão necessariamente dirigidos de forma centralizada. Essa divisão na disposição dos recursos teria então apenas o efeito de que nem o empreendedor, nem a autoridade central estariam realmente em posição de planejar, e que seria impossível avaliar a responsabilidade por erros. Supor que é possível criar condições de plena competição sem fazer com que aqueles que são responsáveis pelas decisões paguem por seus erros parece ser pura ilusão. Na melhor das hipóteses, será um sistema de quase competição em que a pessoa realmente responsável não será o empreendedor, mas sim o funcionário que aprova suas decisões. Em consequência, surgirão todas as dificuldades em relação à livre iniciativa e à avaliação da responsabilidade que são em geral associadas à burocracia.[12]

10

Sem pretender nenhum caráter definitivo para essa discussão sobre pseudocompetição, pelo menos se pode alegar que sua administração bem-sucedida apresenta obstáculos consideráveis e que isso suscita inúmeras dificuldades que devem ser superadas antes que possamos acreditar que seus resultados se aproximarão dos da competição baseada na propriedade privada dos meios de produção. Deve-se dizer que, em seu estado atual, mesmo considerando seu caráter provisório e preliminar, essas propostas parecem mais impraticáveis do que menos, em comparação com as propostas socialistas mais antigas de um sistema econômico planificado de forma centralizada. É verdade, ainda mais verdadeiro do que no caso do planejamento propriamente dito, que todas as dificuldades que foram criadas se devem "apenas" às imperfeições da mente humana. Porém, embora isso torne ilegítimo afirmar que essas propostas são "impossíveis" em qualquer sentido absoluto, não é menos verdade que esses

O CÁLCULO SOCIALISTA II: O ESTADO DO DEBATE (1935)

obstáculos gravíssimos para a concretização do fim desejado existem e que não parece haver maneira de que eles possam ser superados.

Em vez de discutir mais as dificuldades detalhadas suscitadas por essas propostas, talvez seja mais interessante considerar qual o real significado de tantos daqueles socialistas mais jovens que estudaram seriamente os problemas econômicos envolvidos no socialismo terem abandonado a crença em um sistema econômico planificado de forma centralizada e depositado sua fé na esperança de que a competição possa ser mantida mesmo que a propriedade privada seja abolida. Por enquanto, vamos supor que seja possível desse modo chegar muito perto dos resultados que um sistema competitivo baseado na propriedade privada alcança. Será que está totalmente compreendido o quanto das esperanças em geral associadas a um sistema socialista já foi abandonado quando se propõe substituir o sistema planificado de forma centralizada, que era considerado bastante superior a qualquer sistema competitivo, uma imitação mais ou menos bem-sucedida da competição? Quais são as vantagens que restarão para compensar a perda de eficiência que, se levarmos em consideração nossas objeções anteriores, parece que haverá de ser o efeito inevitável do fato de que sem a propriedade privada a competição será necessariamente um tanto restrita e que, portanto, algumas das decisões terão que ser deixadas a cargo da decisão arbitrária da autoridade central?

Com efeito, as ilusões que devem ser abandonadas com a ideia de um sistema planificado de forma centralizada são bastante consideráveis. A esperança de uma produtividade muitíssimo superior de um sistema planificado em relação à produtividade de uma competição "caótica" teve que dar lugar à expectativa de que o sistema socialista possa quase se igualar ao sistema capitalista em produtividade. A esperança de que a distribuição de renda possa ser realizada por completo independentemente do preço dos serviços prestados e baseada exclusivamente em considerações de justiça, de preferência no sentido de uma distribuição igualitária, deve ser substituída pela expectativa de que será possível utilizar parte da renda dos fatores materiais de produção para suplementar a renda do trabalho. A esperança de que o "sistema salarial" seria abolido, de que os gestores de uma empresa ou de um setor industrial socializado agiriam de acordo com princípios totalmente diferentes dos do capitalista em busca de lucro, provou ser igualmente errada. Embora não tenha havido oportunidade para

A ORDEM ECONÔMICA E A LIVRE INICIATIVA

discutir esse ponto em detalhes, o mesmo deve ser dito da expectativa de que tal sistema socialista evitaria crises e desemprego. Um sistema planificado de forma centralizada, embora não pudesse evitar cometer erros ainda mais graves do tipo que leva a crises no capitalismo, teria pelo menos a vantagem de que seria possível dividir as perdas igualmente entre todos os seus membros. Seria superior a esse respeito uma vez que fosse possível reduzir os salários por decreto quando se considerasse a necessidade disso para corrigir os erros. Porém, não há razão para que um sistema socialista competitivo esteja em melhor posição para evitar crises e desemprego do que o capitalismo competitivo. Talvez uma política monetária inteligente possa reduzir a severidade de ambos, mas não há possibilidades a esse respeito no socialismo competitivo que não existiriam do mesmo modo no capitalismo.

Claro que contra tudo isso existe a vantagem de que seria possível melhorar a posição relativa da classe trabalhadora dando-lhe uma parte nos rendimentos da terra e do capital. Afinal, esse é o objetivo principal do socialismo. Mas o fato de ser possível melhorar sua posição em relação à dos capitalistas não significa que suas rendas absolutas serão maiores ou que permanecerão tão altas quanto antes. A esse respeito, o que vai acontecer depende inteiramente do grau de redução da produtividade geral. Deve ser mais uma vez assinalado aqui que não é possível que as considerações gerais do tipo que podem ser apresentadas em um ensaio curto levem a alguma conclusão decisiva. Só pela aplicação intensiva da análise nesses termos aos fenômenos do mundo real é que se pode chegar a estimativas aproximadas da importância quantitativa dos fenômenos que foram discutidos aqui. Sobre esse aspecto, as opiniões serão naturalmente diferentes. Mas mesmo que pudesse ser acordado sobre quais seriam exatamente os efeitos de qualquer um dos sistemas propostos acerca da renda nacional, ainda haveria a questão adicional de saber se qualquer redução dada, fosse de sua magnitude absoluta atual, fosse de sua taxa futura de progresso, não seria um preço muito alto a pagar para a realização do ideal ético da maior igualdade de renda. Quanto a essa questão, claro que o argumento científico deve dar lugar à convicção individual.

Mas pelo menos a decisão não pode ser tomada antes que as alternativas sejam conhecidas, antes que se saiba pelo menos de modo aproximado qual é o preço que terá que ser pago. Que ainda exista tanta confusão

O CÁLCULO SOCIALISTA II: O ESTADO DO DEBATE (1935)

neste campo e que as pessoas ainda se recusem a admitir que é impossível ter o melhor de dois mundos se deve sobretudo ao fato de que a maioria dos socialistas tem pouca ideia de como realmente seria o sistema que defendem, seja um sistema planificado ou competitivo. No momento, é uma tática eficaz por parte dos socialistas contemporâneos deixar esse ponto no escuro e, embora aleguem todos os benefícios que costumavam ser associados ao planejamento central, referir-se à competição quando são questionados sobre como vão resolver uma dificuldade específica. Porém, ninguém ainda demonstrou como o planejamento e a competição podem ser racionalmente combinados; e, enquanto isso não for feito, na certa teremos o direito de insistir que essas duas alternativas sejam mantidas claramente separadas e que qualquer um que defenda o socialismo deva decidir por uma ou pela outra e, então, demonstrar como se propõe a superar as dificuldades inerentes ao sistema escolhido.

11

Não há a pretensão de que as conclusões alcançadas aqui no exame das construções socialistas alternativas devam ser necessariamente definitivas. Porém, uma coisa parece emergir das discussões dos últimos anos com força incontestável: que hoje ainda não estamos intelectualmente equipados para melhorar o funcionamento de nosso sistema econômico por meio do "planejamento" ou para resolver o problema da produção socialista de qualquer outra maneira sem prejudicar muito consideravelmente a produtividade. O que está faltando não é "experiência", mas sim domínio intelectual de uma questão que até agora aprendemos apenas a formular, mas não a responder. Ninguém iria querer excluir todas as possibilidades de que uma solução ainda possa ser encontrada. Contudo, em nosso estado atual de conhecimento, devem permanecer sérias dúvidas sobre se tal solução pode ser encontrada. Pelo menos devemos encarar a possibilidade de que, nos últimos cinquenta anos, o pensamento tenha seguido pelas linhas erradas, atraído por uma noção que, examinada de perto, se provou não realizável. Se esse foi o caso, não haveria prova de que teria sido desejável permanecer onde estávamos antes que essa tendência se estabelecesse, mas apenas que um desenvolvimento em outra direção teria sido mais vantajoso. De fato, há alguma razão para supor que, por exemplo, poderia ter sido mais racional buscar um funcionamento mais suave da competição do que a obstruir por tanto tempo com todos os tipos de tentativas de planejamento que quase todas as alternativas parecessem preferíveis às condições existentes.

No entanto, se nossas conclusões sobre os méritos das crenças, que sem dúvida são uma das principais forças motrizes de nosso tempo, são essencialmente negativas, isso decerto não é motivo de satisfação. Em um mundo inclinado ao planejamento, nada poderia ser mais trágico do que a conclusão inevitável de que a persistência nesse rumo deve levar à decadência econômica. Mesmo que já exista alguma reação intelectual em andamento, restam poucas dúvidas de que, por muitos anos, o movimento continuará na direção do planejamento. Portanto, nada poderia fazer mais para aliviar a escuridão absoluta com que o economista hoje deve olhar para o futuro do mundo do que se pudesse mostrar que há uma maneira possível e viável para superar suas dificuldades. Mesmo para aqueles que não simpatizam com todos os fins últimos do socialismo, há fortes motivos para desejar que, agora que o mundo está se movendo nessa direção, isso seja viável, e uma catástrofe seja evitada. No entanto, deve-se admitir que atualmente parece, para dizer o mínimo, bastante improvável que essa solução possa ser encontrada. É significativo que até aqui as menores contribuições para essa solução tenham vindo daqueles que defendiam o planejamento. Se algum dia se chegar a uma solução, isso se deverá mais aos críticos, que pelo menos deixaram clara a natureza do problema — mesmo que tenham perdido a esperança de encontrar uma solução.

CAPÍTULO IX

O cálculo socialista III: A "solução" competitiva*

1

Dois capítulos na discussão sobre a economia do socialismo podem agora ser considerados encerrados. O primeiro trata da crença de que o socialismo prescindirá totalmente do cálculo em termos de valor e o substituirá por algum tipo de cálculo *in natura* baseado em unidades de energia ou em alguma outra grandeza física. Embora essa visão ainda não esteja extinta e ainda seja mantida por alguns cientistas e engenheiros, foi definitivamente abandonada pelos economistas. O segundo capítulo encerrado lida com a proposta de que os valores, em vez de serem deixados para ser determinados pela competição, deveriam ser encontrados por um processo de cálculos realizado pela autoridade de planejamento, que utilizaria a técnica da economia matemática. Quanto a esta sugestão, Pareto (que, curiosamente, às vezes é citado como tendo essa visão) já disse que provavelmente continuará a ser a palavra final. Depois de mostrar como um sistema de equações simultâneas pode ser utilizado para explicar o que determina os preços em um mercado, ele acrescenta:

---

* Reimpresso de *Economica,* Vol. VII, no 26 (new ser.; maio de 1940). Os dois livros com os quais este capítulo está principalmente relacionado — *On the Economic Theory of Socialism,* ed. B. E. Lippincott (Minneapolis, 1938), de Oskar Lange e Fred M. Taylor, e *Economics of Socialism* (Oxford, 1939), de H. D. Dickinson.

A ORDEM ECONÔMICA E A LIVRE INICIATIVA

Podemos mencionar aqui que essa determinação não tem em absoluto o propósito de chegar a um cálculo numérico dos preços. Façamos a pressuposição mais favorável para esse cálculo, suponhamos que superamos todas as dificuldades para encontrar os dados do problema e que conhecemos as ofelimidades* de todas as mercadorias distintas para cada indivíduo e todas as condições para a produção de todas as mercadorias etc. Essa já é uma hipótese absurda de fazer. No entanto, não é suficiente para possibilitar a solução do problema. Vimos que no caso de 100 pessoas e 700 mercadorias, haverá 70.699 condições (na verdade, um grande número de circunstâncias que até agora desprezamos aumentará ainda mais esse número); portanto, teremos que resolver um sistema de 70.699 equações. Isso quase supera o poder da análise algébrica, e isso é ainda mais verdadeiro se considerarmos o número fabuloso de equações que obtemos para uma população de 40 milhões de pessoas e vários milhares de mercadorias. Nesse caso, os papéis seriam trocados: não seria a matemática que ajudaria a economia política, mas sim a economia política que ajudaria a matemática. Em outras palavras, se realmente pudéssemos conhecer todas essas equações, a única maneira disponível de resolvê-las para as capacidades humanas seria observar a solução prática dada pelo mercado.[1]

Neste artigo, nossa preocupação principal será com o terceiro estágio dessa discussão, para a qual a questão agora já foi definida claramente pela elaboração de propostas para um socialismo competitivo pelo professor Lange e pelo dr. Dickinson. Entretanto, como a importância do resultado das discussões anteriores não raramente é representada de uma maneira que se aproxima muito de uma inversão da verdade, e como pelo menos um dos dois livros a serem discutidos não está totalmente livre dessa tendência, algumas observações adicionais sobre a verdadeira importância dos desenvolvimentos anteriores parecem necessárias.

---

* A palavra ofelimidade (ophélimité) foi criada pelo economista francês Vilfredo Pareto (1848-1923) para designar o caráter de uma coisa qualquer que corresponde ao nosso desejo. Raramente, essa palavra aparece na literatura econômica da atualidade, a não ser quando alguém se refere à riqueza potencial do país.

O CÁLCULO SOCIALISTA III: A "SOLUÇÃO" COMPETITIVA

O primeiro ponto está relacionado com a natureza da crítica original dirigida contra as concepções mais primitivas do funcionamento de uma economia socialista que foram vigentes até por volta de 1920. A ideia então corrente (e ainda defendida, por exemplo, por Otto Neurath) é bem expressada por Engels em *Anti-Dühring*, quando ele afirma que o plano social de produção "será estabelecido de maneira muito simples, sem a intervenção do famoso 'valor'". Foi contra essa crença generalizada que N. G. Pierson, Ludwig von Mises e outros assinalaram que, se a comunidade socialista quisesse agir racionalmente, seu cálculo teria que ser orientado pelas mesmas leis *formais* que se aplicavam a uma sociedade capitalista. Parece ser especialmente necessário salientar o fato de que este foi um ponto levantado pelos críticos dos planos socialistas, dado que o professor Lange e, em particular, seu editor,[2] agora parecem inclinados a sugerir que a demonstração de que os princípios formais da teoria econômica se aplicam a uma economia socialista fornece uma resposta a esses críticos. O fato é que nunca foi negado por ninguém, com exceção dos socialistas, que esses princípios formais *deveriam* se aplicar a uma sociedade socialista, e a questão levantada por Mises e outros não foi se eles deveriam ser aplicados, mas se poderiam, na prática, ser aplicados na ausência de um mercado. Portanto, é totalmente irrelevante que Lange e outros citem Pareto e Barone, afirmando que estes mostraram que os valores em uma sociedade socialista dependeriam essencialmente dos mesmos fatores que em uma sociedade competitiva. Claro que isso já tinha sido mostrado muito antes, sobretudo por Wieser. Porém, nenhum desses autores tentou mostrar como esses valores, que uma sociedade socialista deveria utilizar se quisesse agir racionalmente, podem ser encontrados, e Pareto, como vimos, negou expressamente que pudessem ser determinados por meio de cálculo.

Então, a este respeito, parece que as críticas aos primeiros esquemas socialistas foram tão bem-sucedidas que os defensores, com poucas exceções,[3] se sentiram obrigados a adotar o argumento de seus críticos e foram forçados a construir esquemas completamente novos, nunca antes concebidos. Contra a ideia mais antiga de que seria possível planejar racionalmente sem cálculos em termos de valor, pode-se argumentar com razão que seria logicamente impossível; as propostas mais recentes elaboradas para determinar valores por algum processo diferente da competição baseada na

·propriedade privada suscitam um problema de uma espécie diferente. Contudo, é certamente injusto dizer, como Lange faz, que os críticos, por lidarem de uma nova maneira com os novos esquemas desenvolvidos para satisfazer as críticas originais, "abriram mão do ponto essencial" e "recuaram para uma segunda linha de defesa".[4] Será que não se trata antes de encobrir seu próprio recuo criando confusão sobre o assunto?

Há um segundo ponto em que a apresentação de Lange acerca do estado atual do debate é bastante enganosa. O leitor de seu estudo mal pode evitar a impressão de que a ideia de que os valores deveriam e poderiam ser determinados pelo uso da técnica da economia matemática — isto é, pela resolução de milhões de equações — é uma invenção maliciosa dos críticos, cuja intenção é ridicularizar os esforços dos autores socialistas modernos. O fato, que Lange não poderia desconhecer, é, lógico, que esse procedimento foi mais de uma vez seriamente sugerido pelos autores socialistas como uma solução para a dificuldade — entre outros, pelo dr. Dickinson, que agora, no entanto, revoga expressamente essa sugestão anterior.[5]

2

Chegamos agora ao terceiro estágio do debate com a proposta de resolver os problemas de determinação dos valores pela reintrodução da competição. Há cinco anos, quando o presente autor tentou avaliar a importância dessas tentativas,[6] foi necessário recorrer ao que poderia ser reunido da discussão oral entre os economistas socialistas, pois nenhuma exposição sistemática das bases teóricas do socialismo competitivo estava então disponível. Essa lacuna agora foi preenchida pelos dois livros que discutiremos aqui. O primeiro contém a reimpressão de um ensaio de Lange, publicado originalmente em 1936 e 1937, juntamente com um artigo mais antigo do falecido professor Taylor (datado de 1928) e uma introdução do editor, B. E. Lippincott, que, além de uma reafirmação totalmente desnecessária do argumento de Lange em termos mais crus, também contém elogios desmedidos e também afirmações extravagantes,[7] o que prejudica muito o leitor em relação ao trabalho essencialmente erudito que se segue. Embora escrito em um estilo vívido e limitado às linhas gerais do assunto, enfrenta seriamente algumas das principais dificuldades do campo.

O livro mais recente de H. D. Dickinson, que propõe basicamente a mesma solução,[8] é um estudo muito mais abrangente do campo. Sem dúvida, trata-se de um trabalho de grande distinção, bem organizado, claro e conciso, e deve se estabelecer rapidamente como a obra padrão em seu tema. De fato, para o economista, a leitura do livro proporciona o raro prazer de sentir que os avanços recentes da teoria econômica não foram em vão e até ajudaram a reduzir as diferenças políticas a pontos que podem ser discutidos racionalmente. Talvez o próprio dr. Dickinson concordasse que ele compartilha toda a sua economia — e, aliás, aprendeu grande parte dela — com os economistas não socialistas, e que em suas conclusões básicas da política econômica desejável de uma comunidade socialista ele se diferencia muito mais da maioria de seus colegas socialistas do que dos economistas "ortodoxos". Isso, em conjunto com a mente aberta com que o autor assume e considera os argumentos apresentados por seus oponentes, torna a discussão de suas opiniões um verdadeiro prazer. Se os socialistas, como os economistas, estiverem dispostos a aceitar seu livro como o tratamento geral mais atualizado da economia do socialismo do ponto de vista socialista, ele deverá propiciar a base para uma discussão muito mais frutífera.

Como já foi mencionado, as linhas gerais principais das soluções propostas pelos dois autores são basicamente as mesmas. Até certo ponto, ambas se valem do mecanismo competitivo para a determinação dos preços relativos. Porém, as duas se recusam a permitir que os preços sejam determinados diretamente no mercado e propõem um sistema de fixação de preços por uma autoridade central, onde o estado do mercado de uma mercadoria específica — isto é, a relação entre a demanda e a oferta — serve apenas como uma indicação para a autoridade se os preços prescritos devem ser aumentados ou baixados. Nenhum dos dois autores explica por que se recusam a ir até o fim e a restaurar o mecanismo de preços plenamente. Mas como até concordo (embora provavelmente por motivos diferentes) que isso seria impraticável em uma comunidade socialista, podemos deixar essa questão de lado por enquanto e aceitar sem questionar que, em tal sociedade, a competição não pode desempenhar perfeitamente o mesmo papel como desempenha em uma sociedade baseada na propriedade privada e que, em particular, as taxas pelas quais as mercadorias serão trocadas pelas partes no mercado terão de ser decretadas pela autoridade.

A ORDEM ECONÔMICA E A LIVRE INICIATIVA

Deixaremos os detalhes da organização proposta para consideração posterior e primeiro consideraremos o significado geral dessa solução sob três aspectos. Perguntaremos, antes de mais nada, em que medida esse tipo de sistema socialista ainda corresponde às esperanças depositadas na substituição do caos da competição por um sistema socialista planificado; em seguida, em que medida o procedimento proposto responde à dificuldade principal; e por fim, em que medida é aplicável.

O primeiro ponto, e o mais geral, pode ser tratado de maneira bastante breve, embora não seja irrelevante se quisermos vislumbrar devidamente essas novas propostas. Trata-se apenas de um lembrete de quanto da alegação original acerca da superioridade do planejamento sobre a competição deverá ser abandonado se a sociedade planificada agora tiver que se valer em grande medida da competição para a direção de suas indústrias. Até bem recentemente, pelo menos, o planejamento e a competição costumavam ser considerados como adversários, e isso, sem dúvida, ainda é verdade para quase todos os planejadores, com exceção de alguns economistas entre eles. Receio que os esquemas de Lange e Dickinson desapontarão amargamente todos os planejadores científicos que, nas palavras recentes de B. M. S. Blackett, acreditam que "o objetivo do planejamento é, em grande parte, superar os resultados da competição".[9] Isso seria ainda mais verdadeiro se fosse mesmo possível reduzir os elementos arbitrários em um sistema socialista competitivo tanto quanto acredita Dickinson, que espera que seu "socialismo libertário" "possa estabelecer, pela primeira vez na história da humanidade, um individualismo eficaz".[10] Infelizmente, como veremos, esse não deverá ser o caso.

3

A segunda questão geral que devemos considerar é até que ponto o método proposto de fixação central de preços, embora deixando que os consumidores e as empresas individuais ajustem a demanda e a oferta aos preços dados, tende a resolver o problema que reconhecidamente não pode ser resolvido pelo cálculo matemático. Aqui considero bastante difícil entender os fundamentos sobre os quais tal alegação é feita. Lange, assim como Dickinson, afirma que mesmo se o sistema inicial de preços

O CÁLCULO SOCIALISTA III: A "SOLUÇÃO" COMPETITIVA

fosse escolhido inteiramente ao acaso seria possível, por meio de tal processo de tentativa e erro, aproximar-se passo a passo do sistema apropriado.[11] Isso parece ser o mesmo que sugerir que um sistema de equações, que seria bastante complexo para ser resolvido por meio de cálculo em um tempo razoável e cujos valores estariam em constante mudança, poderia ser abordado com eficácia por meio da inserção arbitrária de valores provisórios e, depois, por meio de tentativas até que a solução adequada fosse encontrada. Ou, para mudar a metáfora, a diferença entre esse sistema de preços regulamentado e um sistema de preços determinado pelo mercado parece ser quase a mesma que existe entre um exército de ataque, em que cada unidade e cada homem poderiam se mover apenas mediante um comando especial e pela distância exata ordenada pelo quartel-general, e um exército em que cada unidade e cada homem podem tirar proveito de cada oportunidade oferecida. Claro que não há impossibilidade *lógica* de conceber um órgão diretor da economia coletiva que não seja apenas "onipresente e onisciente", como Dickinson o concebe,[12] mas também onipotente e que, portanto, estaria em posição de mudar cada preço sem demora apenas pelo valor necessário. No entanto, quando passamos a considerar o aparato real pelo qual esse tipo de ajuste deve ser realizado, começamos a nos perguntar se alguém deveria mesmo estar preparado para sugerir que, dentro do domínio da possibilidade prática, um sistema desse tipo sempre se aproximará, mesmo que a distância, da eficiência de um sistema em que as mudanças necessárias são provocadas pela ação espontânea das pessoas imediatamente envolvidas.

Mais adiante, devemos, ao considerarmos o cenário institucional proposto, voltar à questão de como esse tipo de mecanismo tende a funcionar na prática. Contudo, no que concerne à questão geral, é difícil suprimir a suspeita de que essa proposta específica tenha nascido de uma preocupação excessiva com problemas de teoria pura referentes ao equilíbrio estacionário. Se no mundo real tivéssemos que lidar com dados aproximadamente constantes, isto é, se o problema fosse encontrar um sistema de preços que pudesse ser deixado mais ou menos inalterado por longos períodos, então a proposta em consideração não seria totalmente despropositada. De fato, com dados determinados e constantes, esse estado de equilíbrio poderia ser abordado mediante o método de tentativa e erro. Porém, essa está longe de ser a situação no mundo real, onde a mudança constante é a regra. Se e até que ponto qualquer coisa que se aproxime do equilíbrio desejável poderá alcançá-lo depende inteiramente da velocidade com que os ajustes podem ser realizados. O problema prático não é se um método específico acabaria por levar a um equilíbrio hipotético, mas sim qual método assegurará o ajuste mais rápido e completo às condições de mudança diária em diferentes lugares e em diferentes setores industriais. A esse respeito, o quão grande seria a diferença entre um método em que os preços são acordados pelas partes do mercado e um método em que esses preços são decretados de cima para baixo é, naturalmente, uma questão de julgamento prático. Todavia, considero difícil acreditar que alguém duvide de que, a este respeito, a inferioridade do segundo método seja realmente muito grande.

O terceiro ponto geral é também aquele em que acredito que a preocupação com os conceitos da teoria econômica pura induziu a erro grave os nossos dois autores. Nesse caso, é o conceito da competição perfeita que aparentemente os fez ignorar um campo muito importante para o qual o método deles parece ser simplesmente inaplicável. Sempre que temos um mercado para uma mercadoria razoavelmente padronizada, é pelo menos concebível que todos os preços devam ser decretados com antecedência de cima para baixo por um determinado período. No entanto, a situação é muito diferente em relação às mercadorias que não podem ser padronizadas e, em particular, aquelas que atualmente são produzidas por pedidos individuais, talvez após convite para apresentação de propostas. Grande parte dos produtos das "indústrias pesadas", que, claro, seriam as primeiras a ser socializadas, pertence a essa categoria. Muitas máquinas, grande parte dos edifícios e navios e inúmeras partes de outros produtos são raramente produzidos para um mercado, mas apenas com base em contratos específicos. Isso não significa que não possa existir competição intensa no mercado para os produtos desses setores industriais, embora possa não ser uma "competição perfeita" no sentido da teoria pura; o fato é simplesmente que nesses setores industriais produtos idênticos raramente são produzidos duas vezes em intervalos curtos; e o círculo de produtores que competirá como fornecedores alternativos em cada exemplo será diferente em quase todos os casos individuais, assim como o círculo de clientes em potencial que competirá pelos serviços de uma instalação fabril específica será diferente a cada semana. Qual é a base em todos

O CÁLCULO SOCIALISTA III: A "SOLUÇÃO" COMPETITIVA

esses casos para a fixação de preços dos produtos de modo a "igualar a demanda e a oferta"? Se os preços devem ser fixados pela autoridade central, terão que ser fixados em cada caso individual e com base no exame, por essa autoridade, dos cálculos de todos os fornecedores em potencial e de todos os compradores em potencial. É praticamente desnecessário destacar as diversas complicações que surgirão de acordo com a fixação dos preços antes ou depois de o comprador em potencial ter decidido a respeito da máquina ou edifício específico que deseja. Aparentemente, serão as estimativas do produtor que, antes de serem apresentadas ao cliente em potencial, terão de ser aprovadas pela autoridade. Não está claro se em todos esses casos, a menos que a autoridade vigente assumisse todas as funções do empreendedor (isto é, a menos que o sistema proposto seja abandonado e substituído por um sistema de direção central completo), o processo de fixação de preços se tornaria muito inconveniente e causa de atrasos infinitos ou se tornaria pura formalidade.

4

Todas essas considerações parecem ser relevantes, independentemente da forma específica de organização escolhida. Porém, antes de continuarmos, torna-se necessário considerar com um tanto mais de detalhe o aparato concreto de controle industrial proposto pelos dois autores. Os esboços que eles apresentam da organização são bastante semelhantes, embora a esse respeito Lange nos forneça um pouco mais de informações do que Dickinson, que, para grande parte dos problemas de organização econômica, remete-nos às obras de Webbs e G. D. H. Cole.[13]

Os dois autores consideram um sistema socialista em que a escolha profissional seria livre e regulamentada sobretudo pelo mecanismo de preços (isto é, pelo sistema salarial) e em que os consumidores também seriam livres para gastar suas rendas como quisessem. Aparentemente, ambos os autores também querem que os preços dos bens de consumo sejam fixados pelos processos normais de mercado (embora Dickinson não pareça estar totalmente decidido a este respeito)[14] e também que a determinação dos salários seja deixada à negociação entre as partes interessadas.[15] Os dois do mesmo modo concordam que, por diversos motivos, nem todo o setor industrial deve ser socializado, mas que, além do socializado, também deve permanecer um setor privado, composto de pequenas empresas dirigidas em moldes basicamente capitalistas. Considero difícil concordar com sua crença de que a existência desse setor privado paralelo ao setor socializado não crie dificuldades específicas. No entanto, como seria complicado, no espaço deste artigo, tratar desse problema de maneira adequada, devemos, para os fins dessa discussão, desconsiderar a existência do setor privado e supor que todo o setor industrial é socializado.

A determinação de todos os preços, exceto os dos bens de consumo e dos salários, é a principal tarefa da autoridade econômica central: o Comitê de Planejamento Central de Lange ou o Conselho Econômico Supremo de Dickinson. (Devemos, segundo Dickinson, doravante nos referir a esse órgão como o "CES".) No que diz respeito à técnica de como determinados preços são anunciados e alterados, obtemos mais informações, ainda que insuficientes, de Lange, ao passo que Dickinson se aprofunda muito mais na questão dos fatores pelos quais o CES deve ser pautado na fixação dos preços. Ambas as questões têm uma importância especial e devem ser consideradas separadamente.

De acordo com Lange, o CES, periodicamente, emitiria o que o professor Taylor chama de "tabelas de avaliação dos fatores", isto é, listas abrangentes de preços de todos os meios de produção (exceto o trabalho).[16] Esses preços serviriam como a única base para todas as transações entre diferentes empresas e para todo o cálculo de todos os setores industriais e instalações fabris durante o período de sua validade, e os gestores deveriam tratar esses preços como constantes.[17] Porém, o que não nos é dito, nem por Lange nem por Dickinson, é por quanto tempo esses preços devem ser fixados. Essa é uma das obscuridades mais sérias na exposição de ambos os autores, uma lacuna em sua exposição que quase nos faz duvidar que eles fizeram um esforço verdadeiro para visualizar seu sistema em ação. Os preços devem ser fixados por um período definido antecipadamente ou devem ser alterados sempre que parecer desejável? F. M. Taylor pareceu sugerir a primeira alternativa quando escreveu que a adequação de determinados preços se manifestaria no fim do "período produtivo",[18] e Lange, em pelo menos uma ocasião, deu a mesma impressão quando disse que "qualquer preço diferente do preço de equilíbrio mostraria no fim do período contábil um excesso ou uma falta da mercadoria em questão".[19]

O CÁLCULO SOCIALISTA III: A "SOLUÇÃO" COMPETITIVA

No entanto, em outra ocasião, ele diz que "os ajustes desses preços seriam feitos constantemente",[20] enquanto Dickinson se limita a afirmar que depois que, "por um processo de aproximações sucessivas", "um conjunto de preços puder finalmente ser estabelecido em consonância com os princípios da escassez e da substituição", "pequenos ajustes serão suficientes para manter o sistema em equilíbrio, exceto no caso de inovações técnicas importantes ou de grandes mudanças nos gostos dos consumidores".[21] Será que o fracasso em compreender a verdadeira função do mecanismo de preços, causado pela preocupação moderna com o equilíbrio estacionário, poderia ser mais bem exemplificado?

Embora Dickinson seja muito pouco informativo a respeito do mecanismo de fazer com que as mudanças de preços entrem em vigor, ele se aprofunda muito mais do que Lange nos fatores pelos quais o CES teria que basear suas decisões. Ao contrário de Lange, Dickinson não se satisfaz com o CES meramente observando o mercado e ajustando os preços quando aparece um excesso de demanda ou de oferta, tentando então encontrar um novo nível de equilíbrio mediante experimentação. Em vez disso, ele quer que o CES utilize tabelas de demanda e oferta estatisticamente estabelecidas como guias para determinar os preços de equilíbrio. Evidentemente, isso é um resquício de sua crença anterior na possibilidade de resolver todo o problema pelo método de equações simultâneas. Porém, embora agora tenha abandonado essa ideia (não porque a considere impossível, dado que ainda acredita que isso poderia ser feito resolvendo apenas "duas ou três mil equações simultâneas",[22] mas porque percebe que "os próprios dados, que teriam que ser introduzidos na máquina de equações, estão mudando continuamente"), Dickinson ainda acredita que a determinação estatística das tabelas de demanda seria útil como uma ajuda, se não como um substituto para o método de tentativa e erro, e que valeria muito a pena tentar estabelecer os valores numéricos das constantes (*sic*) no sistema walrasiano de equilíbrio.

5

Qualquer que seja o método pelo qual o CES fixa os preços, e particularmente quaisquer que sejam os períodos nos quais e para os quais os preços são anunciados, há dois pontos sobre os quais restam poucas dúvidas:

A ORDEM ECONÔMICA E A LIVRE INICIATIVA

as mudanças ocorrerão mais tarde do que se os preços fossem determinados pelas partes do mercado e haverá menos diferenciação entre os preços das mercadorias de acordo com as diferenças de qualidade e as circunstâncias de tempo e lugar. Ao passo que com a competição verdadeira as variações de preços ocorrem quando as partes diretamente interessadas sabem que as condições mudaram, o CES agirá só após as partes terem relatado, os relatos terem sido verificados, as contradições, esclarecidas, e assim por diante; e os novos preços entrarão em vigor somente depois que todas as partes interessadas forem notificadas, ou seja, terá que ser fixada com antecedência uma data na qual os novos preços entrarão em vigor ou a contabilidade terá que incluir um sistema complexo pelo qual todo gerente de produção será notificado constantemente dos novos preços nos quais deverá basear seus cálculos. Como, na verdade, todo gerente teria que ser informado constantemente de muito mais preços do que os das mercadorias que está realmente usando (pelos menos de todos os possíveis substitutos), algum tipo de publicação periódica de listas completas de todos os preços seria necessário. É evidente que, embora a eficiência econômica exija que os preços sejam alterados o mais rápido possível, a praticabilidade limitaria as mudanças reais a intervalos de duração razoável.

Talvez seja óbvio que o processo de fixação de preços se limitará a estabelecer preços uniformes para classes de bens e que, portanto, as distinções baseadas em circunstâncias específicas de tempo, lugar e qualidade não encontrarão expressão nos preços. Sem essa simplificação, o número de mercadorias diferentes para as quais preços distintos teriam que ser fixados seria praticamente infinito. Isso significa, no entanto, que os gerentes de produção não terão incentivo, e nem mesmo possibilidade real, de fazer uso de oportunidades especiais, barganhas especiais e todas as pequenas vantagens oferecidas por suas condições locais especiais, já que nada disso poderia entrar em seus cálculos. Também significaria, para dar apenas outro exemplo das consequências, que nunca seria viável incorrer em custos extras para remediar rapidamente uma escassez repentina, pois uma escassez local ou temporária não poderia afetar os preços até que a máquina oficial tivesse agido.

Por ambas as razões, porque os preços teriam que ser fixados por períodos definidos e porque teriam que ser fixados genericamente para categorias de bens, muitos preços, na maioria das vezes, seriam em tal

O CÁLCULO SOCIALISTA III: A "SOLUÇÃO" COMPETITIVA

sistema substancialmente diferentes do que seriam em um sistema livre. Isso é muito importante para o funcionamento do sistema. Lange chama bastante atenção para o fato de que os preços atuam tão só como "índices de termos nos quais alternativas são ofertadas"[23] e que essa "função paramétrica de preços",[24] pela qual os preços estão guiando a ação de cada gestor sem serem diretamente determinados por eles, será plenamente preservada sob esse sistema de fixação de preços. Como o próprio Lange assinala, "no entanto, a determinabilidade dos preços contábeis se mantém apenas se todas as discrepâncias entre a demanda e a oferta de uma mercadoria tiverem sido satisfeitas mediante uma variação adequada de preços", e por esse motivo "o racionamento deve ser excluído", e "a regra de produzir ao menor custo médio não tem significado a menos que os preços representem a escassez relativa dos fatores de produção".[25] Dito de outra maneira, os preços proporcionarão uma base para uma contabilidade racional apenas se forem tais que, aos preços vigentes, qualquer um possa sempre vender ou comprar o quanto quiser ou que qualquer um seja livre para comprar tão barato ou vender tão caro quanto possível por causa da existência de um parceiro disposto. Se não posso comprar mais de um certo fator que vale mais para mim do que o preço, e se não posso vender uma coisa assim que ela passe a valer menos para mim do que o preço que outra pessoa está disposta a pagar por essa coisa, então os preços deixam de ser índices de oportunidades alternativas.

Veremos o significado disso com mais clareza quando considerarmos a ação dos gestores das indústrias socialistas. Porém, antes de podermos considerar sua ação, devemos ver quem são essas pessoas e com que funções estão investidas.

6

A natureza da unidade industrial sob gestão distinta e dos fatores que determinam seu tamanho e a seleção de sua gestão é outra questão sobre a qual nossos dois autores são lamentavelmente vagos. Lange parece considerar a organização de diferentes indústrias sob a forma de trustes nacionais, embora esse importante ponto seja abordado apenas uma vez quando o Truste Nacional do Carvão é mencionado como exemplo.[26] A questão muito importante e pertinente acerca do que é *uma* indústria não é discutida em lugar algum, mas Lange parece supor que os "gerentes de produção" terão o controle monopolístico das mercadorias específicas que lhes dizem respeito. Em geral, Lange utiliza o termo "gerentes de produção" de maneira muito vaga,[27] sem deixar claro se faz referência aos diretores de toda uma "indústria" ou de uma única unidade; mas em pontos críticos[28] uma distinção entre os gestores de fábrica e os gestores de toda uma indústria aparece sem nenhuma limitação clara de suas funções. Dickinson é ainda mais vago ao falar de atividades econômicas sendo "descentralizadas e conduzidas por um grande número de órgãos distintos da economia coletiva", que terão "seu próprio capital nominal e sua própria conta de lucros e perdas e serão administradas da mesma forma que empresas distintas no capitalismo".[29]

Quem quer que sejam esses gerentes de produção, sua principal função parece ser tomar decisões sobre quanto e como produzir com base nos preços fixados pelo CES (e os preços dos bens de consumo e dos salários determinados pelo mercado). Eles seriam instruídos pelo CES a produzir aos custos médios mais baixos possíveis[30] e a expandir a produção das instalações fabris individuais até que os custos marginais fossem iguais aos preços.[31] De acordo com Lange, os diretores das indústrias (em contraposição aos gestores de cada instalação fabril) também teriam a tarefa adicional de ver se a quantidade de equipamentos no conjunto das indústrias está ajustada de modo que "o custo marginal incorrido pela indústria" na produção de um produto que "pode ser vendido ou 'contabilizado' a um preço igual ao custo marginal" seja o mais baixo possível.[32]

A esse respeito, surge um problema específico que infelizmente não pode ser discutido aqui, pois suscita questões de tal dificuldade e complexidade que um artigo distinto seria necessário. Trata-se do caso dos custos marginais decrescentes em que, de acordo com os nossos dois autores, as indústrias socialistas agiriam de maneira diferente da indústria capitalista, expandindo a produção até que os preços fossem iguais não à média, e sim aos custos marginais. Embora o argumento empregado possua certa plausibilidade enganosa, não se pode dizer que o problema está adequadamente enunciado em qualquer um dos dois livros, e menos ainda que as conclusões obtidas sejam convincentes. No entanto, no espaço disponível nesta ocasião, não é possível fazer mais do que questionar seriamente a afirmação do dr. Dickinson de que "sob condições técnicas modernas, diminuir custos é muito mais comum do que aumentar custos" — uma assertiva que, no contexto em que ocorre, refere-se claramente aos custos marginais.[33]

Aqui nos limitaremos a considerar um questionamento que surge dessa parte da proposição: como o CES assegurará a execução efetiva do princípio de que os preços serão igualados ao menor custo marginal pelo qual a quantidade em questão pode ser produzida? O tema que se coloca aqui não é "meramente" uma questão de lealdade ou capacidade dos gestores socialistas. Para o propósito desse argumento, pode-se admitir que eles vão ser tão capazes e ficar tão ansiosos para produzir aos menores custos quanto o empreendedor capitalista médio. O problema surge porque uma das forças mais importantes que em uma economia verdadeiramente competitiva provoca a redução dos custos ao mínimo detectável estará ausente: a saber, a competição de preços. Na discussão desse tipo de problema, como na discussão de grande parte da teoria econômica na atualidade, a questão costuma ser tratada como se as curvas de custo fossem fatos objetivamente dados. O que se esquece é que o método que sob determinadas condições é o mais barato é algo que deve ser descoberto e redescoberto, às vezes quase diariamente, pelo empreendedor, e que, a despeito do forte incentivo, não é de forma alguma regularmente o empreendedor estabelecido, o homem responsável pela instalação fabril existente, que descobrirá qual é o melhor método. Em uma sociedade competitiva, a força que provoca a redução do preço ao menor custo em que a quantidade vendável a esse custo pode ser produzida é a oportunidade para qualquer um que conhece o método mais barato de ingressar por sua conta e risco e atrair clientes oferecendo preços menores que os de outros produtores. Porém, se os preços são fixados pela autoridade, esse método é excluído. Qualquer melhoria ou ajuste nas técnicas de produção às novas condições dependerá da capacidade de alguém convencer o CES de que a mercadoria em questão poderá ser produzida de maneira mais barata e que, portanto, o preço deverá ser reduzido. Dado que o homem com a nova ideia não tem nenhuma possibilidade de se estabelecer pelo barateamento, a nova ideia não pode ser demonstrada por experimentos até ele convencer o CES de que sua maneira de produzir é mais barata. Ou, em outras palavras, todo cálculo realizado por um intruso que acredita que consegue fazer melhor terá que ser examinado e aprovado pela autoridade, que, nesse contexto, terá que assumir todas as funções do empreendedor.

7

Consideremos brevemente alguns dos problemas que surgem das relações entre os "gerentes de produção socialistas" (quer de uma instalação fabril, quer de um setor industrial) e o CES. Como já vimos, a tarefa do gestor é ordenar a produção de modo que seus custos marginais sejam os mais baixos possíveis e iguais ao preço. Como ele fará isso e como é que seu sucesso será estabelecido? É preciso que ele considere os preços como dados. Isso o converte naquilo que recentemente foi chamado de "ajustador de quantidades", ou seja, sua decisão se limita às quantidades dos fatores de produção e à combinação em que ele os utiliza. Porém, como ele não tem meios de induzir seus fornecedores a ofertarem mais (ou induzir seus compradores a comprarem mais) do que desejam pelo preço prescrito, ele com frequência será simplesmente incapaz de seguir suas instruções; ou, pelo menos, se ele não conseguir obter mais de um material necessário pelo preço prescrito, a única maneira de ele, por exemplo, expandir a produção de modo a tornar seu custo igual ao preço seria utilizar substitutos inferiores ou empregar outros métodos não econômicos; e quando ele não puder vender pelo preço prescrito e até que o preço seja baixado por decreto, terá que interromper a produção, quando, sob verdadeira competição, ele teria reduzido seus preços.

Outra grande dificuldade resultante das variações periódicas de preços por decreto envolve o problema de antecipações das variações de preços futuras. Lange, um tanto corajosamente, corta esse nó górdio ao prescrever que "para fins de contabilidade, os preços devem ser tratados como se fossem constantes, assim como são tratados pelos empreendedores em um mercado competitivo"(!). Isso quer dizer que os gestores, embora saibam com certeza que um preço específico terá que ser aumentado ou baixado, devem agir como se não soubessem? Com certeza, isso não vai funcionar. Contudo, se eles são livres para fazer frente às variações de preços esperadas por meio de uma ação antecipatória, podem aproveitar os atrasos administrativos para tornar eficazes as variações de preços? Quem deve ser responsável pelas perdas provocadas pelas variações de preços programadas incorretamente ou dirigidas incorretamente?

Outro ponto está intimamente ligado a esse problema, para o qual também não temos resposta. Nossos dois autores falam acerca de "custos marginais" como se fossem independentes do período para o qual o gestor pode planejar. É evidente que, em muitos casos, tanto quanto em qualquer outra coisa, os custos reais dependem de comprar no momento certo. Em nenhum sentido pode-se dizer que durante qualquer período os custos dependem exclusivamente dos preços durante aquele período. Dependem tanto de se esses preços foram corretamente previstos quanto das opiniões acerca dos preços futuros. Mesmo no curto prazo, dependem dos efeitos que as decisões correntes terão na produtividade futura. Se é econômico operar uma máquina intensamente e desprezar a manutenção, se fazer ajustes importantes a uma determinada mudança na demanda ou seguir em frente da melhor forma possível com a organização existente — na verdade, quase todas as decisões a respeito de como produzir — depende agora, pelo menos em parte, das opiniões acerca do futuro. Contudo, embora o gestor claramente deva ter algumas opiniões a respeito dessas questões, ele não deve ser responsabilizado por antecipar de modo correto as mudanças futuras se essas mudanças dependem inteiramente da decisão da autoridade.

No entanto, em grande medida, o sucesso de cada gestor não dependerá apenas da ação da autoridade de planejamento; o gestor também terá que convencer essa mesma autoridade de que fez o melhor possível. De antemão, ou mais provavelmente de modo retrospectivo, todos os seus cálculos terão que ser checados e aprovados pela autoridade. Não será uma auditoria superficial, conduzida para descobrir se seus custos foram de fato o que ele diz que foram. Terá que verificar se foram os mais baixos possíveis. Isso significa que o controle terá que considerar não só o que o gestor realmente fez como também o que ele poderia e deveria ter feito. Do ponto de vista do gestor, será muito mais importante que ele sempre consiga provar que, em função do conhecimento que possuía, a decisão realmente tomada foi a correta, em vez de mostrar que, no final das contas, tinha razão. Se isso não vai levar às piores formas de burocracia, não sei o que levará.

Isso nos conduz à questão geral referente à responsabilidade dos gestores. Dickinson percebe claramente que "na prática, responsabilidade significa responsabilidade financeira", e que a menos que o gestor "assuma a responsabilidade pelos prejuízos, assim como pelos lucros, ele será tentado a enveredar por todos os tipos de experimentos arriscados na esperança mínima de que um deles seja bem-sucedido".[34] Esse é um problema difícil no que concerne a gestores que não possuem propriedade própria. Dickinson espera resolvê-lo mediante um sistema de bônus. De fato, isso pode ser suficiente para impedir que os gestores corram riscos muito grandes. Mas o verdadeiro problema não é o oposto? Ou seja, que o gestor receie correr riscos se, caso o empreendimento não dê certo, for outra pessoa a decidir posteriormente se ele teve justificativa para enveredar por aquela iniciativa? Como o próprio Dickinson salienta, o princípio seria que, "embora a obtenção de lucros não seja necessariamente um sinal de sucesso, o registro de prejuízos é um sinal de fracasso".[35] É preciso dizer mais acerca dos efeitos desse sistema em todas as atividades que envolvem risco? É difícil conceber como, nessas circunstâncias, qualquer uma das atividades especulativas necessárias envolvendo a assunção de riscos possa ser deixada para a iniciativa gerencial. No entanto, a alternativa seria voltar ao planejamento central estrito, embora todo o sistema tenha evoluído justamente para evitar essa alternativa.

8

Tudo isso é ainda mais verdadeiro quando nos voltamos para todo o problema dos novos investimentos, isto é, para todas as questões que envolvem mudanças no tamanho (ou seja, no capital) das unidades gerenciais, quer envolvam mudanças líquidas na oferta total de capital, quer não. Até certo ponto, é possível dividir esse problema em duas partes — as decisões acerca da distribuição da oferta de capital disponível e as decisões acerca da taxa na qual o capital deve ser acumulado —, ainda que seja perigoso levar essa divisão muito longe, já que a decisão sobre quanto deve ser poupado também é necessariamente uma decisão acerca de quais necessidades de capital devem ser satisfeitas e quais não. Nossos dois autores concordam que, no que diz respeito ao problema de distribuição de capital entre setores industriais e instalações fabris, o mecanismo de juros deve ser mantido na medida do possível, mas que a decisão de quanto poupar e investir teria que ser necessariamente arbitrária.[36]

Agora, por mais forte que seja o desejo de recorrer ao mecanismo de juros para a distribuição de capital, é bastante óbvio que o mercado de capitais não pode em nenhum sentido ser um mercado livre. Enquanto para Lange a taxa de juros também é "simplesmente determinada pela condição de que a demanda por capital seja igual à quantia disponível",[37] o dr. Dickinson se esforça muito para mostrar como o CES, com base nos planos alternativos de atividade elaborados pelos diferentes empreendimentos, construirá uma tabela de demanda agregada para o capital que lhe permitirá determinar a taxa de juros na qual a demanda por capital se igualará à oferta. A engenhosidade e a espantosa confiança na praticabilidade das construções até mesmo mais complicadas que Dickinson exibe a esse respeito podem ser ilustradas por sua afirmação de que, em certo caso, "será necessário estabelecer uma taxa de juros provisória, para permitir que os diferentes órgãos da economia coletiva se recontratem entre si com base nessa taxa provisória e, assim, elaborem sua tabela final de demanda por capital".[38]

Porém, nada disso satisfaz a principal dificuldade. De fato, se fosse possível aceitar pelo valor nominal as declarações de todos os gestores individuais e aspirantes a gestores acerca de quanto capital eles poderiam utilizar com vantagem em diversas taxas de juros, algum esquema como esse poderia parecer viável. No entanto, não podemos repetir com muita frequência que a autoridade de planejamento não pode ser concebida "simplesmente como uma espécie de superbanco que empresta os fundos disponíveis para quem pagar mais. Seria um empréstimo para pessoas que não possuem propriedades próprias. Portanto, a autoridade de planejamento assumiria todo o risco e não teria direito a uma quantia definida de dinheiro como um banco. Teria simplesmente os direitos de propriedade sobre todos os recursos reais. Tampouco suas decisões podem se limitar à redistribuição do capital livre sob a forma de dinheiro e talvez de terras. Teria que decidir se uma determinada instalação fabril ou peça de máquina deveria ser deixada para o empreendedor que a usou no passado, de acordo com sua avaliação, ou se deveria ser transferida para outro que promete um retorno maior".

Essas frases foram tiradas do ensaio em que o presente autor discutiu cinco anos atrás a "possibilidade de competição real no socialismo".[39] Naquela época, esses sistemas tinham sido discutidos apenas de forma vaga, e poderíamos esperar encontrar uma resposta quando as exposições sistemáticas das novas ideias se tornassem disponíveis. Contudo, é bastante desalentador não encontrar nenhuma resposta para esses problemas nos dois livros agora em discussão. Embora ao longo das duas obras sejam feitas afirmações a respeito de como seria benéfico o controle da atividade de investimentos em muitos aspectos, nenhuma indicação é dada de como esse controle deve ser exercido e de como as responsabilidades devem ser divididas entre as autoridades de planejamento e os gestores das unidades industriais "concorrentes". As afirmações que encontramos, como, por exemplo, que "embora os gestores da indústria socialista sejam governados em algumas escolhas pela direção estabelecida pela autoridade de planejamento, isso não quer dizer que eles não terão escolha",[40] são particularmente inúteis. Tudo o que parece bem claro é que a autoridade de planejamento só será capaz de exercer sua função de controlar e direcionar o investimento se estiver em condições de checar e repetir todos os cálculos do empreendedor.

Parece que aqui os dois autores são inconscientemente levados a recorrer às crenças anteriores na superioridade de um sistema dirigido de forma centralizada sobre um sistema competitivo e se consolaram com a esperança de que o "órgão onipresente e onisciente da economia coletiva"[41] possuirá pelo menos tanto conhecimento quanto os empreendedores individuais e, portanto, estará em condições de tomar decisões pelo menos tão boas quanto, se não melhores do que, aquelas em que os empreendedores estão agora. Como procurei mostrar em outra ocasião, o principal mérito da verdadeira competição é que por seu intermédio se faça uso do conhecimento dividido entre muitas pessoas que, se fosse usado em uma economia dirigida de forma centralizada, entraria, todo ele, em um plano único.[42] Assumir que todo esse conhecimento ficaria automaticamente em poder da autoridade de planejamento me parece deixar escapar o ponto principal. Não está muito claro se Lange pretende afirmar que a autoridade de planejamento terá todas essas informações quando diz que "os gestores de uma economia socialista terão exatamente o mesmo conhecimento, ou falta de conhecimento, a respeito das funções de produção que os empreendedores capitalistas têm".[43] Se "gestores de uma economia socialista" aqui significa simplesmente todos os gestores das unidades, assim como os da organização central tomados em conjunto, a afirmação pode, é claro, ser prontamente aceita, mas de forma alguma resolve o problema. No entanto, se ela pretende comunicar que todo esse conhecimento pode ser efetivamente usado pela autoridade de planejamento na elaboração do plano, está apenas assumindo toda a questão e parece se basear na "falácia da composição".[44]

No conjunto dessa questão de suma importância sobre a direção de novos investimentos e tudo o que eles envolvem, os dois estudos não fornecem realmente nenhuma informação nova. O problema permanece onde estava há cinco anos, e posso me limitar a repetir o que disse então: "A decisão acerca do montante de capital a ser dado a um empreendedor individual e as decisões assim envolvidas concernentes ao tamanho da empresa individual sob controle único são, de fato, decisões sobre a combinação de recursos mais adequada. Caberá à autoridade central decidir se uma instalação fabril em um local deve ser ampliada em vez de outra instalação fabril situada em outro lugar. Tudo isso envolve planejamento por parte da autoridade central praticamente na mesma escala como se ela estivesse mesmo administrando a empresa. Embora o empreendedor individual, com toda a probabilidade, receba alguma posse contratual definida para administrar a instalação fabril que lhe foi confiada, todos os novos investimentos serão necessariamente dirigidos de forma centralizada. Então, essa divisão na disposição dos recursos teria simplesmente o efeito de que nem o empreendedor nem a autoridade central estariam de fato em posição de planejar e que seria impossível avaliar a responsabilidade por erros. Supor que é possível criar condições de plena competição sem fazer com que aqueles que são responsáveis pelas decisões paguem por seus erros parece pura ilusão. Na melhor das hipóteses, será um sistema de quase competição, em que as pessoas realmente responsáveis não serão o empreendedor, mas o funcionário que aprova suas decisões e onde, em consequência, todas as dificuldades surgirão em relação à liberdade de iniciativa e à avaliação da responsabilidade associada em geral à burocracia".[45]

A ORDEM ECONÔMICA E A LIVRE INICIATIVA

9

A questão de até que ponto um sistema socialista pode evitar uma ampla direção central da atividade econômica é de grande importância, independentemente de sua relação com a eficiência econômica; é fundamental para a questão de quanta liberdade pessoal e política pode ser preservada nesse sistema. Os dois autores exibem uma consciência reconfortante a respeito dos perigos relativos à liberdade pessoal envolvendo um sistema planificado de forma centralizada e, ao que parece, desenvolveram seu socialismo competitivo em parte para enfrentar esse perigo. O dr. Dickinson chega mesmo a dizer que o "planejamento capitalista só pode existir com base no fascismo" e que nas mãos de um controlador irresponsável até mesmo o planejamento socialista "poderia se tornar a maior tirania que o mundo já viu".[46] No entanto, ele e Lange acreditam que seu socialismo competitivo evitará esse perigo.

— Agora, se o socialismo competitivo pudesse mesmo confiar amplamente para a direção da produção nos efeitos da escolha dos consumidores conforme refletido no sistema de preços, e se os casos em que a autoridade tivesse que decidir o que deve ser produzido e como foram feitas as exceções em vez das regras, essa afirmação seria fundamentada em grande medida. Até que ponto esse é realmente o caso? Já vimos que, com a manutenção do controle sobre o investimento, a autoridade central exerce poderes mais amplos na direção da produção — de fato, muito mais amplos do que é facilmente possível mostrar sem tornar essa discussão excessivamente longa. No entanto, a isso ainda não foi adicionado um outro número de elementos arbitrários dos quais o próprio Dickinson apresenta uma lista bastante substancial, mas de forma alguma completa.[47] Em primeiro lugar, há a "alocação de recursos entre o consumo presente e o consumo futuro", que, como já vimos, sempre envolve uma decisão acerca de quais necessidades específicas serão satisfeitas e quais não serão. Em segundo lugar, há a necessidade de decisão arbitrária a respeito da "alocação de recursos entre consumo comunal e individual", o que, em virtude da grande extensão da "divisão do consumo comunal" imaginada por Dickinson, significa que outra parte muito grande dos recursos da sociedade é colocada fora do controle do mecanismo de preços e fica sujeita a decisões puramente autoritárias. De modo explícito, Dickinson acrescenta a

O CÁLCULO SOCIALISTA III: A "SOLUÇÃO" COMPETITIVA

isso apenas "a escolha entre trabalho e lazer" e o "planejamento geográfico e o preço da terra"; porém, em outros pontos de sua exposição, surgem outras questões sobre as quais ele deseja planejamento eficaz para corrigir os resultados do mercado. No entanto, embora ele (e ainda mais Lange) muitas vezes insinue as possibilidades de "corrigir" os resultados do mecanismo de preços por meio de interferência criteriosa, essa parte do programa não é elaborada claramente em nenhum lugar.

O que nossos autores aqui têm em mente talvez fique mais claro na atitude de Dickinson em relação ao problema das alterações salariais: "Se os salários são muito baixos em qualquer setor industrial, é dever do órgão de planejamento ajustar os preços e as quantidades produzidas, de modo a propiciar salários iguais para trabalho de igual habilidade, responsabilidade e dificuldade em todos os setores industriais".[48] Ao que tudo indica, aqui o mecanismo de preços e a livre escolha profissional não devem ser invocados. Posteriormente, ficamos sabendo que, embora "o desemprego em qualquer trabalho específico proporcione uma causa *prima facie* para a redução do salário padrão",[49] uma redução dos salários é censurável "por motivos sociais, porque uma redução nos salários (...) provoca descontentamento; por motivos econômicos, porque perpetua uma alocação não econômica de trabalho para diferentes profissões". (Como?) Portanto, "à medida que a invenção e a organização aprimorada tornam o trabalho menos necessário para satisfazer as necessidades humanas, a sociedade deve se dedicar a descobrir novas necessidades a satisfazer".[50] "O poderoso motor da propaganda e da publicidade, empregado pelos órgãos públicos de educação e esclarecimento, em vez de pelos mascates e interesseiros do setor industrial privado com fins lucrativos, poderia desviar a demanda para direções socialmente desejáveis, preservando a impressão subjetiva (*sic*) da livre escolha."[51]

Quando acrescentamos a isso e muitos outros pontos semelhantes em relação aos quais Dickinson deseja que seu CES exerça controle paternalista,[52] o fato de que será necessário coordenar a produção nacional "com um plano geral de exportações e importações",[53] visto que o livre comércio "é incompatível com os princípios do coletivismo",[54] torna-se bastante evidente que haverá pouquíssima atividade econômica que não seja mais ou menos guiada diretamente por decisões arbitrárias. Na verdade, Dickinson contempla expressamente uma situação em que "o

A ORDEM ECONÔMICA E A LIVRE INICIATIVA

Estado, por meio de um órgão de planejamento definido, responsabiliza-se pela consideração da atividade econômica em geral", e ainda acrescenta que isso destrói a "ilusão" mantida em uma sociedade capitalista de que "a divisão do produto é governada por forças tão impessoais e inevitáveis como aquelas que governam os fenômenos meteorológicos".[55] Isso só pode significar que, juntamente com a maioria dos demais planejadores, o próprio Dickinson pensa na produção em seu sistema como aquela que é, em grande medida, dirigida por decisões conscientes e arbitrárias. Todavia, apesar desse amplo papel que as decisões arbitrárias devem desempenhar em seu sistema, ele está confiante (e o mesmo se aplica a Lange) de que seu sistema não irá degenerar em um despotismo autoritário.

Dickinson se limita a mencionar o argumento de que "mesmo se um planejador socialista desejasse concretizar a liberdade, ele não poderia fazer isso e continuar sendo um planejador"; mesmo assim, a resposta que ele dá nos faz duvidar se ele percebeu perfeitamente em que condições se baseia esse argumento. Sua resposta é apenas que "um plano sempre pode ser mudado".[56] Mas esse não é o ponto. A dificuldade é que, para planejar em larga escala, é necessário um acordo muito mais amplo entre os membros da sociedade a respeito da importância relativa das diversas necessidades do que normalmente existirá, e que, em consequência, esse acordo terá de ser viabilizado e uma escala comum de valores precisará ser imposta pela força e pela propaganda. Desenvolvi esse argumento detalhadamente em outro artigo, e não disponho de espaço aqui para reapresentá-lo.[57] A tese que desenvolvi nele — de que o socialismo está destinado a se tornar totalitário — agora parece receber apoio dos grupos mais inesperados. Pelo menos, esse parece ser o significado quando Max Eastman, em um livro recente sobre a Rússia, afirma que "o stalinismo *é* socialismo, no sentido de ser um acompanhamento político e cultural inevitável, mas imprevisto".[58]

Na verdade, embora não pareça perceber, o próprio Dickinson, nos trechos de conclusão de seu livro, faz uma afirmação que representa praticamente a mesma coisa. Ele afirma: "Em uma sociedade socialista, a distinção, sempre artificial, entre economia e política entrará em dissolução; a máquina econômica e a máquina política da sociedade se fundirão em uma só".[59] Claro que essa é justamente a doutrina autoritária pregada por nazistas e fascistas. A distinção entra em dissolução porque, em um sistema planificado, todos os problemas econômicos se tornam problemas políticos, porque não se trata mais de uma questão de conciliar as visões e os desejos individuais tanto quanto possível, mas de impor uma única escala de valores, com cujo "objetivo social" os socialistas têm sonhado desde o tempo de Saint-Simon. A esse respeito, parece que os esquemas de um socialista autoritário, desde aqueles do professor Hogben e de Lewis Mumford, a quem Dickinson cita como exemplos,[60] até aqueles de Stálin e Hitler, são muito mais realistas e consistentes do que o quadro belo e idílico do "socialismo libertário" no qual Dickinson acredita.

10

Não pode haver melhor testemunho da qualidade intelectual dos dois livros em discussão do que, depois de ter escrito tanto sobre eles, estar consciente de ter apenas arranhado a superfície dos problemas por eles abordados. Porém, sem dúvida, um exame mais detalhado excederia o escopo de um artigo; e, como muitas das dúvidas que são deixadas com o leitor envolvem pontos que não são respondidos nos dois livros, um tratamento adequado do tema exigiria outro livro anda mais longo do que os discutidos. No entanto, também existem problemas importantes que são discutidos com algum pormenor, sobretudo no livro de Dickinson, que mal fomos capazes de mencionar. Isso se aplica não apenas ao difícil problema da combinação de um setor privado com o setor socializado, que ambos os autores propõem, mas também a problemas tão importantes quanto as relações internacionais de uma comunidade socialista e os problemas de política monetária, aos quais Dickinson dedica uma seção muito breve e, em geral, menos satisfatória.

Uma discussão mais completa também teria que destacar diversos trechos na argumentação de ambos os autores onde, ao que parece, resíduos de crenças ou pontos de vista anteriores, que são meramente questões de credo político, se infiltram e se afiguram estranhamente incompatíveis com o plano do resto da discussão. Por exemplo, isso se aplica às repetidas referências de Dickinson à luta de classes e à exploração ou às suas zombarias aos desperdícios causados pela competição,[61] e a grande parte da interessante seção de Lange sobre o "argumento do

A ORDEM ECONÔMICA E A LIVRE INICIATIVA

economista a favor do socialismo", onde ele emprega argumentos que parecem de validade um tanto questionável.

Todavia, esses são pontos de menor importância. Em geral, os livros são tão completamente heterodoxos do ponto de vista socialista que nos perguntamos se seus autores não mantiveram muito pouco das armadilhas tradicionais da argumentação socialista para tornar suas propostas aceitáveis aos socialistas que não são economistas. Como tentativas corajosas para enfrentar algumas das dificuldades reais e de remodelar completamente a doutrina socialista para fazer frente a elas, eles merecem nossa gratidão e nosso respeito. Se a solução proposta parecerá particularmente viável, mesmo para os socialistas, poderá talvez ser duvidoso. Para aqueles que, juntamente com Dickinson, desejam criar, "pela primeira vez na história da humanidade, um individualismo eficaz",[62] um caminho diferente provavelmente parecerá mais promissor.

CAPÍTULO X

Uma moeda de reserva como mercadoria*

1

Sem dúvida, o padrão ouro como o conhecíamos tinha alguns defeitos graves. No entanto, há algum perigo de que sua condenação radical, que agora está na moda, possa obscurecer o fato de que também tinha algumas virtudes importantes que faltam a grande parte das alternativas. Na verdade, um sistema sensato e imparcialmente controlado de moeda administrada para o mundo inteiro pode ser superior ao padrão ouro sob todos os aspectos. Porém, essa não será uma proposta prática ainda por um longo tempo. Em comparação, porém, com os diversos esquemas de gestão monetária em escala nacional, o padrão ouro possuía três vantagens importantes: de fato, criava uma moeda internacional sem submeter a política monetária nacional às decisões de uma autoridade internacional; em grande medida, tornava a política monetária automática e, assim, previsível; e as mudanças na oferta de moeda básica, que seu mecanismo assegurava, estavam na direção correta em geral.

2

A importância dessas vantagens não deve ser subestimada levianamente. As dificuldades de uma coordenação deliberada de políticas nacionais

---

* Reimpresso de *Economic Journal*, LIII, nº 210 (junho-setembro de 1943), 176-84.

são enormes, porque nosso conhecimento atual nos dá uma orientação inequívoca apenas em algumas situações, e as decisões nas quais quase sempre alguns interesses devem ser sacrificados em relação a outros terão que se basear em julgamentos subjetivos. No entanto, as políticas nacionais sem coordenação, dirigidas unicamente pelos interesses imediatos de cada país, podem, em seu efeito agregado sobre cada país, ser bem pior do que o padrão internacional mais imperfeito. Da mesma forma, embora o funcionamento automático do padrão ouro esteja longe de ser perfeito, o mero fato de que sob o padrão ouro a política é guiada por regras conhecidas, e que, em consequência, a ação das autoridades pode ser prevista, pode muito bem tornar o padrão ouro imperfeito menos perturbador do que uma política mais racional, mas menos abrangente. O princípio geral de que a produção de ouro é estimulada quando seu valor começa a subir e desestimulada quando seu valor cai está correto pelo menos no sentido, se não na maneira pela qual funciona na prática.

Será conveniente observar que nenhum desses pontos reivindicados em favor do padrão ouro está diretamente relacionado com qualquer propriedade inerente ao ouro. Qualquer padrão aceito internacionalmente com base em uma mercadoria cujo valor é regulado por seu custo de produção possuiria basicamente as mesmas vantagens. No passado, o que tornou o ouro a única substância em que um padrão internacional poderia se basear na prática foi principalmente o fator irreal, mas não menos real, relativo a seu prestígio — ou, por assim dizer, relativo à predisposição supersticiosa dominante em favor do ouro, o que o tornou mais aceitável universalmente do que qualquer outra coisa. Enquanto essa crença prevaleceu, foi possível manter uma moeda internacional baseada no ouro sem muito projeto ou organização deliberada para apoiá-la. No entanto, se foi a predisposição que tornou possível o padrão ouro internacional, a existência dessa predisposição pelo menos tornou possível uma moeda internacional em uma época em que qualquer sistema internacional baseado em acordo explícito e cooperação sistemática estava fora de questão.

3

Nos últimos tempos, a mudança decisiva que ocorreu e que alterou fundamentalmente nossas perspectivas e oportunidades nesse campo foi

UMA MOEDA DE RESERVA COMO MERCADORIA

a mudança psicológica, tanto que a predisposição irracional em favor do ouro, que deu ao metal a vantagem especial que possuía, foi seriamente abalada — embora talvez não ao ponto que muitas pessoas imaginam; tanto que, em muitos lugares, isso até foi substituído por uma predisposição igualmente forte e irracional contra o ouro; e tanto que as pessoas em geral estão muito mais dispostas a considerar alternativas racionais. Sendo assim, é importante que reconsideremos seriamente os sistemas alternativos que preservam as vantagens de um padrão internacional automático livre dos defeitos específicos do ouro. Em particular, uma dessas alternativas, que foi recentemente elaborada em seus detalhes práticos por estudiosos competentes dos problemas monetários, é de um tipo que a torna atraente para muitos que no passado defenderam o padrão ouro — não porque a consideraram ideal, mas porque lhes pareceu superior a qualquer outra coisa que fosse política prática.

Antes de descrever essa nova proposta, torna-se necessário considerar brevemente as verdadeiras falhas do padrão ouro que desejamos evitar. Elas não são sobretudo aquelas que são reconhecidas com mais frequência. As "excentricidades" muito discutidas na produção de ouro podem ser facilmente exageradas. No passado, na verdade, os grandes aumentos de oferta de ouro ocorreram quando uma escassez prolongada havia criado uma necessidade real dele. A objeção de fato séria contra o ouro é a lentidão com que sua oferta se ajusta a mudanças genuínas na demanda. Um aumento temporário na demanda geral por ativos de elevada liquidez, ou a adoção do padrão ouro por um novo país, estava destinado a provocar grandes mudanças no valor do ouro, enquanto a oferta se ajustava apenas lentamente. Por uma espécie de ação retardada, os aumentos de oferta costumavam ficar disponíveis tão só quando não eram mais necessários. Portanto, não só essas novas ofertas tendiam a se tornar um estorvo em vez de um alívio, mas também o aumento do estoque de ouro em resposta a um aumento temporário da demanda se mantinha permanente e servia de base para uma expansão excessiva de crédito logo que a demanda caísse novamente.

Esse último ponto está intimamente ligado com a única característica realmente paradoxal do padrão ouro: a saber, o fato de que o empenho de todos os indivíduos para conseguirem maior liquidez não deixa a sociedade em uma posição de maior liquidez. No entanto, há momentos em que o desejo dos indivíduos de se colocarem em uma posição de maior liquidez expressa uma necessidade social real. Sempre existirão períodos em que o aumento da incerteza acerca do futuro tornará desejável que mais de nossos ativos recebam formas nas quais possam ser prontamente convertidos às necessidades do que ainda são circunstâncias imprevisíveis. Um arranjo racional de nossos negócios exigiria que, nesses momentos, a produção fosse, até certo ponto, trocada de coisas de utilidade mais restrita para o tipo de coisas que fossem necessárias em todas as condições, tal como as matérias-primas mais amplamente utilizadas. A verdadeira ironia do padrão ouro é que, sob seu domínio, um aumento geral no desejo de liquidez leva ao aumento de produção da única coisa que pode ser usada quase para nenhum outro propósito, além de propiciar uma reserva de liquidez aos indivíduos; e de algo, além disso, que não só tem poucos outros usos, mas que também só pode ser fornecido em maior quantidade tão lentamente que um aumento na demanda por ele agirá muito mais em seu valor do que em sua quantidade ou, em outras palavras, provocará uma queda geral no preço; ao passo que, uma vez que a oferta aumente e a demanda torne a cair, o excesso de oferta só pode ser compensado por uma queda em seu valor ou por um aumento dos preços.

4

Esquemas mais racionais baseados no uso de mercadorias diferentes do ouro costumam ser propostos, mas enquanto a predisposição universal era em favor do ouro, quase não eram de interesse prático. Na situação atual, porém, pelo menos uma das propostas, recém-elaborada por dois acadêmicos norte-americanos, merece atenção especial por sua combinação bem-sucedida de grandes méritos teóricos e práticos. Nos últimos anos, Benjamin Graham, de Nova York, e Frank D. Graham, de Princeton, que sem se conhecer chegaram a ideias muito semelhantes, elaboraram sua proposta plenamente em uma série de importantes publicações.[1] Ainda que a princípio o plano deles possa parecer estranho e complicado, na verdade é muito simples e notavelmente prático.

A ideia básica consiste em que o dinheiro deve ser emitido exclusivamente em troca de uma combinação fixa de conhecimentos de depósito

UMA MOEDA DE RESERVA COMO MERCADORIA

para uma série de mercadorias em bruto armazenáveis e resgatáveis na mesma "unidade de mercadorias". Por exemplo, a quantia de 100 libras esterlinas, em vez de ser definida como tantos gramas de ouro, seria definida como tanto de trigo, *mais* tanto de açúcar, *mais* tanto de cobre, *mais* tanto de borracha etc. Como o dinheiro seria emitido apenas em relação ao conjunto completo de todas as mercadorias em bruto em suas quantidades físicas adequadas (24 mercadorias diferentes no plano de Benjamin Graham), e como o dinheiro também seria resgatável da mesma maneira, o valor agregado desse conjunto de mercadorias seria fixado, mas apenas o valor agregado, e não o valor de qualquer um deles. Nesse contexto, as diferentes mercadorias estariam relacionadas com o dinheiro, não da maneira pela qual o ouro e a prata estavam ligados a ele sob o bimetalismo, de modo que uma unidade de dinheiro pudesse ser obtida por uma quantidade fixa de ouro *ou* por uma quantidade fixa de prata; mas sim como se (de acordo com o plano sugerido por Alfred Marshall sob a designação de "simetalismo") apenas o preço de um certo peso de ouro e de um certo peso de prata juntos fossem fixados, mas o preço de cada metal por si só pudesse flutuar.

Com esse sistema em funcionamento, um aumento da demanda por ativos líquidos levaria à acumulação de estoques de mercadorias em bruto de utilidade mais geral. O acúmulo de dinheiro, em vez de fazer com que os recursos fossem desperdiçados, agiria como se fosse uma ordem para manter as mercadorias em bruto para a conta do acumulador. Assim que o dinheiro acumulado voltasse de novo à circulação, e a demanda por mercadorias aumentasse, esses estoques seriam liberados para satisfazer a nova demanda. Como o conjunto de mercadorias poderia sempre ser trocado por uma quantia fixa de dinheiro, seu valor agregado nunca poderia cair abaixo desse número; e, como o dinheiro seria resgatável na mesma taxa (ou em uma apenas um pouco diferente), seu valor agregado nunca poderia subir acima desse número. A esse respeito, o objetivo da proposta é semelhante ao do "padrão tabular" ou das "moedas indexadas", que foram bastante discutidos a certa altura. Mas difere deles em seu funcionamento direto e automático. É pelo menos duvidoso que o nível de preços de qualquer seleção de mercadorias pudesse ser mantido constante eficazmente por meio de ajustes deliberados de quantidade de dinheiro. Todavia, não resta dúvida de que o valor agregado das mercadorias em bruto selecionadas não poderia

A ORDEM ECONÔMICA E A LIVRE INICIATIVA

variar, desde que a autoridade monetária estivesse pronta para vender e comprar a unidade de mercadorias a um preço fixo.

Conforme proposto por seus protagonistas norte-americanos, o plano é concebido sobretudo para adoção em escala nacional pelos Estados Unidos. No entanto, os argumentos a seu favor se aplicam não menos a outros países. Como a adoção do plano por diversos países, baseado, porém, em diferentes conjuntos de mercadorias, geraria uma nova causa de grave instabilidade, pareceria que o plano não só poderia como também, para atingir os seus fins, deveria ser adotado internacionalmente — ou, o que na prática dá no mesmo, deveria ser colocado em funcionamento com base no mesmo princípio por todos os principais países. O conjunto específico de mercadorias em bruto em que se baseia o esquema de Benjamin Graham (cinco grãos, quatro gorduras e sementes oleaginosas, três outros gêneros alimentícios, quatro metais, três fibras têxteis, tabaco, peles, borracha e petróleo) e alguns outros detalhes teriam que ser modificados; porém, o princípio não suscita dificuldades sérias para aplicação internacional. No esboço a seguir sobre a maneira pela qual o esquema funcionaria será assumido que as unidades de mercadorias da mesma composição são adotadas com base na moeda, pelo menos no Império Britânico e nos Estados Unidos.

5

Por razões que logo em seguida surgirão, o plano é mais facilmente colocado em funcionamento quando existe ameaça de queda da demanda. Pode ser criado para entrar automaticamente em vigor nesse momento, fixando de antemão um valor de compra para a unidade de mercadorias um pouco abaixo do valor de mercado vigente. Então, assim que a demanda pelas mercadorias em bruto começar a diminuir e seus preços caírem, as autoridades monetárias dos países participantes receberão ofertas de quaisquer unidades de mercadorias que não possam ser vendidas no mercado a um preço fixo. Suas compras compensarão a queda de demanda industrial — e para cada quantia de dinheiro que está sendo acumulada em mãos privadas, uma quantidade correspondente de mercadorias em bruto é acumulada nos depósitos. Em geral, a demanda por mercadorias em bruto é assim mantida, mas apenas a demanda do grupo como um todo, e não a de qualquer mercadoria específica, cuja produção pode muito bem ser excessiva e necessitar de redução.

Será facilmente percebido como o funcionamento do esquema tende a estabilizar a demanda por mercadorias em bruto. Assim como no passado a mineração de ouro costumava ser o único setor que prosperava regularmente durante os períodos de depressão, os produtores de mercadorias em bruto podem, no âmbito desse plano, desfrutar nas mesmas circunstâncias até mesmo de um aumento moderado na prosperidade, por serem capazes de trocar seus produtos em termos mais favoráveis em relação às manufaturas. Mas, embora a mineração de ouro seja um setor muito pequeno para que sua prosperidade tenha efeitos significativos fora dele, a renda segura dos produtores de mercadorias em bruto também contribuiria muito para estabilizar a demanda por manufaturas e impedir o agravamento da depressão. Na verdade, o benefício não se limitaria aos produtores de mercadorias incluídas na unidade de mercadorias. Mesmo um país em que nenhuma dessas mercadorias fosse produzida ganharia com seu funcionamento pouco menos do que os outros. Contanto que ele estivesse pronto para comprar unidades de mercadorias a um preço fixo em sua moeda nacional, qualquer dinheiro assim emitido para os produtores de mercadorias em bruto não seria útil para eles, exceto para comprar os produtos do país para o qual venderam seus produtos em bruto.

6

A princípio, pode parecer que a operação do plano talvez criasse o perigo de uma substancial expansão inflacionária. Porém, no exame fica provado que seu efeito não poderia ser realmente inflacionário em nenhum sentido significativo dessa palavra; qualquer expansão monetária que ela permitisse mal levaria a um aumento geral dos preços ou à escassez de bens de consumo por meio da qual atuam os efeitos mais prejudiciais da inflação. Na realidade, é um dos grandes méritos do esquema propiciar uma verificação automática de qualquer expansão antes que se torne perigosa. Consideramos primeiro seu funcionamento durante uma depressão porque sua eficácia durante um *boom* depende do acúmulo prévio dos estoques de mercadorias, como ocorreria durante um período de diminuição da atividade. Todavia, a maneira pela qual o esquema funcionaria, enquanto uma melhoria nas perspectivas gerais leva a uma mobilização das reservas de caixa ociosas, não é menos importante.

O valor agregado das mercadorias em bruto que constituem a unidade de mercadorias não poderia aumentar enquanto as autoridades monetárias pudessem vender seus estoques a um preço fixo. Em vez de uma elevação nos preços e um consequente crescimento na produção com o aumento da demanda, e *pari passu* com o retorno à circulação de reservas de dinheiro acumuladas, as mercadorias em bruto seriam liberadas dos estoques e o dinheiro recebido por elas seria apreendido. A poupança feita pelos indivíduos na forma de numerário durante o período de estagnação não seria desperdiçada, mas ficaria esperando sob a forma de mercadorias em bruto prontas para serem usadas. Em consequência, a retomada da atividade não levará a um estímulo extra para a produção de mercadorias em bruto, que continuaria em equilíbrio. Há motivos para considerar o estímulo temporário a um excesso de expansão da produção de mercadorias em bruto, que costumava ser dado pela forte alta de seus preços em períodos de *boom*, como uma das causas mais graves de instabilidade geral. Isso seria inteiramente evitado no âmbito do esquema proposto — pelo menos enquanto a autoridade monetária tivesse estoques delas para vender. Porém, uma vez que possuiria necessariamente reservas suficientes para resgatar todo o numerário extra acumulado durante o período de estagnação (e consideravelmente mais se os estoques de mercadorias mantidos pelos governos no início do esquema fossem introduzidos), o *boom* quase certamente seria atenuado pela contração da circulação antes do esgotamento das reservas.

7

Conforme já foi observado, o esquema *parece* complicado, mas, na verdade, seu funcionamento é muito simples. Em particular, não haveria necessidade de as autoridades monetárias ou o governo lidarem diretamente com as diversas mercadorias que compõem a unidade de mercadorias. Tanto a reunião do conjunto necessário de conhecimentos de depósito quanto o armazenamento real de mercadorias poderiam ser deixados com segurança para a iniciativa privada. Corretores especializados

UMA MOEDA DE RESERVA COMO MERCADORIA

logo cuidariam da reunião e oferta de conhecimentos de depósito assim que seu valor de mercado agregado caísse muito pouco abaixo do valor padrão e da retirada e redistribuição dos conhecimentos de depósito para seus vários mercados se seu valor agregado subisse acima daquele valor. Nesse contexto, o trabalho da autoridade monetária seria tão mecânico quanto a compra e venda de ouro no âmbito do padrão ouro.

Isso não quer dizer que a proposta não crie numerosos problemas, que não podem ser plenamente discutidos nesse breve esboço. Pelo menos o mais importante deles foi considerado e soluções viáveis foram sugeridas nas publicações já mencionadas. Para citar apenas alguns desses pontos: o custo de armazenamento físico das mercadorias poderia ser custeado pela diferença entre os preços pelos quais a autoridade monetária compra e vende as unidades de mercadorias. (Deve-se notar que o custo de armazenamento não incluiria nenhuma cobrança de juros, porque a perda dos juros seria voluntariamente suportada pelos detentores do dinheiro emitido em relação às mercadorias.) As questões criadas pela composição da unidade de mercadorias e as mudanças periódicas nela que se tornarão necessárias também podem ser resolvidas pela adoção de um princípio objetivo que a retiraria da esfera da disputa política. Da mesma forma, os problemas das diferenças de qualidade, as distinções de acordo com o local de armazenamento e afins não criam dificuldades insuperáveis. Deve ser lembrado a esse respeito que, para os propósitos do plano, a inclusão da variedade mais importante de qualquer mercadoria teria quase o mesmo efeito nos preços de seus substitutos próximos, como se elas próprias fossem incluídas.

No entanto, dois pontos específicos devem ser mencionados, mesmo que em um estudo tão breve. O primeiro envolve a característica importante do plano de que a autoridade monetária terá poderes, em circunstâncias precisamente definidas, para aceitar (ou substituir), em vez dos conhecimentos de depósito para as mercadorias armazenadas, contratos para entrega futura de qualquer mercadoria. Isso faz frente às dificuldades que seriam provocadas por uma escassez temporária de alguma mercadoria incluída na unidade e possibilita a utilização de reservas para alguma medida de estabilização até mesmo nos preços de cada mercadoria. Isso seria alcançado, por exemplo, substituindo-se as mercadorias presentes por "futuros", sempre que o preço corrente subisse mais do que uma porcentagem fixa acima do preço "futuro".

A ORDEM ECONÔMICA E A LIVRE INICIATIVA

O segundo ponto é que, caso se desejasse preservar o valor do ouro ou impedir um declínio muito rápido dele, não seria difícil vinculá-lo de tal forma ao esquema de mercadorias que, ainda que o ouro não tivesse efeito significativo sobre o valor do dinheiro, o valor do ouro seria estabilizado simultaneamente ao valor do dinheiro. Se isso é desejável em vista do interesse de todas as nações na preservação do valor do ouro, e se deve ser utilizado para manter a produção de ouro indefinidamente perto de seu nível atual, ou melhor, para provocar um declínio gradual mas previsível dos recursos dedicados a isso, é um problema político que não precisamos considerar aqui. O ponto importante é simplesmente que existem várias maneiras pelas quais o ouro poderia ser vinculado ao novo esquema, caso desejado, sem com isso prejudicar as vantagens do esquema.

Deve ser verdade dizer que todos os argumentos racionais que podem ser apresentados em favor do padrão ouro se aplicam ainda mais fortemente a esta proposta, que, ao mesmo tempo, está isenta da maioria dos defeitos daquela. No entanto, ao avaliar a viabilidade do plano, ele não deve ser considerado apenas como um esquema de reforma monetária. Deve-se ter em mente que a acumulação de reservas de mercadorias decerto permanecerá parte da política nacional e que as considerações políticas tornam improvável que os mercados de mercadorias em bruto, em qualquer futuro para o qual podemos agora planejar, sejam deixados inteiramente por conta própria. Contudo, todos os planos destinados ao controle direto dos preços de determinadas mercadorias estão abertos às objeções mais sérias e certamente provocam graves dificuldades econômicas e políticas. Mesmo à parte da consideração monetária, a grande necessidade é por um sistema em que esses controles sejam retirados de órgãos distintos que podem apenas agir de uma maneira basicamente arbitrária e imprevisível e tornar os controles sujeitos a uma regra mecânica e previsível. Se isso pudesse ser combinado com a reconstrução de um sistema monetário internacional, que mais uma vez assegurasse relações monetárias internacionais estáveis ao mundo e uma maior liberdade de movimentação de mercadorias em bruto, um grande passo teria sido dado na direção de uma economia mundial mais próspera e mais estável.

208

CAPÍTULO XI

O efeito Ricardo*

O maquinário e a mão de obra estão em constante competição, e o primeiro frequentemente não pode ser empregado até que o preço da mão de obra se eleve.
– DAVID RICARDO

1

Quando em um ensaio recente sobre flutuações industriais o autor apresentou "a conhecida proposição ricardiana de que um aumento nos salários estimulará os capitalistas a substituir a mão de obra por maquinário",[1] isso foi feito na ilusão de que um argumento que ele tinha empregado por muito tempo poderia ser expresso em uma forma mais familiar e facilmente aceitável. Essa ilusão foi dissipada pelos diversos comentários acerca daquele ensaio;[2] e um reexame da literatura anterior sobre o assunto revelou uma situação bastante peculiar: embora a proposição tenha sido apoiada e utilizada por diversos autores desde que foi enunciada pela primeira vez por Ricardo,[3] parece nunca ter sido adequadamente exposta. Em particular, embora seja fundamental para as discussões de interesse nas obras de Böhm-Bawerk, Wicksell e Mises, nenhum desses autores desenvolve essa proposição em detalhes. As referências frequentes e breves a ela em outras obras teóricas gerais dos tempos modernos,[4] que pareciam confirmar a impressão de que era amplamente aceita, provam-se, no exame,

---

* Reimpresso de *Economica*, IX, Nº 34 (new ser.; maio de 1942), pp. 127-52.

não só inadequadas, mas também frequentemente baseadas em raciocínios falhos. Embora costumasse ser tratada como um lugar-comum em estudos de casos realistas da influência de salários elevados sobre o uso de maquinário, ali também procuramos em vão por um argumento fundamentado.[5] Nos últimos tempos, uma discussão mais ampla pode ser encontrada em algumas publicações alemãs.[6] Porém, quando na Inglaterra, há alguns anos, o professor Hicks fez uso da proposição em um capítulo de seu livro *Theory of Wages*, o sr. Shove, em sua resenha dessa obra, apresentou o que se tornou a resposta padrão: que, desde que a taxa de juros permaneça inalterada, uma mudança geral nos salários afetará o custo de produção dos diferentes métodos de produção na mesma proporção (o que é inegável) e que, assim, não poderá alterar suas vantagens relativas (o que não é inegável);[7] e a retirada posterior pelo professor Hicks de todo capítulo em que ocorreu o trecho criticado pareceu implicar que ele abandonou a disputa.[8] Ainda mais recentemente, o sr. Kaldor, em um artigo ao qual teremos que nos referir ainda neste capítulo, embora admitindo o princípio, pareceu restringir seu significado a condições bastante específicas.[9]

A proposição em questão é de uma importância que vai muito além do contexto específico em que foi utilizada em discussões recentes. Não surpreende que aqueles que a rejeitam completamente pareçam ao mesmo tempo ser incapazes de atribuir qualquer significado à concepção de uma oferta dada e limitada de capital real,[10] porque é por meio desse efeito que a escassez de capital real se fará sentir em última instância, por mais que a taxa de juros possa ser afetada por fatores puramente monetários, e que, no final das contas, o volume de investimento deve ser ajustado a um nível compatível com a demanda por bens de consumo. Assim, a proposição é uma parte essencial da teoria elementar de produção. Se isso fosse verdade, a falta de acordo a esse respeito contribuiria muito para explicar o conflito agudo e aparentemente irreconciliável dos economistas sobre os problemas mais complexos das flutuações industriais, e uma tentativa de uma declaração mais completa do argumento no qual se baseia a proposição pareceria ser urgentemente necessária.

Essa afirmação será tentada aqui em termos que devem torná-la na medida do possível independente dos pontos contestados da teoria do capital, e sem aplicação direta aos problemas das flutuações industriais para além de (1) uma ênfase geral no curto prazo, em vez dos efeitos de longo prazo, e (2) uma concentração no efeito de uma redução dos salários, em vez de um aumento deles em relação aos preços dos produtos, porque é dessa forma que o princípio parece ser particularmente relevante para a investigação de crises industriais. Para separar as várias partes do argumento, o problema será abordado em etapas. A próxima seção será dedicada a uma explicação dos conceitos utilizados e a uma exposição do princípio geral dos pressupostos que nos permitirão desconsiderar as taxas de juros nominais. Após o princípio geral ter sido assim estabelecido, as maneiras concretas pelas quais ele tenderá a afetar a demanda por investimentos será discutida na seção 3. A interação entre o efeito Ricardo e a taxa de juros nos empréstimos em dinheiro será abordada na seção 4 e será discutida primeiro em relação aos pressupostos relativos à oferta de crédito que são aproximadamente verdadeiras no mundo real. Nas seções 5 e 6, o mesmo problema será considerado na suposição de uma "oferta de crédito perfeitamente elástica", que, embora pouco realista, suscita problemas teóricos de considerável interesse. Em uma seção final, serão acrescentadas algumas considerações que devem ser levadas em conta em qualquer tentativa de verificação estatística do teorema.

2

A proposição aqui descrita como o efeito Ricardo afirma que uma variação geral nos salários em relação aos preços dos produtos alterará a lucratividade de diferentes setores industriais ou os métodos de produção que empregam trabalho e capital ("trabalho indireto") em diferentes proporções. Em sua forma original, afirma que um aumento geral dos salários em relação aos preços dos produtos não reduzirá a lucratividade dos setores industriais ou dos métodos que empregam relativamente mais capital na mesma proporção que aqueles que empregam relativamente menos capital. Estamos aqui mais particularmente preocupados com o inverso disso, a saber, com a proposição de que uma queda geral dos salários em relação aos preços dos produtos terá o efeito oposto.[11]

Uma mudança geral nas relações entre salários e preços dos produtos pode ser provocada por uma mudança geral nos preços dos produtos, por uma mudança geral nos salários ou por uma mudança no conhecimento técnico ou nas quantidades físicas de outros fatores disponíveis que mudam a produtividade do trabalho. Embora qualquer uma dessas mudanças possa servir para nosso propósito enquanto variável independente, devemos, é claro, não tratar da mesma maneira as mudanças na produtividade do trabalho, que são consequência de variações na proporção entre o capital e o trabalho empregado, já que essa é a variável dependente de nosso problema.

O tipo específico de mudança sobre o qual mostraremos aqui a proposição será um aumento geral nos preços dos produtos finais (ou bens de consumo; daqui em diante, referidos resumidamente como "mercadorias"), enquanto se assume que os salários nominais permanecerão constantes (e, portanto, cairão *relativamente* aos preços das mercadorias). Vamos assumir que esse aumento de preços se deve a um aumento da demanda, provocado por um crescimento das receitas obtidas com a produção de bens de investimento, e excedendo a quantidade além da qual a produção de mercadoria pode ser rapidamente aumentada. Devemos ainda supor que os empreendedores esperam que os preços das mercadorias permaneçam pelo menos por um tempo considerável no novo nível superior. Nenhuma suposição será feita de qualquer mudança no preço dos bens de capital, sendo isso parte de nosso problema.

A suposição de um aumento geral dos preços das mercadorias enquanto os salários permanecem inalterados significa, é claro, que *todos* os salários caem em relação aos preços das mercadorias. É importante enfatizar isso porque o teorema tem sido frequentemente incompreendido, como se estivesse se referindo a uma situação em que apenas os salários do trabalho que interage com o maquinário mudam em relação aos preços, ao passo que os salários usados na produção do maquinário permanecem inalterados.[12] Deve ser imediatamente admitido que, com essa mudança geral no nível salarial em relação aos preços finais, os custos de produção dos bens finais por diferentes métodos devem, se supusermos uma taxa de juros uniforme, ser alterados na mesma proporção. Todavia, nosso argumento é que a atratividade de investir em diferentes setores industriais ou métodos de produção será afetada de forma diferente.

A fim de excluir, para o propósito da presente seção, qualquer influência exercida pela taxa de juros nominal, assumiremos por ora que não há empréstimo de dinheiro de qualquer espécie durante o período em que estamos interessados: empreendedores que possuem todo o capital que

O EFEITO RICARDO

empregam e são impedidos de forma eficaz de emprestar alguma parte dele ou que são limitados por um estrito racionamento de crédito. No entanto, devemos supor que, antes de ocorrer o aumento dos preços das mercadorias, as taxas de retorno do capital eram as mesmas em todas as empresas. Ao excluir qualquer consideração da taxa de juros na discussão referente aos efeitos das mudanças nos preços das mercadorias, estamos, por enquanto, evitando deliberadamente o que mais adiante se tornará nosso principal problema. Contudo, esse arquivamento temporário da questão central nos ajudará a isolar as partes mais básicas do argumento que ainda parecem necessitar de uma explicitação.

Sendo assim, nosso problema atual é como, com os salários inalterados, o aumento dos preços das mercadorias afetará a distribuição corrente dos fundos sob o comando dos empreendedores entre despesas com salários (ou investimento em "capital circulante") e despesas com maquinário (investimento em "capital fixo"). Para evitar complicações decorrentes das mudanças nos preços das matérias-primas etc., que discuti alhures,[13] podemos supor que as empresas com as quais estamos preocupados são todas do tipo representado por uma olaria em terreno marginal, em que a mão de obra empregada produz não só toda a matéria-prima, mas também o combustível.

Resta apresentar uma medida inequívoca e, na medida do possível, incontestável das proporções em que o capital e o trabalho são combinados nas diversas empresas e nos possíveis métodos de produção. Para o propósito em questão, a medida mais conveniente, que também tem a vantagem de ser familiar aos empresários, é o conceito de "taxa de rotatividade", aplicado ao todo ou a alguma parte do capital de uma empresa. É um fato conhecido que algumas empresas esperam "girar" seu capital (isto é, reinvestir a partir das receitas correntes um montante igual a seu capital) uma vez a cada dois meses, ao passo que outras esperam fazer isso apenas uma vez em cinco ou até dez anos, e que essa taxa de rotatividade depende, pelo menos em parte,[14] da natureza do negócio e do caráter dos métodos adotados. Da mesma forma, também será verdade que, em qualquer empresa, algumas partes de seus ativos serão "giradas" ou totalmente transformadas em numerário e reinvestidas doze vezes por ano, enquanto outras podem ser totalmente amortizadas e substituídas apenas uma vez em vinte anos. A "taxa de rotatividade" expressa (como um

213

número inteiro ou como uma fração) a quantidade de vezes que o capital é girado no decurso de um ano. Como será conveniente ter um adjetivo que descreva empresas ou métodos com uma taxa de rotatividade relativamente alta ou relativamente baixa, devemos, por razões que serão óbvias, empregar ocasionalmente os termos técnicos "mais capitalista" para empresas ou métodos com uma taxa de rotatividade relativamente baixa e "menos capitalista" para empresas ou métodos com uma taxa de rotatividade relativamente alta.

O conceito de taxa de rotatividade do capital proporciona um ponto de partida especialmente útil para a nossa discussão, porque as mudanças na relação entre salário e preço irão, de maneira evidente no primeiro caso, afetar o ganho obtido cada vez que o produto de uma determinada despesa for vendido. Enquanto os preços das mercadorias permanecerem altos em relação aos custos, a diferença será uma fonte de um determinado lucro proporcional sobre o capital toda vez que o capital for girado, e qualquer aumento nos preços dos produtos em relação aos custos permitirá que os empreendedores obtenham maiores lucros *por unidade de tempo* a partir do capital deles, conforme sejam capazes de girá-lo com mais frequência.

Na situação de equilíbrio de longo prazo que supomos ter existido antes do aumento dos preços, uma situação em que a taxa de retorno do capital será igual para todas as empresas, a relação entre a taxa de rotatividade e o ganho proporcional em cada giro é muito simples. A fim de evitar o termo ambíguo "lucro", devemos de agora em diante empregar os seguintes termos: (1) o retorno percentual líquido por ano sobre todo o capital de uma empresa (ou sobre qualquer parte dele para a qual consideramos necessário calcular separadamente), líquido dos "salários da administração" e do prêmio de risco, designaremos como a "taxa interna de retorno".[15] Na posição de equilíbrio de longo prazo a que acabamos de nos referir, essas taxas internas de retorno serão iguais para todas as empresas e para cada parte do capital de qualquer empresa. (2) O ganho proporcional em cada venda, e portanto sobre o capital em cada giro, expresso em porcentagem designaremos como a "margem de lucro". Quando nos lembramos de que a taxa de rotatividade expressa o número de vezes em que as vendas totais (ou melhor, os custos dos produtos vendidos em um ano) excedem o valor do capital da empresa, fica claro que, se a taxa interna de retorno deverá ser uniforme para todas as empresas, as margens de lucro terão de variar inversamente em relação às taxas de rotatividade. Assim, se chamarmos a taxa interna de retorno de I, a taxa de rotatividade de T e a margem de lucro de M, a relação será representada por

$$I = TM \text{ ou } M = I/T.$$

Se, por exemplo, a taxa interna for igual a 6%, a margem de lucro de uma empresa que gira seu capital seis vezes por ano terá de ser igual a 1%, enquanto uma empresa que gira seu capital apenas uma vez em dois anos terá que ganhar 12% em todas as vendas, e uma empresa que gira seu capital apenas uma vez a cada dez anos terá que obter uma margem de lucro igual a 60%.[16]

Como essas taxas internas de retorno de diferentes empresas serão afetadas por um aumento geral dos preços de, por exemplo, 5%? Como tal aumento significa um crescimento proporcional das receitas de venda de qualquer quantidade de mercadoria, cujo custo de produção é inalterado, significará um claro acréscimo às margens de lucro obtidas em cada giro igual ao montante do aumento. Para as três empresas que acabamos de considerar a título de ilustração, a primeira (com uma taxa de rotatividade anual $T = 6$) terá sua margem de lucro aumentada de um para 6%; a segunda (com $T = 1$), de 6% a 11%; e a terceira (com $T = 1/10$), de 60% a 65%. Multiplicando essas margens de lucro pelas taxas de rotatividade correspondentes, obtemos as novas taxas internas de retorno de $6 \times 6 = 36\%$ para a primeira; $1 \times 11 = 11\%$ para a segunda; e $1/10 \times 65 = 6,5\%$ para a terceira empresa.[17]

Nas circunstâncias assumidas, essas diferenças nas taxas internas de retorno de diferentes empresas não podem, a curto prazo, provocar nenhuma alteração no capital à disposição delas (além de qualquer reinvestimento de lucros) — embora o efeito que essas diferenças fazem, no mundo real, na distribuição do capital entre as empresas seja facilmente visto. Portanto, passemos das diferenças entre os efeitos no retorno de diferentes empresas para as diferenças entre os efeitos da mesma mudança na taxa de retorno nas diferentes partes do capital de qualquer empresa. O conceito de taxas de rotatividade distintas e determináveis e de taxas de retorno relativas a diferentes partes do capital de qualquer empresa (certamente conhecidas, ainda que provavelmente nunca determinadas com precisão na prática) depende da possibilidade de apurar a contribuição marginal para o produto de diferentes partes do capital; e isso, por sua vez, depende, de maneira familiar, da possibilidade de variar as proporções em que as diferentes formas de capital se combinam. Na próxima seção, explicaremos por que consideramos que, no sentido relevante, essa variabilidade é bastante alta, mesmo a curto prazo. Por enquanto, vamos partir do princípio de que isso é assim e que, consequentemente, estamos em condições de determinar a taxa de rotatividade, assim como o produto marginal e, portanto, a margem de lucro auferida sobre qualquer parte do capital das empresas.[18]

Podemos usar para o propósito dessa análise a mesma exemplificação numérica que acabamos de utilizar em relação a diferentes empresas; isto é, podemos supor que, para as principais partes componentes do capital das empresas específicas que consideramos agora, as taxas de rotatividade sejam iguais a 6 para as somas investidas em salários correntes, 1 para as partes operacionais das máquinas operatrizes etc., e 1/10 para maquinário mais pesado, edifícios etc. Devemos de novo supor que, após uma taxa interna de retorno uniforme de 6% ter sido estabelecida, os preços dos produtos aumentem 5% e que, em consequência, as taxas internas de retorno obtidas nos diferentes tipos de capital aumentem como antes para 36%, 11% e 6,5%, respectivamente. Com certeza, essa só pode ser uma posição temporária se as proporções entre as formas de capital com diferentes taxas de rotatividade puderem ser variadas. Agora valerá a pena redistribuir as despesas correntes de modo a aumentar o investimento em capital com uma elevada taxa de rotatividade e a reduzir o investimento em capital com uma baixa taxa de rotatividade. Essa mudança continuará até que as taxas de retorno esperadas sejam mais uma vez as mesmas em todas as formas de investimento, e o investimento atual continuará nessa nova forma enquanto as mesmas condições prevalecerem, até que finalmente todo o capital da empresa tenha sido adaptado às novas condições. Em consequência, uma taxa interna de retorno nova e mais uma vez uniforme para a empresa será estabelecida em algum lugar entre os extremos de 6,5% e 36%, e, com essa nova taxa de retorno, o rendimento total que pode ser obtido a partir dos recursos limitados da empresa (aumentado apenas por meio de quaisquer lucros extras reinvestidos) terá atingido seu máximo.

Embora mais uma vez uniformes para qualquer empresa, as taxas internas de retorno irão, porém, permanecer diferentes para diferentes setores e (em menor grau) para diferentes empresas no mesmo setor. Se as taxas internas forem fixadas para qualquer empresa, isso dependerá da composição original do capital da empresa e do grau em que os custos serão aumentados por meio de qualquer transição para métodos menos capitalistas. No entanto, em geral, as taxas de retorno permanecerão mais altas nos setores que, por causa da natureza de seus produtos, precisam de relativamente menos capital, e mais baixas nos setores que precisam de relativamente mais capital, embora ambos os tipos de setores tendam a mudar, na medida do possível, para métodos de produção menos capitalistas.[19]

3

Antes de prosseguir, será aconselhável considerar brevemente a provável importância em termos quantitativos a curto prazo do fenômeno considerado. Foi expressa a crença, e parece ser amplamente aceita, de que, embora o argumento possa ser correto, a importância prática do efeito em questão só pode ser pequena. Embora seja conveniente adiar essas considerações de um tipo mais concreto até que o argumento teórico esteja completo, penso ser melhor evitar uma sensação de impaciência por parte do leitor, que talvez ache que toda essa longa discussão é desperdiçada num ponto cuja importância prática, mesmo se provada, seria insignificante.

Todavia, essa crença amplamente aceita parece se basear em um equívoco. É claro que a proporção em que o capital fixo e o capital circulante (ou o maquinário mais ou menos durável ou poupador de trabalho) são usados na produção pode ser alterada apenas de maneira gradual e lenta durante um longo período de tempo. Mas essa não é a questão. Não estamos interessados nas proporções entre os *estoques* existentes de capital fixo e capital circulante, mas sim nas taxas relativas às quais as empresas investirão suas despesas correntes na renovação (ou acréscimo) dos dois tipos de ativos de capital. Aqui, tanto a experiência comum quanto as considerações gerais sugerem que essa proporção é extremamente variável a curto prazo.

Provavelmente, a impressão equivocada é provocada pelo tipo de exemplificações da transição de métodos menos capitalistas para mais capitalistas em geral utilizadas nos livros-textos que descrevem posições alternativas de equilíbrio a longo prazo. Os exemplos conhecidos de

A ORDEM ECONÔMICA E A LIVRE INICIATIVA

"mudanças no método de produção" por meio da substituição de todas as máquinas por aquelas de outro tipo, de menos duráveis para mais duráveis, de maquinário menos poupador de trabalho para mais poupador de trabalho, ou de processos que costumam ser mais curtos por processos que costumam ser mais longos, enfatizam um aspecto que, de fato, pareceria ser relativamente sem importância a curto prazo. Para nos darmos conta de como a mesma tendência age não menos fortemente a curto prazo, devemos superar nossa predisposição para a "estatística comparativa" do livro-texto e tentar pensar de maneira mais realista sobre a decisão concreta que os empreendedores terão que tomar continuamente.

Em um espaço limitado, podemos ilustrar isso apenas por meio de exemplos selecionados. No entanto, eles irão, espero, mostrar a amplitude da gama de variações possíveis a muito curto prazo.

Temos que pensar em empreendedores equipados, num dado momento, com um determinado estoque de maquinário durável, do qual apenas uma pequena parte precisa de substituição em um curto período de tempo. Se as condições tivessem permanecido, eles teriam continuado período após período a investir suas provisões de depreciação em maquinário do mesmo tipo. Mas eles farão isso simplesmente porque esse seria o método mais lucrativo de utilizar seus fundos, e não devemos supor que continuarão a fazê-lo após a mudança de condições. Sobretudo quando a demanda aumentar haverá uma série de maneiras possíveis de incrementar a produção além da multiplicação de maquinário do tipo que estavam usando antes. Se eles não puderem contrair empréstimos de forma a trazer sua taxa interna para o nível anterior, algumas dessas maneiras parecerão mais lucrativas do que aquelas utilizadas antes.

Haverá principalmente dois tipos de mudanças que agora parecerão vantajosas: um empreendedor pode usar seu maquinário existente de maneira mais intensiva (isto é, com mais mão de obra) — empregando para este fim parte dos fundos que normalmente teriam sido investidos para substituir o maquinário por novas máquinas do mesmo tipo — ou ele pode substituir aquelas máquinas que se desgastaram por um número maior de outras mais baratas. É provável que ambos os métodos venham a ser utilizados, embora o primeiro talvez seja o mais importante.

Os métodos óbvios de aumentar rapidamente a produção à medida que os preços das mercadorias sobem são fazer horas extras, introduzir turnos duplos ou triplos, proporcionar ajuda adicional para liberar os operários nas máquinas existentes de operações subsidiárias etc. Geralmente, isso aumentará os custos da mão de obra por unidade de produção, e esse fato terá impedido a utilização desses dispositivos antes da elevação dos preços. Contudo, se a adoção de qualquer um desses métodos aumentasse o custo marginal da mão de obra por unidade de produção em, por exemplo, 4%,[20] isso ainda iria, com um aumento de 5% nos preços, deixar um lucro extra de 1%, que, com uma taxa de rotatividade igual a 6, obteria ainda uma taxa interna de retorno nessa forma de investimento de 12% em comparação com os 6,5% da máquina com uma taxa de rotatividade de $\frac{1}{10}$. Portanto, esse método de produção mais dispendioso agora se tornará aquele por meio do qual, com os recursos limitados à disposição do empreendedor, os maiores lucros poderão ser realizados; e a mão de obra que coopera com o maquinário será aumentada até que a queda do retorno dos fundos investidos em mais mão de obra e o aumento dos retornos dos recursos financeiros investidos em máquinas tornem as duas taxas de retorno mais uma vez iguais em um valor intermediário.

Os tipos de mudanças no maquinário utilizado que devem ser levados em consideração mesmo a curto prazo serão igualmente numerosos e também terão como efeito o aumento dos custos marginais. Em primeiro lugar, haverá a possibilidade de manutenção e assistência menos perfeitas, reparos provisórios em vez de completos, períodos de paralisações mais curtos ou em menor número para inspeção e revisão geral, o que reduzirá a eficiência e abreviará a vida útil do maquinário existente, mas pode muito bem valer a pena se a produção corrente puder ser aumentada. Em segundo lugar, haverá a possibilidade de não renovação total, não, é claro, de partes fundamentais do equipamento, mas de muitos mecanismos auxiliares poupadores de trabalho, como alimentadores automáticos e outros dispositivos que executam operações que também podem ser feitas manualmente. Em terceiro lugar, haverá a possibilidade do uso de máquinas obsoletas ou de segunda mão, em vez de novas. Diversas fábricas mais antigas dispõem de uma certa quantidade desse maquinário usado para uso temporário, para atender às demandas de horário de pico ou em casos de emergência, para os quais não valeria a pena manter uma nova máquina de reserva. Em muitos ramos, existe uma oferta de maquinário de segunda mão que pode ser utilizado da mesma maneira. Em quarto e último lugar, haverá a possibilidade de substituir as máquinas que se desgastam por outras novas, mas mais baratas e menos eficientes. Enquanto a taxa interna de retorno de qualquer empresa permanecer acima do que estava antes, pode muito bem ser lucrativo comprar duas máquinas menos eficientes ao preço de uma mais eficiente, se as duas máquinas menos eficientes permitem que a empresa, ainda que com a cooperação de muito mais mão de obra, aumente a produção mais do que com a máquina mais eficiente.

Se considerarmos o efeito de todas essas possíveis mudanças, *não* com base na proporção em que o estoque de capital de qualquer empresa se compõe de diferentes partes, mas sim com base nas *taxas* em que as despesas correntes são *investidas* em diferentes tipos de recursos, ou com base na *proporção* em que a despesa total é *distribuída* entre os capitais fixo e circulante, parece claro que, em consequência de uma mudança geral nos preços das mercadorias, grandes mudanças nas últimas magnitudes podem ser provocadas em um tempo relativamente curto. Em casos extremos, pode até ser lucrativo para os empreendedores interromperem temporariamente toda a demanda por maquinário e, ainda assim, aumentarem muito a produção por um período considerável. Contudo, embora esse resultado extremo possa não ser provável, não parece improvável que a demanda por certos tipos de novos equipamentos seja absolutamente reduzida. Isso parece ser provável sobretudo onde, como acontece no caso de edifícios e maquinário mais pesado, o equipamento tem que ser feito sob encomenda e grandes somas terão que ser imobilizadas nele pelo comprador durante o período de produção sem trazer nenhum rendimento corrente; o mesmo parece ser o caso sempre que uma transição gradual para algum tipo de maquinário novo (por exemplo, mais econômico em termos de mão de obra), mas mais caro, estiver em curso e que agora for interrompida; e, geralmente, sempre que a mudança nos métodos de produção adotados envolver uma mudança de equipamento feita por um grupo de pessoas para aquela feita por outro grupo de pessoas.[21] Uma vez que qualquer mão de obra é específica para a produção de todo tipo de equipamento cuja demanda agora diminui ou cessa totalmente, a consequência do aumento da demanda final será, portanto, o desemprego nas indústrias de bens de capital.

4

Temos agora que apresentar a possibilidade de tomar dinheiro emprestado a taxas de juros determinadas pelo mercado e não necessariamente alteradas em resposta a um aumento de demanda por recursos financeiros. Na presente seção, consideraremos até que ponto isso modifica as conclusões até agora alcançadas se fizermos suposições que, sob os aspectos mais importantes, correspondem aproximadamente às condições do mundo real e que, portanto, nos permitirão avaliar qual tende a ser o significado prático de nossas conclusões. O caso teoricamente muito interessante, mas irrelevante na prática, a respeito de uma "oferta de crédito perfeitamente elástica" será adiado até a próxima seção.

A distinção clara entre os dois casos e a ordem de tratamento é indicada pela aplicação frequente, mas enganosa, da categoria de "competição perfeita" a esse problema; esse conceito é bastante inadequado, pois empréstimos sucessivos (adicionais) ao mesmo tomador nunca representarão a "mesma mercadoria" no sentido em que o termo é empregado na teoria da competição. Enquanto em um mercado de mercadorias "competição perfeita" significa que qualquer comprador pode comprar a um determinado preço de mercado qualquer quantidade que desejar, seria evidentemente absurdo supor que mesmo no mercado financeiro mais perfeitamente competitivo cada tomador de empréstimo (ou, aliás, qualquer tomador de empréstimo) possa, com a taxa de juros dada, pegar emprestado qualquer quantia que desejar. Isso é impedido pelo fato de que, em determinadas circunstâncias, a garantia que um tomador de empréstimos tem a oferecer não é tão boa para um montante elevado como para um pequeno. Em consequência, todo tomador de empréstimo em potencial terá que enfrentar uma curva de oferta de crédito inclinada para cima — ou melhor, não uma curva de oferta contínua, mas uma "curva" escalonada para cima, mostrando que a taxa de juros, embora constante dentro de certos limites, subirá em degraus distintos sempre que um dos limites for alcançado, até o qual o tomador poderá contrair o empréstimo a uma determinada taxa.

O fator mais importante, embora não o único, que limita a capacidade de endividamento de uma empresa a qualquer taxa de juros será o tamanho do capital possuído por ela. Os banqueiros, via de regra, não estarão dispostos a emprestar a qualquer empresa mais do que uma determinada proporção de seu próprio capital, e tomarão muito cuidado para que nenhuma empresa tome emprestado ao mesmo tempo de mais de um banco; e, além desse limite, a empresa só conseguirá obter recursos financeiros a uma taxa de juros mais alta ou, o que dá no mesmo, em condições mais onerosas de algum outro tipo. Essa limitação do montante de fundos que qualquer empresa pode levantar para aumentar sua produção será ainda mais reforçada quando os bancos concederem empréstimos apenas para investimento em capital circulante e se recusarem cabalmente a conceder recursos financeiros para o investimento em capital fixo. O fato geral que temos que lembrar a esse respeito é que, no arcabouço institucional existente, os empréstimos (no sentido estrito da palavra), e sobretudo os empréstimos de curto prazo, irão assegurar a mobilidade do capital apenas até certo ponto, e que, em um mundo onde o risco está sempre presente, por si só não será suficiente viabilizar uma equalização das taxas de retorno do capital investido em diferentes empresas ou ajustar completamente essas taxas a uma determinada taxa de juros de mercado. Para isso, além dos empréstimos, serão necessárias transferências de capital por meio de plena participação no risco do negócio, isto é, mudanças no capital social ou o que podemos geralmente descrever como "capital próprio" (em distinção ao capital emprestado) das empresas. Porém, este último processo é necessariamente muito mais lento do que a concessão de empréstimos bancários adicionais e, portanto, será frequentemente verdade que, a curto prazo, a maioria das empresas não será capaz de obter tanto capital quanto poderia usar de modo lucrativo ou o que seria capaz de fazer apenas a taxas muito mais altas do que a "taxa de mercado".

Isso não quer dizer que o máximo que uma empresa conseguirá tomar emprestado a uma determinada taxa de juros será rigidamente fixado em proporção a seu capital próprio. O diretor de uma empresa que for capaz de convencer seu gerente de banco de que tem uma oportunidade excepcional de obter grandes lucros com capital adicional e, assim, poderá proporcionar uma grande margem de segurança no caso de seu otimismo se revelar pouco justificável será capaz de contrair empréstimos proporcionalmente mais do que outro. Em geral, quando as perspectivas são boas, todas as empresas podem ser capazes de contrair mais empréstimos em proporção a seu próprio capital do que quando as perspectivas são ruins.[22] As "curvas" de oferta de crédito escalonadas que todas as empresas encaram serão deslocadas para a direita quando as perspectivas gerais melhoram (e para a esquerda quando as perspectivas pioram), e esses deslocamentos laterais das curvas de oferta de crédito com frequência agirão, e muitas vezes serão usados de forma deliberada, exatamente da mesma maneira que uma mudança total na taxa de juros (isto é, com um aumento ou redução de toda a curva).

Mas, embora qualquer aumento geral nos lucros previstos tenda a aumentar os montantes que as empresas possam tomar emprestado, em muitos casos aumentará ainda mais os montantes que gostariam de tomar emprestado a taxas de juros correntes e, assim, levará as empresas até o limite além do qual podem obter capital apenas a custos mais elevados. Ainda que haja, à taxa de juros vigente, uma demanda não satisfeita, essa demanda não será uma demanda "efetiva", porque não se enquadrará nas categorias às quais se aplicam as taxas vigentes e, portanto, essas taxas permanecerão inalteradas. Essa situação é semelhante à provocada pelo racionamento de crédito, embora surja sem a intervenção de uma autoridade ou de um monopolista, mas meramente como resultado das opiniões que os bancos têm a respeito da "capacidade de crédito" dos tomadores.

Não há necessidade de explicar em detalhes que, sempre que os montantes que as pessoas gostariam de tomar emprestado à taxa de juros corrente forem maiores do que os montantes que podem obter com essa taxa, serão esses *montantes*, e não a taxa de mercado vigente, que determinarão as taxas internas de retorno das diferentes empresas. Como na situação discutida na última seção, essas taxas internas serão diferentes para diferentes empresas de acordo com as circunstâncias então enumeradas (às quais devemos agora adicionar as limitações sobre a possibilidade de contrair empréstimo de qualquer empresa em particular), e o investimento de cada empresa será regido por sua própria taxa interna, que pode ser muito mais alta do que a taxa de mercado, que pode não ter mudado nada. O aumento das taxas internas levaria a uma mudança geral para métodos de produção menos capitalistas, diferentes em extensão, conforme a mudança da taxa interna nas diferentes empresas.

Todavia, resta a questão de, à medida que as empresas são capazes de obter créditos adicionais, se isso reduzirá o grau pelo qual suas taxas internas aumentarão e, portanto, o grau pelo qual mudarão para métodos de produção menos capitalistas, em comparação com o caso em que nenhum crédito adicional estava disponível. O problema que surge aqui é o mesmo que pretendemos considerar em sua forma mais geral na próxima seção, uma vez que, se nossa proposição for verdadeira mesmo quando a oferta de crédito for completamente elástica, ela deverá se aplicar ainda mais no presente caso. Assim, podemos avançar para esse caso "mais forte".

5

A suposição de que a oferta de crédito a uma determinada taxa de juros é perfeitamente elástica não é apenas irrealista como, quando consideramos suas implicações, também é totalmente fantástica; e torna a análise bastante complicada. Porém, como nos coloca diante de um problema teórico fundamental, vale a pena empreendê-la. Em sua forma mais pura, suscita a questão da relação entre os fatores monetários e reais que afetam a lucratividade relativa dos diferentes métodos de produção.

A alegação de que se a oferta de crédito for perfeitamente elástica deve ser a taxa de juros nominal que determinará quais formas de investimento são mais lucrativas talvez se baseie em qualquer uma das duas afirmações que devem ser claramente distinguidas: pode-se afirmar que, nesse caso, as relações entre custo e preço (ou a relação entre salários e preços das mercadorias) devem ser necessariamente ajustadas a uma mudança nos salários ou a uma mudança nos preços das mercadorias de modo a fazer a diferença corresponder à taxa de juros nominal; ou pode-se afirmar que mesmo quando isso não acontece e os salários, por exemplo, permanecem muito baixos em relação aos preços das mercadorias, ainda será a taxa de juros nominal, e não a relação entre custo e preço, que vai reger a forma de investimento.

Em relação a ambos os argumentos, mas sobretudo no que concerne ao primeiro, é importante lembrar que a situação que consideramos *não* é eminentemente de equilíbrio, mas uma em que as causas da mudança contínua e cumulativa são inerentes. Na verdade, é o exemplo clássico de um processo cumulativo com o qual estamos lidando; a oferta de crédito perfeitamente elástica a uma taxa de juros menor do que a taxa interna de todas ou da maioria das empresas será a causa das mudanças contínuas dos

O EFEITO RICARDO

preços e nos resultados nominais em que cada mudança torna necessária outras mudanças. Não faz sentido dizer, com respeito a tal situação, que "em equilíbrio deve" existir tal e tal relação, porque isso necessariamente resulta das suposições de que a relação entre pelo menos alguns preços deve estar fora de equilíbrio. Isso é particularmente importante com referência a duas proposições: primeiro, que os preços devem ser iguais aos custos marginais, e, segundo, que os preços dos fatores devem ser iguais ao preço esperado de seu produto marginal descontado à taxa de juros à qual o crédito pode ser obtido irrestritamente. Tudo o que precisamos dizer sobre a primeira proposição é que, exceto em um sentido muito especial e irrelevante para nosso propósito,[23] ela simplesmente não é verdadeira a muito curto prazo, embora uma crença dogmática de que os preços devam sempre ser iguais aos custos marginais no sentido relevante é provavelmente responsável por um grande número de confusões nesse campo. A segunda proposição é aquela na qual estamos aqui mais diretamente interessados.

A crença de que se a oferta monetária a uma determinada taxa de juros for perfeitamente elástica enquanto a demanda de investimento for inelástica a primeira determinará exclusivamente a taxa de retorno em que a oferta e a demanda serão iguais é resultante, por analogia, da regra geral de que se a quantidade demandada ou a quantidade ofertada de qualquer coisa for completamente elástica a um determinado preço, resulta necessariamente que esse será o preço. Mas, embora essa afirmação seja verdadeira o suficiente quando discutimos a demanda e a oferta em termos "reais", ela negligencia uma diferença essencial do presente caso, em que o "preço" em questão é a relação entre os preços de dois grupos de bens (mão de obra e mercadorias), ao passo que a oferta, que é infinitamente elástica, não é de um dos dois bens, mas meramente do dinheiro que, em primeiro lugar, será gasto em um dos dois bens; ela negligencia o fato de que qualquer aumento dos gastos em dinheiro em um tipo de bem está fadado a provocar um aumento nos gastos em dinheiro em outro tipo de bem.

Quando foi dito que estávamos lidando com uma posição de desequilíbrio, isso significava exatamente que tínhamos que lidar com dois conjuntos de forças tendentes a fixar o mesmo preço (ou melhor, a mesma relação entre dois grupos de preços) em valores distintos. Por um lado, temos uma determinada produção de bens de consumo (apenas lentamente variável) e uma determinada propensão das pessoas a gastar uma certa proporção de sua renda em bens de consumo, que juntas, para cada volume de emprego (e, portanto, de renda total), determinariam uma relação definida entre os preços das mercadorias e os preços de todos os fatores; e, por outro lado, temos uma oferta monetária infinitamente elástica que tende a determinar os preços dos fatores em uma certa relação fixa com os preços dos produtos que é diferente daquela determinada pelo primeiro conjunto de fatores.

Claro que não se deve negar que, por meio de mudanças no fluxo monetário, a relação entre os preços dos bens como determinada pelos fatores reais pode ser consideravelmente modificada. O problema é se não há limite para a extensão e o período de tempo durante o qual a estrutura de preços como determinada pelos fatores "reais" pode ser assim distorcida, ou se o fato de que o dinheiro extra que primeiro elevou um grupo de preços e logo vai afetar o outro grupo de preços na mesma direção não define um limite para o possível grau de distorção. A questão é bastante semelhante à de saber se, ao verter um líquido rápido o suficiente em um dos lados de um recipiente, podemos elevar o nível daquele lado acima do resto em qualquer medida que desejarmos. Até que ponto seremos capazes de elevar o nível daquele lado acima do resto dependerá evidentemente de quão fluido ou viscoso é o líquido; conseguiremos elevá-lo mais se o líquido for xarope ou cola do que se for água. Porém, em nenhum caso teremos a liberdade de elevar a superfície de uma parte do navio acima do resto da maneira que quisermos.

Assim como a viscosidade do líquido determina em que medida qualquer parte de sua superfície pode ser elevada acima do resto, também a velocidade pela qual um aumento de renda leva a um aumento na demanda por bens de consumo limita até que ponto, ao gastarmos mais dinheiro com os fatores de produção, podemos aumentar seus preços em relação aos dos produtos.[24] O problema surge de forma mais aguda quando assumimos que a taxa nominal é reduzida arbitrariamente para um valor muito baixo em um novo país com pouco capital e com uma "eficiência marginal do capital" muito alta. Se a proposição que estamos considerando fosse verdadeira, teria que se manter também nesse caso, isto é, a disponibilidade de uma quantidade ilimitada de dinheiro a uma baixa taxa de juros faria com que os salários subissem até o valor atualizado — não apenas em relação ao produto marginal atual da mão de obra, mas em relação ao produto marginal que se poderia esperar que a mão de obra produzisse após a instalação do maquinário que seria lucrativo instalar com a baixa taxa de juros. O valor agregado dos serviços da mão de obra naquele salário real talvez fosse consideravelmente maior do que a produção atual total dos bens de consumo e, sem dúvida, muito maior do que toda a produção atual da mão de obra. O efeito disso deve ser que a demanda por bens de consumo e seus preços aumentariam de forma correspondente. Se esse aumento de preços estimulasse os empreendedores a tomar empréstimos e investir ainda mais, isso apenas faria os preços subirem mais ainda, e quanto mais rápido os empreendedores esperassem que os preços subissem, mais eles necessariamente acelerariam esse aumento de preços além de suas expectativas. Embora às vezes possam ter sucesso em elevar o valor atualizado do preço *esperado* do produto marginal da mão de obra, não poderiam, independentemente de seu esforço, aumentar de fato os salários reais ao valor correspondente à baixa taxa de juros, porque o material para propiciar essa renda real não estaria lá.

Na situação para a qual temos que aplicar essas considerações, tal como existirá em uma sociedade moderna nos estágios finais de um *boom*, a posição será diferente apenas em grau. Continua a ser verdade que os empreendedores, ao oferecerem salários nominais maiores, não podem aumentar efetivamente os salários reais a um nível que corresponderia à baixa taxa de juros nominal, porque, quanto mais aumentam os salários nominais, mais os preços das mercadorias vão subir.[25] Nesse caso, o fator limitante também é simplesmente que os bens de consumo não estão lá e que, enquanto todos os investimentos assumem formas muito capitalistas, cada aumento no emprego adiciona apenas uma fração de seu valor à produção de bens de consumo. Isso nos leva ao segundo fato real que domina a situação que estamos considerando: que, nessa situação, não haverá mão de obra disponível suficiente para, ao mesmo tempo, aumentar a produção corrente de bens de consumo e impelir o investimento até o limite indicado pela taxa de juros. Enquanto as reservas ociosas de mão de obra estiverem disponíveis, não haverá, na verdade, como veremos agora, nenhuma razão para que os empreendedores não utilizem os fundos para fazer as duas coisas: aumentar a produção de bens de consumo para o futuro próximo por meio de métodos caros, mas rápidos, e prover uma produção mais barata, investindo em grande escala. Esse é o motivo pelo qual, no estágio inicial de um *boom*, a taxa de juros nominal controlará a situação. Contudo, ainda que isso significasse que, nessas circunstâncias, a baixa taxa de juros fosse eficaz no que diz respeito ao volume de investimentos, ainda não significaria que, uma vez que os preços dos bens de consumo começassem a subir, os salários reais pudessem ser mantidos por meio de ajustes proporcionais nos salários nominais.

6

O fato de que, nas circunstâncias consideradas, mais cedo ou mais tarde se tornará inevitável que os salários reais caiam e as despesas de investimento sejam reduzidas ficará evidente se considerarmos por um momento os resultados paradoxais que resultariam se as coisas funcionassem como parece ser assumido pela visão contrária. O aumento dos preços das mercadorias, com montantes ilimitados de dinheiro disponíveis a uma taxa fixa de juros, levaria a um aumento de despesas de investimento e investimento real, que, uma vez que não há reservas de mão de obra disponíveis, só poderia ocorrer à custa da produção de bens de consumo no futuro próximo. O consequente aumento dos resultados nominais e da demanda final, junto com a diminuição na produção dos bens de consumo, provocaria um aumento adicional em seus preços em relação aos salários. De acordo com esse ponto de vista, esse aumento adicional nos preços dos bens de consumo provocaria um aumento adicional do investimento à custa da produção de bens de consumo, e assim por diante, supostamente até que não restassem mais pessoas produzindo bens de consumo e todos estivessem empenhados em fornecer maquinário destinado a produzir bens de consumo em algum futuro distante, quando todos os homens tivessem morrido de fome nesse intervalo. Embora provavelmente exista alguma tendência nesse sentido durante a parte inicial do *boom*, nem é preciso qualquer crença supersticiosa nas forças autocorretivas do sistema econômico para suspeitar que, algum tempo antes que o resultado extremo seja produzido, forças contrárias atuarão para controlar esse desenvolvimento. Isso nos leva à segunda versão do argumento de acordo com a qual deve ser a taxa de juros nominal a ter voz ativa.

O EFEITO RICARDO

Essa versão, que admite que os salários devem permanecer relativamente baixos em comparação com a taxa de juros, mas insiste que, apesar disso, se a oferta monetária for perfeitamente elástica, será a taxa de juros e não o nível de salários que regerá a forma de investimento, é representada principalmente por Kaldor e Wilson.[26] No entanto, esses dois autores, como tentaremos mostrar, simplificam tanto sua tarefa que não provam o que pretendem demonstrar. Tudo o que eles provam, de uma maneira desnecessariamente elaborada, é que, desde que uma quantidade ilimitada de dinheiro possa ser obtida a uma determinada taxa de juros, isso dependerá tão só da taxa de juros cujo método trará o maior lucro *corrente* acima dos custos *correntes após* a aquisição do equipamento apropriado para esse método. Isso nada mais é do que outra versão do truísmo que enfatizamos desde o início de que, enquanto a taxa de juros permanecer constante, uma mudança nos salários reais não pode alterar os custos relativos dos diferentes métodos de produção. O que Kaldor e Wilson desconsideram completamente é que, ao comparar os lucros obtidos na produção com diferentes métodos, eles estão comparando métodos que empregam diferentes quantias de capital sem levar em conta o custo de criação de capital real extra necessário para um dos dois métodos. Eles fazem isso esquecendo de dar qualquer atenção ao que acontecerá durante o período de transição antes que o novo equipamento esteja disponível. Todavia, se esse equipamento estará disponível algum dia dependerá justamente do que acontecer nesse intervalo. O problema não é respondido pela afirmação de que, se adotarmos um determinado rumo, o excesso de receitas correntes em relação às despesas correntes será maior a partir de uma determinada data futura, se também não nos for dito o que acontece entre agora e essa data futura. Ao escolher entre os dois métodos alternativos, não podemos decidir meramente com base em qual seria a posição após *algum* novo equilíbrio de longo prazo ter sido estabelecido, mas também devemos considerar o que acontecerá entre agora e depois, porque *qual* equilíbrio de longo prazo será estabelecido dependerá disso. O procedimento de Kaldor e Wilson equivale a deixar de fora de seus dados os fatores reais que determinam a oferta de capital e assumir que a quantidade de capital irá, a longo prazo, ajustar-se necessariamente de modo a trazer sua "eficiência marginal" ao nível de uma taxa de juros determinada exclusivamente pelos fatores monetários.

A ORDEM ECONÔMICA E A LIVRE INICIATIVA

Para falar de modo mais concreto, Kaldor e Wilson supõem que, se ao menos os recursos financeiros estiverem disponíveis, será, nas circunstâncias assumidas, necessariamente mais lucrativo satisfazer um aumento da demanda pelo produto aumentando o equipamento proporcionalmente ao aumento na quantidade de produto que pode ser vendido a um determinado preço, embora dessa maneira só seja possível, via de regra, compensar o aumento da demanda apenas após um intervalo considerável. Somente se (e à medida que) pudéssemos supor que o equipamento extra necessário está à espera nas lojas pronto para ser comprado e instantaneamente ser instalado, esse intervalo não ocorreria. Essa suposição (que equivale a pressupor que todo capital real necessário para uma expansão já existe) é evidentemente uma que talvez seja verdadeira para qualquer empresa, mas que não será verdadeira quando todas as empresas estiverem ao mesmo tempo na mesma posição. Na situação com a qual estamos preocupados, o equipamento adicional e, ainda mais, a produção gerada por ele apenas estarão disponíveis após uma demora considerável. No intervalo até que essa produção esteja disponível, os lucros que poderiam ter sido obtidos por métodos mais rápidos serão perdidos e devem ser considerados como parte do custo de produção para um futuro mais distante.

Sem dúvida, a isso será respondido que não há nenhuma razão para que os empreendedores não façam as duas coisas: prepararem-se para produção em um futuro próximo por métodos rápidos, mas caros, *e* prevenirem-se para um futuro mais distante encomendando mais maquinário. Porém, isso nos leva à questão fundamental de se a quantidade de recursos reais e, em particular, de mão de obra, será suficiente para tornar as duas coisas possíveis simultaneamente. Ou, em outras palavras, surge a questão, que agora está em voga desconsiderar na discussão desses problemas, de se uma oferta ilimitada de fundos assegura uma oferta igualmente ilimitada de recursos reais. Já vimos que, no tipo de situação que nos preocupa, esse não tende a ser o caso.

Contudo, é instrutivo analisar um pouco melhor como alguns economistas conseguem atenuar essa dificuldade e, assim, aparentemente têm sucesso em eliminar a determinada oferta de capital dos dados relevantes do problema. A abordagem de Kaldor sobre a questão no artigo em referência é, a esse respeito, muito esclarecedora. Ele afirma explicitamente tratar de todos os casos em que a produção de empresas individuais é limitada

O EFEITO RICARDO

por "curvas de demanda decrescentes para os produtos *e/ou curvas de ofer-ta crescentes para seus fatores*"[27] como a única alternativa possível para uma limitação por meio de uma oferta inelástica de crédito. Todavia, ao discu-tir o caso, ele assume e, por fim, até apresenta em um nota de rodapé a su-posição explícita de que *"a elasticidade da oferta de fatores para a empresa individual é infinita"*.[28] No entanto, embora Kaldor tenha, de fato, limitado sua prova a apenas parte do grupo de casos para os quais ele se comprome-teu a fornecê-la, prossegue como se tivesse provado para todo o grupo e continua a tratar sua alternativa original (oferta inelástica de crédito *ou* cur-vas de demanda decrescentes para os produtos e/ou curvas de oferta cres-centes para os fatores) como correspondente à distinção entre situações em que apenas a taxa salarial ou apenas a taxa de juros determina os métodos de produção que serão lucrativos.

A omissão de Kaldor em enfrentar os efeitos da limitação na oferta de mão de obra é tão significativa porque é por meio do aumento no preço de oferta de mão de obra que a escassez de recursos reais disponíveis para in-vestimento (provocada pela demanda concorrente dos produtores de bens de consumo) se faz sentir. Sua conclusão resulta unicamente da suposição de que, e só é verdade se, a elasticidade da oferta de mão de obra (e outros fatores) é infinita. Quando isso é verdade, não há de fato nenhuma razão para que os empreendedores não tenham sucesso em utilizar os recursos financeiros ilimitados para aumentar a produção rapidamente por meio de métodos caros e, ao mesmo tempo, tomar providências em favor de uma produção mais econômica de um volume maior em uma data poste-rior. Enquanto as reservas de mão de obra ociosa estiverem disponíveis a um preço inalterado, fundos ilimitados significam controle ilimitado so-bre os recursos. Porém, essa não é a condição relevante para a posição de pleno emprego que prevalecerá perto do auge do *boom*.

Vamos perceber com mais clareza o problema em questão se por um momento supusermos que cada empresa representa um processo de produ-ção completamente integrado, isto é, não só que a produção da mercadoria final e de todas as diversas matérias-primas etc. utilizadas, mas também que a de todo o maquinário necessário para a produção desse resultado é pro-duzido dentro da empresa. Nas circunstâncias que estamos consideran-do, cada uma dessas empresas integradas seria capaz de atrair mão de obra adicional apenas oferecendo salários mais altos; e, embora os setores relativamente menos capitalistas possam achar lucrativo aumentar sua mão de obra dessa maneira à custa dos setores mais capitalistas, isso, se não houver desempregados disponíveis, não será possível para todas as empresas ou para os setores ou empresas de "intensidade de capital" média.

Para cada uma dessas empresas, que para nosso propósito podem servir como representantes de uma tendência geral, o problema será, portanto, como distribuir sua dada força de trabalho entre a produção de mercadorias e a produção de máquinas. A maneira de maximizar o excesso de receitas correntes em relação às despesas correntes para todos os períodos após a conclusão da mudança seria transferir temporariamente a mão de obra da produção de mercadorias para a produção de máquinas. Isso envolveria uma redução da produção corrente de mercadorias e, portanto, dos lucros correntes, não apenas abaixo do que seriam se o volume de produção anterior tivesse sido mantido, mas ainda mais abaixo do nível que poderia ser alcançado se a produção corrente fosse aumentada, adotando métodos rápidos e mais caros até que o custo marginal se igualasse ao preço. Esses lucros, cuja renúncia seria necessária se o maquinário adicional fosse fornecido, teriam que ser considerados como custos e, portanto, deveriam ser compensados ante os lucros maiores que, em consequência, poderiam ser auferidos continuamente a partir de uma data futura. É esse item que representa os custos da espera extra que os métodos mais capitalistas implicam e que não entra em nenhum lugar nos cálculos de Kaldor ou Wilson. Como esses lucros que serão auferidos durante esse intervalo tendem, como vimos, a ser muito consideráveis, é mais do que provável que pendam a balança contra o processo mais capitalista. Em outras palavras, os lucros serão maiores no método com a taxa de rotatividade mais alta, *não* porque se acumulem a uma taxa mais alta *após* o novo equilíbrio previsto por Kaldor ter sido estabelecido (o que não fariam), mas porque os lucros no método menos capitalista *começarão a se acumular* antes do que aqueles no método mais capitalista. São os lucros de agora em diante, e não apenas os lucros após a criação do equipamento adicional, que devem ser considerados se esse equipamento adicional deve ser criado. É por essa razão que nossas empresas integradas, se suas taxas internas de retorno apenas aumentarem o suficiente, certamente não transferirão mão de obra da produção de mercadorias para a produção de máquinas, mas, ao contrário, transferirão mão de obra da produção de máquinas para a produção de mercadorias. Essa mudança não será apenas temporária, mas evidentemente precisará ser mantida enquanto continuarem as condições que a fizeram parecer lucrativa num primeiro momento, isto é, enquanto os preços dos bens de consumo permanecerem altos em relação aos salários.

Antes de deixarmos as empresas integradas, vale a pena considerarmos com um pouco mais de atenção o que exatamente acontecerá em suas oficinas de máquinas. Essas oficinas terão que prescindir de parte de sua mão de obra que também poderá ser utilizada indiretamente para produzir bens de consumo e terão que se voltar para a produção de maquinário menos elaborado e menos custoso. Ambas as mudanças terão o efeito de tornar supérfluos outros tipos de mão de obra específicos para a produção do tipo mais elaborado de maquinário ou para serviços (como a extração de certas matérias-primas utilizadas na produção do maquinário) que são necessários em uma proporção quantitativa rígida em relação à produção total do maquinário. Em outras palavras, o resultado da escassez de mão de obra empregável de maneira mais geral será o desemprego em relação a certos tipos de trabalho especiais — aqueles que são altamente específicos para a produção de certos tipos de maquinário.

Embora pareça bastante evidente que os resultados deverão ser os mesmos se abandonarmos a suposição da integração completa dos diferentes setores industriais, devo admitir que considero difícil visualizar com exatidão como isso será realizado. Claro que as condições físicas do problema são as mesmas: ainda será verdade que não haverá suficiente mão de obra disponível ao mesmo tempo para aumentar a produção de bens de consumo rapidamente e fornecer mais maquinário para produzir um resultado ainda maior por meio de métodos mais eficientes em uma data posterior. E também será verdade que, se os empreendedores decidirem pelos métodos mais caros, porém mais rápidos, isso lhes trará lucros maiores. O problema envolve aquilo que lhes permitirá prever esse resultado; porque, enquanto eles acreditarem que, aos preços vigentes, serão capazes tanto de obter a mão de obra para aumentar a produção imediatamente quanto conseguir que os fabricantes de máquinas produzam máquinas para eles, parecerá lucrativo tentar fazer as duas coisas; o empreendedor individual não mais se defrontará diretamente com o problema de utilizar a mesma mão de obra para produzir mais mercadorias ou para produzir mais maquinário; e só quando ele e todos os outros empreendedores que estão na mesma posição tentarem fazer isso descobrirão que isso não poder ser feito.

A resposta, acredito, deve ser buscada, primeiro, no fato de que a provisão para o futuro próximo terá necessariamente a primeira atenção do empreendedor, porque, se os lucros que poderiam ser realizados no futuro próximo não forem obtidos, eles (e talvez um certo montante do negócio permanente) serão perdidos para sempre para um concorrente, ao passo que a demora na obtenção de maquinário mais eficiente afetará menos o volume de produção e apenas adiará a data em que seus custos serão menores. Intimamente ligado a isso será o efeito da crescente incerteza em relação a um futuro mais distante. Embora o empreendedor possa esperar que os preços mais altos continuem indefinidamente, ele terá menos certeza de que assim será em um futuro mais distante do que no futuro próximo. Com base no princípio de "fazer algo enquanto é tempo", a provisão para os lucros a serem realizados em um futuro próximo terá precedência.

Segundo, há o fato de que, como *a curto prazo* os métodos mais capitalistas exigirão *mais* mão de obra para qualquer aumento de produção do que os métodos menos capitalistas, o aumento do preço de oferta de mão de obra se fará sentir mais com os primeiros do que com os últimos; isto é, a tentativa de adquirir o maquinário necessário para um determinado aumento de produção corresponderá a um aumento no preço do maquinário comparativamente maior do que o aumento nos salários que seria provocado pelo emprego do número de homens necessário para produzir a mesma quantidade mediante métodos menos capitalistas.

Terceiro, há o ponto que, à medida que os produtores de mercadorias aumentam sua produção em primeiro lugar, não sem qualquer maquinário adicional, mas por meio do uso de um tipo mais barato de maquinário, a necessidade de maquinário mais elaborado surgirá só depois que o maquinário provisoriamente instalado se desgastar e que, portanto, a demanda por um tipo de maquinário mais elaborado possa deixar de existir completamente por um tempo.

Por fim, e talvez o mais importante, haverá o fato de que, enquanto os produtores de mercadorias não conseguirem aumentar a produção rapidamente na medida necessária para reduzir os retornos marginais a um nível que eles possam esperar prevalecer a longo prazo, não terão certeza de qual dos vários elementos no quadro mudará para criar uma nova posição de equilíbrio. Em outras palavras, desde que os lucros nos métodos rápidos não caiam realmente e esforços adicionais pareçam ser necessários para reunir todos os lucros elevados que podem ser obtidos imediatamente, as preparações mais elaboradas para futuros lucros a uma taxa mais baixa (embora mais alta no agregado) e envolvendo maior risco não parecerão muito atraentes. Contudo, enquanto as pessoas tentarem fazer as duas coisas — aumentar a produção rapidamente e encomendar mais máquinas —, a renda e a demanda final continuarão acima das expectativas dos produtores de bens de consumo. Só depois de o investimento ter sido consideravelmente reduzido é que o custo dos métodos dispendiosos alcançará os preços e, assim, os métodos mais capitalistas voltarão a parecer atraentes.

Tenho plena consciência de que tudo isso não é muito satisfatório e que seria muito desejável um quadro mais claro do processo preciso pelo qual a competição gera esse resultado. Porém, não tenho certeza de que isso é possível. Estamos lidando com uma posição de desequilíbrio em que os desenvolvimentos dependem da ordem precisa em que as diversas mudanças se sucedem no tempo e onde a situação a qualquer momento tende a ser, como aprendemos a dizer durante a guerra, "confusa". Não podemos dizer com precisão quando os empreendedores abandonarão as tentativas autodestrutivas de, ao mesmo tempo, construir equipamentos elaborados e aumentar a produção rapidamente. Tudo o que podemos dizer é que, quanto mais tempo o efeito com o qual estamos preocupados for atrasado, mais resistentes deverão se tornar as forças que tendem a provocar esse atraso (isto é, quanto mais aumentos na demanda final puderem gerar aumentos proporcionalmente maiores no investimento, maior deverá se tornar o aumento de preços dos bens finais em relação aos custos), e que, portanto, mais cedo ou mais tarde, elas se tornarão o elemento dominante no quadro.

7

Qualquer tentativa de descobrir, a partir das informações estatísticas disponíveis, se o efeito Ricardo de fato atua como essas considerações sugerem depara com dificuldades consideráveis. Não podemos fazer mais aqui do que mostrar quais são essas dificuldades de uma tentativa de verificação e por que as evidências até agora disponíveis não parecem permitir quaisquer conclusões definitivas.

Em primeiro lugar, deve ser assinalado que, embora o termo "salários reais" seja às vezes utilizado a esse respeito, a relação entre salários e preços dos produtos com os quais estamos preocupados não possui ligação estreita com "salários reais" no sentido em que essa expressão é geralmente utilizada. Embora na maioria dos contextos quando os salários reais são discutidos o que se deva entender é a relação entre salários recebidos pelo trabalhador e os preços das mercadorias nas quais ele gasta esses salários, estamos preocupados com o custo da mão de obra para o empreendedor e sua relação com os preços dos produtos produzidos por ela. Vamos apenas mencionar que, às vezes, os salários pagos aos trabalhadores e o custo da mão de obra para o empreendedor podem evoluir de maneira diferente.[29] No entanto, a diferença mais importante é aquela entre os preços dos bens nos quais os trabalhadores gastam seus salários e os preços dos bens na produção cuja mão de obra é utilizada. A seguir, estão as principais fontes dessa diferença:

1. Embora o "custo de vida" seja afetado em grande parte pelos preços dos produtos agrícolas, para nosso propósito os preços dos artigos manufaturados é que são importantes. Em termos mais gerais, a importância para nosso propósito de mudança no preço de qualquer produto em particular varia com o montante relativo de capital utilizado em sua produção (que é relativamente baixo na agricultura e relativamente alto na indústria). O significado disso será visto quando for lembrado que, para nossos propósitos, uma mera mudança na demanda de artigos que exigem comparativamente pouco capital em sua produção para artigos que exigem muito teria o mesmo efeito que um aumento na demanda total. Provavelmente, qualquer investigação estatística faria bem em se limitar, em primeiro lugar, aos efeitos das mudanças na relação entre os preços do produto e os salários em qualquer setor sobre o investimento nesse setor. Uma vez que uma investigação mais geral é tentada, os preços provavelmente deveriam ser ponderados de acordo com o montante proporcional de capital utilizado na produção de diferentes bens.

236

O EFEITO RICARDO

Quando tivermos que lidar com um "sistema aberto", como será regularmente o caso nas investigações estatísticas, teremos ainda que distinguir entre os preços das mercadorias de produção nacional e os das mercadorias importadas.

2. Embora do ponto de vista do "custo de vida" os preços de varejo sejam os relevantes, para nosso propósito são os valores recebidos pelos fabricantes que contam; e em geral é verdade que, por razões que não precisamos abordar aqui, os últimos (ou pelo menos os preços de atacado) flutuam mais do que os preços de varejo.

3. Embora do ponto de vista do "custo de vida" a relação entre os salários e o preço de uma quantidade fixa de mercadorias seja a relevante, estamos aqui preocupados com as relações entre os custos da mão de obra e o produto marginal dessa mão de obra. No entanto, esse produto marginal não é em si uma constante, mas uma variável, e pode variar em consequência do efeito com o qual estamos preocupados ou pode, por meio de sua mudança, tornar-se a causa desse efeito. Em outras palavras, as mudanças no produto marginal podem aparecer como variáveis dependentes, quando são consequência de uma mudança na combinação proporcional de capital e trabalho, ou como variáveis independentes, quando são provocadas por mudanças nos "dados", em particular pelas mudanças no conhecimento tecnológico. A mudança tecnologia, pelo menos quando é rápida e geral, pode aqui provocar sérias dificuldades.

Enquanto o conhecimento tecnológico permanece constante, as relações entre o custo da mão de obra e o preço de seu produto que são relevantes para nosso propósito serão geralmente as mesmas que as relações entre os custos de uma quantidade fixa de mão de obra e o preço de uma quantidade fixa de produto — embora, quando temos que lidar com um sistema "aberto", as alterações no preço de uma matéria-prima importante possam perturbar até mesmo essa relação simples. Todavia, uma vez que as mudanças no conhecimento técnico devam ser levadas em consideração, o problema se torna muito mais complexo. É evidente, para tomar um caso extremo, que, se um avanço no conhecimento nos permitisse produzir com exatamente o mesmo maquinário e outras despesas 20% a mais do que antes, o efeito imediato seria muito semelhante ao de um aumento no preço do produto. Desde que essa mudança ocorra isoladamente, não há nenhuma dificuldade especial a respeito. Porém, quando em combinação com mudanças de preço, surge um problema para o qual é difícil vislumbrar uma solução viável. Para julgar a importância de qualquer mudança de preço que ocorra junto com a mudança tecnológica, temos que saber qual relação de preços agora "corresponde" à relação de preços que existia antes; isto é, qual relação entre o custo da mão de obra e o preço do produto tornará agora o investimento nem mais nem menos atraente do que a relação de preços existente antes da mudança tecnológica. No momento, não tenho solução a oferecer para essa dificuldade.

CAPÍTULO XII

As condições econômicas do federalismo entre países*

1

É justificadamente considerada como uma das grandes vantagens da federação interestatal que ela aboliria os impedimentos quanto à circulação de homens, bens e capital entre os Estados e que tornaria possível a criação de normas legais comuns, um sistema monetário uniforme e um controle comum das comunicações. Os benefícios materiais que surgiriam a partir da criação de uma área econômica tão grande não podem ser superestimados, e parece ser dado como certo que a união econômica e a união política seriam combinadas como algo natural. No entanto, como terá que ser argumentado aqui que o estabelecimento da união econômica estabelecerá limitações muito definidas para a realização de ambições amplamente acalentadas, devemos começar mostrando por que a abolição de barreiras econômicas entre os membros da federação não é apenas uma concomitância bem-vinda, mas também uma condição indispensável para a realização do objetivo principal da federação.

Inquestionavelmente, o principal objetivo da federação interestatal é garantir a paz: para impedir a guerra entre as partes da federação eliminando as causas de atrito entre elas e proporcionando mecanismos eficazes para a resolução de quaisquer disputas que possam surgir entre elas, e para impedir a guerra entre a federação e quaisquer Estados independentes

---

* Reimpresso de *New Commonwealth Quarterly*, v, Nº 2 (setembro de 1939), pp. 131-49.

A ORDEM ECONÔMICA E A LIVRE INICIATIVA

tornando a primeira tão forte a ponto de eliminar qualquer perigo de ataque de fora. Se esse objetivo pudesse ser alcançado pela mera união política não estendida à esfera econômica, muitos provavelmente se contentariam em parar com a criação de um governo comum para fins de defesa e condução de uma política externa comum, quando uma unificação abrangente talvez impedisse a realização de outros ideais.

No entanto, há muito boas razões para que todos os planos referentes à federação interestatal incluam união econômica e até considerem isso como um de seus principais objetivos e por que não existe nenhum exemplo histórico de países que se associaram com sucesso em uma política externa comum e defesa comum sem um regime econômico comum.[1] Embora haja casos de países concluindo uniões aduaneiras sem fornecer mecanismos para uma política externa comum e defesa comum, a decisão de diversos países de se valer de uma política externa comum e uma força de defesa comum, como foi o caso com as partes da monarquia dual da Áustria-Hungria, foi inevitavelmente combinada com a administração comum de questões de taxas alfandegárias, moeda e finanças.

As relações da União com o resto do mundo propiciam alguns motivos importantes para isso, pois não é possível conceber uma representação comum nos países estrangeiros e uma política externa comum sem uma política fiscal e monetária comum. Se os tratados internacionais devem ser celebrados apenas pela União, resulta que a União deve ter competência exclusiva em todas as relações exteriores, incluindo o controle das exportações e importações etc. Se o governo da União deve ser responsável pela manutenção da paz, a União, e não suas partes, deve ser responsável por todas as decisões que prejudicarão ou beneficiarão os outros países.

Não menos importantes são os requisitos relativos a uma política comum de defesa. Não só as barreiras interestatais ao comércio impediriam o melhor aproveitamento dos recursos disponíveis e enfraqueceriam a força da união como os interesses regionais criados por qualquer tipo de protecionismo regional criariam inevitavelmente obstáculos a uma política de defesa eficaz. Seria bastante difícil subordinar os interesses regionais aos da União; mas se os Estados componentes permanecessem comunidades de interesse distintas, cujos habitantes ganham e sofrem juntos porque estão segregados do resto da União por diversos tipos de barreiras, seria impossível conduzir uma política de defesa sem ser prejudicado em todas as

AS CONDIÇÕES ECONÔMICAS DO FEDERALISMO ENTRE PAÍSES

fases por considerações de interesses locais. No entanto, isso é apenas uma faceta do problema mais amplo que devemos considerar a seguir.

As razões mais convincentes para estender a união à esfera econômica são fornecidas pela necessidade de preservar a coerência interna da União. A existência de qualquer medida de reclusão ou isolamento econômico por parte de um Estado individual produz uma solidariedade de interesses entre todos os seus habitantes e conflitos entre seus interesses e os dos habitantes de outros Estados que — embora estejamos tão acostumados a tais conflitos que os admitimos como óbvios — não são de modo algum uma coisa natural ou inevitável. Não há razão válida para que qualquer mudança que afete um setor específico em um certo território atinja mais fortemente todos ou a maioria dos habitantes desse território do que as pessoas de outros lugares. Isso valeria igualmente para os territórios que agora constituem Estados soberanos ou para qualquer outra região arbitrariamente delimitada, se não fosse pelas barreiras alfandegárias, organizações monetárias distintas e todos os outros impedimentos à livre circulação de pessoas e mercadorias. É só por causa dessas barreiras que a incidência dos diversos benefícios e prejuízos que afetam em primeiro lugar um grupo específico de pessoas se limitará principalmente aos habitantes de um determinado Estado e se estenderá a quase todas as pessoas que vivem dentro de suas fronteiras. Essas fronteiras econômicas criam comunidades de interesse de âmbito regional e de caráter mais íntimo: elas fazem com que todos os conflitos de interesse tenham a tendência a se tornar conflitos entre os mesmos grupos de pessoas, em vez de conflitos entre grupos de composição constantemente variável, e com que haja, em consequência, conflitos perpétuos entre os habitantes de um Estado como tal, em vez de entre os diversos indivíduos que se encontram agrupados, às vezes, com um grupo de pessoas contra outro e, outras vezes, em outra questão, com o segundo grupo contra o primeiro. Não precisamos enfatizar aqui o caso extremo, mas importante, de que a restrição nacional levará a mudanças consideráveis no padrão de vida da população de um Estado integrante composta com a de outro.[2] O simples fato de que todos considerarão repetidamente que seus interesses estão estreitamente ligados com os de um grupo constante de pessoas e antagônicos aos de outro grupo está destinado a gerar atritos severos entre os grupos como tais. Que sempre existirão comunidades de interesse que serão afetadas

A ORDEM ECONÔMICA E A LIVRE INICIATIVA

de forma semelhante por um determinado acontecimento ou uma determinada medida é inevitável. Porém, é claramente no interesse da unidade do todo maior que esses agrupamentos não sejam permanentes e, sobretudo, que as diversas comunidades de interesse se sobreponham territorialmente e nunca se identifiquem de modo duradouro com os habitantes de uma região específica.

Analisaremos ainda neste capítulo como, nos Estados federais existentes, ainda que aos entes estaduais sejam negados os instrumentos grosseiros de protecionismo, como taxas alfandegárias e moedas independentes, as formas mais ocultas de protecionismo tendem a provocar atritos crescentes, retaliação cumulativa e até o uso da força entre os entes estaduais individuais. E não é difícil imaginar que formas isso assumiria se os entes estaduais individuais fossem livres para utilizar todo o arsenal de protecionismo. Parece bastante certo que a união política entre os antigos Estados soberanos não duraria muito, a menos que fosse acompanhada pela união econômica.

2

A ausência de barreiras tarifárias e a livre circulação de pessoas e capitais entre os Estados da federação têm certas consequências importantes que são frequentemente desconsideradas. Em grande parte, elas limitam o alcance da política econômica de cada Estado. Se bens, pessoas e moeda podem circular livremente pelas fronteiras interestatais, torna-se claramente impossível afetar os preços de diferentes produtos por meio da ação de cada Estado. A União se torna um mercado único, e os preços em diferentes partes vão diferir apenas em termos de custos de transporte. Em qualquer parte da União, qualquer mudança nas condições de produção de qualquer mercadoria que possa ser transportada para outras partes afetará os preços em toda parte. Da mesma forma, qualquer mudança nas oportunidades de investimento, ou na remuneração da mão de obra em qualquer parte da União, afetará quase imediatamente a oferta e o preço do capital e da mão de obra em todas as outras partes da União.

Agora, quase todas as políticas econômicas contemporâneas destinadas a ajudar setores específicos tentam fazer isso influenciando os preços.

AS CONDIÇÕES ECONÔMICAS DO FEDERALISMO ENTRE PAÍSES

Quer isso seja feito por entidades de comercialização ou esquemas de restrição, por "reorganização" compulsória ou pela destruição do excesso de capacidade de setores específicos, o objetivo é sempre limitar a oferta e, portanto, aumentar os preços. Sem dúvida, tudo isso se tornará impossível para cada um dos Estados da União. Todo o arsenal de entidades de comercialização e outras formas de organizações monopolistas de setores específicos deixarão de existir à disposição dos governos dos Estados. Se ainda quiserem ajudar determinados grupos de produtores, terão de fazê-lo por meio de subsídios diretos de fundos criados por meio de tributação extraordinária. No entanto, por exemplo, na Inglaterra, os métodos pelos quais os produtores de açúcar, leite, bacon, batatas, fio de algodão, carvão e ferro foram todos protegidos nos últimos anos contra a "competição ruinosa", tanto interna quanto externa, não estarão disponíveis.

Também vai ficar claro que os Estados da União não poderão exercer uma política monetária independente. Com uma unidade monetária comum, a margem de manobra concedida aos bancos centrais nacionais será restrita, pelo menos tanto quanto era de acordo com um rígido padrão ouro — e possivelmente um pouco mais, já que sob o padrão ouro tradicional as flutuações no câmbio entre os países eram maiores do que entre as diferentes partes de um Estado único, ou do que seria desejável permitir dentro da União.[3] Aliás, parece duvidoso que, em uma União com um sistema monetário universal, continuassem a existir bancos centrais nacionais independentes; provavelmente, eles teriam que ser organizados em uma espécie de Sistema de Reserva Federal. Porém, seja como for, uma política monetária nacional que fosse predominantemente guiada pelas condições econômicas e financeiras de cada Estado levaria inevitavelmente à ruptura do sistema monetário universal. É óbvio, portanto, que toda a política monetária teria que ser uma questão federal, e não nacional.

Contudo, mesmo em relação à interferência menos profunda na vida econômica do que a acarretada pela regulamentação da moeda e dos preços, as possibilidades abertas para cada Estado seriam bastante limitadas. Embora os Estados possam, é claro, exercer o controle de qualidade dos bens e dos métodos produtivos empregados, não se deve ignorar que, desde que o Estado não possa excluir mercadorias produzidas em outras partes da União, qualquer encargo imposto a um determinado setor pela legislação do Estado o colocaria em séria desvantagem em comparação com setores semelhantes de outras partes da União. Conforme demonstrado pela experiência das federações existentes, mesmo uma legislação como a restrição do trabalho infantil ou da jornada de trabalho torna-se de difícil aplicação para o Estado individual.

Além disso, na esfera puramente financeira, os métodos de arrecadação de receitas seriam um tanto restritos para cada Estado. Não apenas a maior mobilidade entre os Estados tornaria necessário evitar todos os tipos de tributação que levariam o capital ou a mão de obra para outro lugar, mas também haveria dificuldades consideráveis com vários tipos de tributação indireta. Em particular, se, como seria decerto desejável, o desperdício de controles de fronteira entre os Estados fosse evitado, resultaria difícil tributação de quaisquer mercadorias que pudessem ser facilmente importadas. Isso impediria não só as formas de tributação nacional como, o monopólio do tabaco, mas provavelmente muitos impostos especiais de consumo.

Não se pretende aqui lidar de forma mais completa com essas limitações que a federação imporia à política econômica de cada Estado. Nesse sentido, o efeito geral deve ter sido suficientemente ilustrado pelo que já foi dito. De fato, é provável que, para evitar as evasões das disposições fundamentais que asseguram a livre circulação de pessoas, bens e capital, as restrições que seriam desejáveis para a constituição da federação impor à liberdade de cada Estado teriam que ser ainda maiores do que assumimos até agora, e seu poder de ação independente teria de ser ainda mais limitado. Será preciso retornarmos a este ponto ainda neste capítulo.

Aqui, basta acrescentar que essas limitações se aplicarão não apenas à política econômica do Estado, mas também à política econômica conduzida por organizações comerciais e profissionais que se estendem por todo o território do Estado. Uma vez que as fronteiras deixam de ser fechadas e a livre circulação seja assegurada, todas essas organizações nacionais, sejam sindicatos, cartéis ou associações profissionais, perderão sua posição monopolista e, portanto, como organizações nacionais, seu poder de controlar a oferta de seus serviços ou produtos.

AS CONDIÇÕES ECONÔMICAS DO FEDERALISMO ENTRE PAÍSES

3

O leitor que acompanhou o argumento até agora provavelmente concluirá que se, em uma federação, os poderes econômicos de cada Estado forem assim limitados, o governo federal terá que assumir as funções que os Estados não podem mais desempenhar e terá que fazer todo o planejamento e regulamentações que os Estados não podem fazer. No entanto, neste momento, novas dificuldades se apresentam. Neste breve estudo, será aconselhável discutir esses problemas principalmente em relação à forma mais bem estabelecida de intervenção governamental na vida econômica: ou seja, as taxas alfandegárias. No essencial, nossas observações acerca das taxas alfandegárias dizem respeito igualmente a outras formas de medidas restritivas ou protecionistas. Algumas referências a tipos específicos de regulamentação governamental serão acrescentadas posteriormente.

Em primeiro lugar, a proteção para todo um determinado setor na União pode ser de pouca utilidade para aqueles que atualmente lucram com a proteção, porque os produtores contra a proteção e que desejarão a competição vão estar então na União. O produtor de trigo inglês terá pouco lucro com uma taxa alfandegária que inclui, além dele mesmo, o produtor canadense e talvez também o produtor argentino na mesma área de livre comércio. O fabricante de automóveis britânico terá pouca vantagem com uma taxa alfandegária que inclui ao mesmo tempo os fabricantes norte-americanos. Este ponto não precisa ser elaborado além disso.

Todavia, mesmo quando, fora da federação, existam produtores importantes contra cuja concorrência um determinado setor em geral deseja ser protegido, surgirão dificuldades específicas que não estão presentes, na mesma medida, em um sistema nacional de taxas alfandegárias.

Talvez devesse ser salientado, em primeiro lugar, que, a fim de que um setor específico se beneficie de uma taxa alfandegária, é necessário que a taxa sobre seus produtos seja mais alta que as taxas sobre as mercadorias consumidas pelos produtores desse setor. Uma taxa fixa com uma porcentagem uniforme sobre todas as importações apenas beneficia todos os setores que competem com as importações à custa de todos os outros; mas a incidência desses benefícios é totalmente indiscriminada e não tende a socorrer quando a ajuda é pretendida. Embora tal taxa tendesse a diminuir a riqueza material de todos na União, provavelmente seria utilizada

A ORDEM ECONÔMICA E A LIVRE INICIATIVA

para fortalecer a coerência política entre os membros da federação. Portanto, não parece haver dificuldades específicas a esse respeito.

As dificuldades surgem apenas quando a taxa alfandegária é utilizada para ajudar um determinado setor a crescer com mais rapidez do que cresceria sem ela ou para protegê-lo contra influências adversas que o fariam declinar. Nesses casos, para subsidiar um grupo específico de pessoas, um sacrifício é inevitavelmente imposto a todos os outros produtores e consumidores.

No Estado nacional, as ideologias atuais tornam comparativamente fácil persuadir o resto da comunidade de que é de seu interesse proteger "sua" indústria de ferro ou "sua" produção de trigo, ou seja o que for. Um elemento de orgulho nacional em "sua" indústria e considerações acerca de força nacional em caso de guerra costumam induzir as pessoas a consentir com o sacrifício. A consideração decisiva é que seu sacrifício beneficia os compatriotas cuja posição é familiar a elas. Será que os mesmos motivos atuarão em favor dos outros membros da União? É provável que o camponês francês esteja disposto a pagar mais por seu fertilizante para ajudar a indústria química britânica? O operário sueco estaria disposto a pagar mais por suas laranjas para ajudar o plantador californiano? Ou o escriturário de Londres estaria disposto a pagar mais por seus sapatos ou sua bicicleta para ajudar os operários norte-americanos ou belgas? Ou o mineiro sul-africano se disporia a pagar mais por suas sardinhas para ajudar os pescadores noruegueses?

Parece evidente que, em uma federação, o problema de chegar a um acordo sobre uma tarifa comum cria problemas de natureza diferente daqueles que surgem em um Estado nacional. Faltaria o apoio de fortes ideologias nacionalistas, a compaixão com o vizinho e até mesmo o argumento de defesa perderia muito de seu poder de convencimento se a União fosse realmente forte o suficiente para ter pouco a temer. É difícil visualizar como, em uma federação, um acordo poderia ser alcançado a respeito do uso de taxas alfandegárias para a proteção de setores específicos. O mesmo é válido para todas as outras formas de proteção. Desde que haja grande diversidade de condições entre os diversos países, como será inevitavelmente o caso em uma federação, a indústria obsoleta ou declinante que clama por ajuda quase sempre encontrará, no mesmo setor e dentro da federação, indústrias modernas que demandam liberdade de

AS CONDIÇÕES ECONÔMICAS DO FEDERALISMO ENTRE PAÍSES

desenvolvimento. Será muito mais difícil retardar o progresso em uma parte da federação para manter os padrões de vida em outra parte do que fazer a mesma coisa em um Estado nacional.

Porém, mesmo quando não envolve simplesmente uma questão de "regulamentar" (isto é, refrear) o progresso de um grupo para proteger outro grupo da competição, a diversidade de condições e os diferentes estágios de desenvolvimento econômico alcançados pelas diversas partes da federação criarão sérios obstáculos à legislação federal. Diversas formas de interferência do Estado, bem-vindas em um estágio do progresso econômico, são consideradas em outro como um grande impedimento. Mesmo uma legislação como a limitação da jornada de trabalho, o seguro-desemprego obrigatório ou a proteção de serviços públicos essenciais será vista de outra perspectiva em regiões pobres e ricas e pode, nas primeiras, prejudicar de verdade e despertar oposição violenta do tipo de pessoas que nas regiões mais ricas exigem isso e lucram com isso. Em geral, essa legislação terá que ser limitada até o ponto em que possa ser aplicada localmente sem, ao mesmo tempo, impor quaisquer restrições à mobilidade, como uma lei de assentamentos.

Claro que esses problemas não são estranhos em Estados nacionais como os conhecemos. No entanto, são tornados menos difíceis pela homogeneidade comparativa, as convicções e os ideais comuns e toda a tradição comum das pessoas de um Estado nacional. De fato, em geral, os Estados nacionais soberanos são de tais dimensões e composição que tornam possível um acordo sobre um grau de interferência estatal que não sofreriam se fossem muito menores ou muito maiores. No primeiro caso (e o que importa não é apenas o tamanho em termos de número de habitantes ou área, mas o tamanho em relação aos grupos existentes, que são, ao mesmo tempo, mais ou menos homogêneos e comparativamente autossuficientes), as tentativas de tornar o Estado nacional autossuficiente estariam fora de questão. Se condados, ou mesmo distritos menores, fossem as unidades soberanas, haveria comparativamente poucos setores em cada uma dessas unidades que seriam protegidas. Todas as regiões que não possuíssem e não pudessem criar uma determinada indústria constituiriam livres mercados para os produtos dessa indústria. Se, por outro lado, as unidades soberanas fossem muito maiores do que são atualmente, seria muito mais difícil impor um ônus sobre os habitantes de uma região a fim de ajudar os

A ORDEM ECONÔMICA E A LIVRE INICIATIVA

habitantes de uma região muito diferente que talvez se diferenciasse da primeira não só no idioma, mas também em quase todos os outros aspectos.

O planejamento, ou a direção central da atividade econômica, pressupõe a existência de ideais e valores comuns; e o grau pelo qual o planejamento pode ser realizado se limita à medida que o acordo em relação a essa escala comum de valores pode ser obtido ou aplicado.[4] É evidente que esse acordo será limitado na proporção inversa à homogeneidade e à semelhança em perspectiva e tradição possuída pelos habitantes de uma área. Embora, no Estado nacional, a submissão à vontade da maioria seja facilitada pelo mito da nacionalidade, deve ficar claro que as pessoas relutarão em se submeter a qualquer interferência em seus afazeres diários quando a maioria que dirige o governo é composta por pessoas de diferentes nacionalidades e diferentes tradições. Afinal, é questão de bom senso que o governo central em uma federação composta por muitas pessoas diferentes tenha que ter seu escopo restrito para evitar uma resistência crescente por parte dos diversos grupos incluídos nele. Todavia, o que poderia interferir mais profundamente na vida íntima das pessoas do que a direção central da vida econômica, com sua inevitável discriminação entre grupos? Parece haver poucas dúvidas possíveis de que o escopo para a regulamentação da vida econômica será muito mais restrito para o governo central de uma federação do que para os Estados nacionais. E uma vez que, como vimos, o poder dos Estados que compõem a federação será ainda mais limitado, grande parte da interferência na vida econômica à qual ficamos acostumados será totalmente impraticável em uma organização federal.

O ponto pode ser mais bem ilustrado se considerarmos por um momento os problemas criados pela forma mais desenvolvida de planejamento: o socialismo. Vejamos primeiro a questão de saber se um Estado socialista, por exemplo, a URSS, poderia ingressar em uma federação com os Estados democráticos atlânticos. A resposta é decisivamente negativa, não porque os outros Estados não estariam dispostos a admitir a Rússia, mas porque a URSS jamais se submeteria às condições que a federação imporia e nunca permitiria a livre circulação de bens, pessoas e moeda através de suas fronteiras mantendo, ao mesmo tempo, sua economia socialista.

Se, por outro lado, considerarmos a possibilidade de um regime socialista para a federação como um todo, incluindo a Rússia, a impraticabilidade desse esquema ficará imediatamente evidente. Com as diferenças

248

AS CONDIÇÕES ECONÔMICAS DO FEDERALISMO ENTRE PAÍSES

no padrão de vida, na tradição e na educação que existiriam nessa federação, decerto seria impossível obter uma solução democrática dos problemas centrais que o planejamento socialista criaria. No entanto, mesmo se considerarmos uma federação composta apenas pelos atuais Estados democráticos, como a proposta de Clarence Streit, as dificuldades de introduzir um regime socialista comum não seriam menores. É concebível que os ingleses ou os franceses confiem a salvaguarda de suas vidas, suas liberdades e suas propriedades — em suma, as funções do Estado liberal — a uma organização supranacional. Mas que estejam dispostos a entregar ao governo de uma federação o poder de regulamentar sua vida econômica, decidir o que devem produzir e consumir, não parece provável nem desejável. Contudo, ao mesmo tempo, em uma federação, esses poderes não poderiam ser deixados aos Estados nacionais; portanto, a federação parece significar que nenhum governo poderia ter poderes para o planejamento socialista da vida econômica.

4

Em uma federação, a conclusão de que certos poderes econômicos, que na atualidade são geralmente desempenhados pelos Estados nacionais, não poderiam ser exercidos nem pela federação nem por cada Estado implica que deveria haver menos governo em geral se a federação fosse viável. Certas formas de política econômica terão de ser conduzidas pela federação ou por ninguém. Se a federação exercerá esses poderes irá depender da possibilidade de chegar a um verdadeiro acordo, não só sobre *se* esses poderes devem ser usados, mas sobre *como* devem ser usados. O ponto principal é que, em vários casos em que será impossível chegar a tal acordo, teremos que nos resignar a não termos uma legislação em um campo específico em vez da legislação nacional, que dividiria a unidade econômica da federação. Na verdade, essa disposição de não ter nenhuma legislação para alguns assuntos em vez de uma legislação nacional será o teste decisivo de saber se estamos intelectualmente maduros para a realização da organização supranacional.

Esse é um ponto no qual, nas federações existentes, as dificuldades surgiram constantemente e em que, deve-se admitir, os movimentos

A ORDEM ECONÔMICA E A LIVRE INICIATIVA

"progressistas" geralmente tomaram o partido dos poderes das trevas. Nos Estados Unidos, em particular, houve uma forte tendência por parte de todos os progressistas de favorecer a legislação estadual em todos os casos em que a legislação da União não pudesse ser alcançada, independentemente de saber se essa legislação estadual era compatível com a preservação da unidade econômica da União. Em consequência, nos Estados Unidos e igualmente na Suíça, as políticas econômicas distintas dos Estados individuais já foram longe na direção de provocar uma desintegração gradual da área econômica comum.[5]

Nessas federações, a experiência faz parecer que, para impedir essas tendências, não é suficiente proibir taxas alfandegárias e obstáculos óbvios semelhantes ao comércio interestatal. A evasão dessas regras por um Estado individual que enveredou pelo caminho do planejamento nacional por meio de regulamentações administrativas se mostrou tão fácil que todos os efeitos do protecionismo podem ser alcançados por meio de disposições como regulamentos sanitários, requisitos de inspeção e cobrança de taxas para esses e outros controles administrativos. Devido à inventividade exibida pelos legisladores nacionais a esse respeito, parece evidente que nenhuma proibição específica na constituição da federação bastaria para impedir esses desenvolvimentos; provavelmente, o governo federal teria que receber poderes restritivos gerais para esse fim. Isso significa que a federação terá de possuir o poder negativo de impedir que Estados individuais interfiram na atividade econômica de certa forma, embora possa não ter o poder positivo de agir em seu lugar. Nos Estados Unidos, as diversas cláusulas da Constituição que salvaguardaram a propriedade e a liberdade contratual, e sobretudo as cláusulas do "devido processo" da Quinta e da Décima Quarta Emendas, cumpriram, até certo ponto, essa função e contribuíram provavelmente mais do que em geral se pensa para evitar uma desintegração ainda mais rápida em muitas áreas econômicas distintas; porém, em consequência, foram de ataque persistente por parte de todos aqueles que exigem uma ampliação mais rápida do controle estatal da vida econômica.

Com certeza, sempre haverá determinados tipos de atividades governamentais que serão realizados de modo mais eficiente nas áreas correspondentes aos atuais Estados nacionais e que, ao mesmo tempo, podem ser exercidos nacionalmente sem pôr em perigo a unidade econômica da federação. Mas, em geral, é provável que, em uma federação, o enfraquecimento dos poderes econômicos dos Estados individuais fosse e devesse gradualmente ser levado muito mais longe do que de início seria evidente. Não só seus poderes serão diminuídos pelas funções assumidas pela federação, e por aquelas que não podem ser exercidas por nenhuma federação ou quaisquer Estados, como devem ser deixadas livres do controle legislativo; no entanto, provavelmente também haverá uma grande quantidade de devolução dos poderes dos Estados para as unidades menores. Existem muitas atividades que são hoje confiadas aos Estados soberanos apenas para fortalecer os Estados como tais, mas que poderiam de fato ser realizadas localmente com muito mais eficiência, ou, pelo menos, por unidades menores. Em uma federação, desaparecem todos os argumentos de centralização baseados no desejo de tornar os Estados nacionais soberanos tão fortes quanto possível — na verdade, o inverso parece se aplicar. Não só grande parte das formas desejáveis de planejamento poderiam ser conduzidas por unidades territoriais comparativamente pequenas, mas a competição entre elas, junto com a impossibilidade de erguer barreiras, efetuaria, ao mesmo tempo, um controle salutar de suas atividades e, ainda que deixasse a porta aberta para a experimentação desejável, iria mantê-las mais ou menos dentro dos limites apropriados.

Talvez deva ser enfatizado que tudo isso não implica que não haja amplo escopo para a política econômica em uma federação e que não haja necessidade de um *laissez faire* extremo em questões econômicas. Significa apenas que em uma federação o planejamento não pode assumir as formas que hoje são proeminentemente conhecidas segundo esse termo; que não deve haver substituição da interferência e regulamentação diária para as forças impessoais do mercado; e, em particular, que não deve haver vestígios daquele "desenvolvimento nacional por meio de monopólios controlados" ao qual, como foi recentemente assinalado por uma influente publicação semanal, "os líderes britânicos estão se acostumando".[6] Em uma federação, a política econômica terá que assumir a forma de propiciar um arcabouço racional permanente no qual a iniciativa individual terá o maior escopo possível e será feita para funcionar da maneira mais benéfica possível; e terá que complementar o funcionamento do mecanismo competitivo quando, na natureza do caso, certos serviços não puderem ser prestados e regulados pelo sistema de preços. Todavia, pelo menos no que concerne à política da federação como tal, terá de ser essencialmente uma política de longo prazo, em que o fato de que "a longo prazo, estaremos todos mortos" é uma vantagem decisiva; e não deve ser utilizado, como costuma ser frequente o caso atualmente, como um pretexto para agir com base no princípio *après nous, le déluge* [depois de nós, o dilúvio]; pois o caráter a longo prazo das decisões a serem tomadas torna praticamente impossível prever a incidência de seus efeitos nos indivíduos e nos grupos e, assim, impede que a questão seja decidida mediante uma disputa entre os "interesses" mais poderosos.

Não se insere no âmbito de um pequeno artigo avaliar em detalhes as tarefas positivas da política econômica liberal que uma federação deveria praticar. Nem é possível realizar aqui uma análise mais aprofundada de problemas tão importantes como os da política monetária ou colonial que, é claro, continuarão a existir em uma federação. No entanto, quanto ao último ponto pode-se acrescentar que a questão que provavelmente seria levantada primeiro, ou seja, se as colônias deveriam ser administradas pelos Estados ou pela federação, seria de importância comparativamente menor. Com uma verdadeira política de portas abertas para todos os membros da federação, as vantagens econômicas decorrentes da posse de colônias, fossem as colônias administradas de maneira federal ou nacional, seriam aproximadamente as mesmas para todos os membros da federação. Contudo, em geral, seria sem dúvida preferível que sua administração fosse um assunto federal, e não nacional.

5

Como se sustentou até agora que um regime econômico basicamente liberal é uma condição necessária para o sucesso de qualquer federação interestatal, pode-se acrescentar, em conclusão, que o inverso não é menos verdadeiro: a revogação das soberanias nacionais e a criação de uma ordem internacional eficaz de direito é um complemento necessário e a consumação lógica do programa liberal. Em uma recente discussão acerca de liberalismo internacional, foi justificadamente sustentado que uma das principais deficiências do liberalismo do século XIX é que seus defensores não perceberam devidamente que a conquista da reconhecida harmonia de interesses entre os habitantes de diferentes Estados só era

AS CONDIÇÕES ECONÔMICAS DO FEDERALISMO ENTRE PAÍSES

possível no âmbito da segurança internacional.[7] As conclusões às quais o professor Robbins chegou a partir de suas considerações desses problemas e que estão resumidas na afirmação de que "não deve haver aliança nem unificação completa; nem *Staatenbund* nem *Einheitsstaat*, mas *Bundesstaat*"[8] são basicamente as mesmas que foram recentemente elaboradas por Clarence Streit com maiores detalhes em seus aspectos políticos.

O fato de o liberalismo do século XIX não ter tido um sucesso mais completo deve-se em grande medida a seu fracasso em se desenvolver nesse sentido; e a causa é sobretudo que, devido aos acasos históricos, ele sucessivamente juntou forças primeiro com o nacionalismo e depois com o socialismo, sendo ambas as forças igualmente incompatíveis com seu princípio fundamental.[9] O liberalismo se aliou primeiro ao nacionalismo devido à coincidência histórica de que, durante o século XIX, foi o nacionalismo que, na Irlanda, Grécia, Bélgica e Polônia e mais tarde na Itália e Áustria-Hungria, lutou contra o mesmo tipo de opressão ao qual o liberalismo se opôs. Mais tarde, ele se tornou aliado do socialismo porque o acordo quanto a alguns dos fins fundamentais obscureceu por algum tempo a total incompatibilidade de métodos pelos quais os dois movimentos tentaram alcançar seu objetivo. Porém, atualmente, quando o nacionalismo e o socialismo se combinaram — não só no nome — em uma organização poderosa que ameaça as democracias liberais, e quando, mesmo no interior dessas democracias, os socialistas estão se tornando cada vez mais nacionalistas e os nacionalistas cada vez mais socialistas, será que é um exagero esperar por um renascimento do verdadeiro liberalismo, fiel a seu ideal de liberdade e internacionalismo e retornado de suas aberrações temporárias aos campos nacionalista e socialista? A ideia da federação interestatal como a evolução consistente do ponto de vista liberal deve ser capaz de propiciar um novo *point d'appui* [ponto de apoio] para todos aqueles liberais que se desesperaram e abandonaram seu credo durante os períodos de errância.

Claro que esse liberalismo de que falamos não é uma questão de partido; é uma visão que, antes da Primeira Guerra Mundial, propiciava um terreno comum para quase todos os cidadãos das democracias ocidentais e que é a base do governo democrático. Ainda que um partido tenha talvez preservado um pouco mais desse espírito liberal do que os outros, todos eles, no entanto, se desgarraram do rebanho, alguns em uma direção

A ORDEM ECONÔMICA E A LIVRE INICIATIVA

e outros em outra. Mas a concretização de um ideal de uma ordem democrática internacional exige uma ressuscitação do ideal em sua forma verdadeira. O governo mediante acordo só é possível desde que não exijamos que o governo atue em campos diferentes daqueles em que podemos obter um acordo verdadeiro. Se, no âmbito internacional, o governo democrático só se mostrasse possível se as tarefas do governo internacional se limitassem a um programa essencialmente liberal, isso não mais do que confirmaria a experiência no âmbito nacional, em que a cada dia se torna mais evidente que a democracia só funcionará se não a sobrecarregarmos e se as maiorias não abusarem de seu poder de interferir na liberdade individual. No entanto, se o preço que temos que pagar por um governo democrático internacional é a restrição do poder e do escopo do governo, certamente não é um preço muito alto, e todos aqueles que acreditam sinceramente na democracia devem estar preparados para pagá-lo. O princípio democrático de "contar cabeças para não as quebrar" é, afinal, o único método de mudança pacífica já inventado que foi experimentado e não deixou a desejar. Independentemente do que se pense acerca da conveniência de outros objetivos do governo, sem dúvida a prevenção da guerra ou do conflito civil deve ter precedência e, se a realização reside apenas em limitar o governo a isso e a alguns outros objetivos fundamentais, esses outros ideais terão que dar lugar.

Não peço desculpas por apontar obstáculos no caminho de um objetivo em cujo valor acredito profundamente. Estou convencido de que essas dificuldades são genuínas e de que, se não as admitirmos desde o início, elas poderão mais à frente formar a rocha na qual poderão tropeçar e quase cair todas as esperanças de uma organização internacional. Quanto mais cedo reconhecermos essas dificuldades, mais cedo poderemos ter esperança de superá-las. Se, como me parece, os ideais compartilhados por muitos só podem ser concretizados por meios que poucos favorecem atualmente, nem a imparcialidade acadêmica nem as considerações de conveniência devem impedir alguém de dizer o que reconhece como sendo os meios corretos para um determinado fim, mesmo se esses meios vierem a ser os favorecidos por um partido político.

NOTAS

Capítulo 1

1. Tanto o termo "individualismo" quanto o termo "socialismo" são originalmente criação dos sansimonianos, os fundadores do socialismo moderno. Eles primeiro cunharam o termo "individualismo" para descrever a sociedade competitiva à qual se opunham e, em seguida, inventaram a palavra "socialismo" para descrever a sociedade planificada de forma centralizada, em que todas as atividades eram dirigidas pelo mesmo princípio aplicado dentro de uma única fábrica. Ver a origem desses termos no artigo do presente autor intitulado "The Counter-Revolution of Science", *Economica*, VIII (new ser., 1941), p. 146.

2. R. Bisset, *Life of Edmund Burke* (2a ed., 1800), II, 429. Ver também W. C. Dunn, "Adam Smith and Edmund Burke: Complimentary Contemporaries", *Southern Economic Journal* (University of North Carolina), Vol. VII, no 3 (janeiro de 1941).

3. Carl Menger, que foi um dos primeiros dos tempos modernos a reviver conscientemente o individualismo metódico de Adam Smith e sua escola, também foi provavelmente o primeiro a assinalar a ligação entre a teoria do *design* das instituições sociais e o socialismo. Ver sua obra *Untersuchungen über die Methode der Sozialwissenschaften* (1883), em especial o Livro IV, capítulo 2, no final do qual (p. 208) ele fala de "um pragmatismo que, contra a intenção de seus representantes, leva inevitavelmente ao socialismo".

   É significativo que os fisiocratas já fossem conduzidos do individualismo racionalista do qual partiram, não só para perto do socialismo (plenamente desenvolvido em *Le Code de la nature* [1775], de seu contemporâneo Morelly), mas para a defesa do pior despotismo. "*L'État fait des hommes tout ce qu'il veut*" ["O Estado faz dos homens tudo o que quiser"], Bodeau escreveu.

4. Edmund Burke, *Reflections on the Revolution in France* [*Reflexões sobre a Revolução na França*], de 1790, em *Works* (World's Classics ed.), IV, p. 105: "Assim, em poucas gerações, a própria sociedade seria dissolvida no pó e na poeira da individualidade e, por fim, dispersada por todos os ventos do céu". Burke (como A. M. Osborn assinala em seu livro *Rousseau and Burke* [Oxford, 1940], p. 23), após primeiro ter atacado Rousseau por seu "individualismo" extremo e depois por seu coletivismo extremo, estava longe de ser incoerente, pois isso era tão só o resultado do fato de que, no caso de Rousseau, como no de todos os outros, o individualismo racionalista que eles pregavam conduzia inevitavelmente ao coletivismo.

5. Alexis de Tocqueville, *Democracy in America*, tradução para o inglês de Henry Reeve (Londres, 1864), Vol. II, Livro II, cap. 2, onde Tocqueville define o individualismo como "um sentimento maduro e sereno, que predispõe cada membro da comunidade a se desligar da massa de seus companheiros e a se afastar com sua família e seus amigos; de modo que, após ele ter assim constituído um pequeno círculo próprio, voluntariamente deixa a sociedade em geral a si mesma". Em uma nota a respeito desse trecho, o tradutor pede

A ORDEM ECONÔMICA E A LIVRE INICIATIVA

desculpas por adotar a palavra *"individualism"* em inglês a partir do francês e explica que não conhece "nenhuma palavra em inglês equivalente à expressão". Como Albert Schatz assinala no livro mencionado abaixo, o uso por Tocqueville da bem estabelecida palavra em francês nesse sentido peculiar é inteiramente arbitrário e leva a uma confusão séria com o significado estabelecido.

6. Em seu excelente estudo da história das teorias individualistas, o falecido Albert Schatz conclui com razão que *"nous voyons tout d'abord avec évidence ce que l'individualisme n'est pas. C'est précisément ce qu'on croit communément qu'il est: un système d'isolement dans l'existence et une apologie de l'égoisme"* ["em primeiro lugar, vemos com clareza o que o individualismo não é. É exatamente o que em geral se acredita ser: um sistema de isolamento na existência e um pedido de desculpas pelo egoísmo"] (*L'Individualisme économique et social* [Paris, 1907], p. 558). Este livro, ao qual muito devo, merece ser muito mais amplamente conhecido como uma contribuição não só ao assunto indicado por seu título, mas também à história da teoria econômica em geral.

7. Nesse sentido, como Karl Pribram deixou claro, o individualismo é o resultado necessário do nominalismo filosófico, enquanto as teorias coletivistas têm suas raízes na tradição "realista" ou (como K. R. Popper agora a chama de maneira mais apropriada) "essencialista" (Pribram, *Die Entstehung der individualistischen Sozialphilosophie* [Leipzig, 1912]). Mas essa abordagem "nominalista" é característica apenas do verdadeiro individualismo, ao passo que o falso individualismo de Rousseau e dos fisiocratas, de acordo com a origem cartesiana, é fortemente "realista" ou "essencialista".

8. Adam Ferguson, *An Essay on the History of Civil Society* (1a ed., 1767), p. 187. Ver também *ibid.*: "As formas da sociedade derivam de uma origem obscura e distante; muito antes da época da filosofia, surgem dos instintos, e não das especulações do homem. (...) Atribuímos a um projeto prévio, o que veio a ser conhecido apenas pela experiência, o que nenhuma sabedoria humana poderia antever, e o que, sem o humor concorrente e a disposição de sua época, nenhuma autoridade poderia capacitar um indivíduo a executar" (pp. 187 e 188).

Pode ser interessante comparar esses trechos com os enunciados semelhantes pelos quais os contemporâneos de Ferguson expressaram a mesma ideia básica dos economistas britânicos do século XVIII:

Josiah Tucker, *Elements of Commerce* (1756), reimpresso em *Josiah Tucker: A Selection from His Economic and Political Writings*, ed. R. L. Schuyler (Nova York, 1931), pp. 31 e 92: "O ponto principal não é extinguir nem enfraquecer o amor-próprio, mas dar-lhe uma direção que possa promover o interesse público promovendo o seu próprio. (...) O propósito adequado deste capítulo é mostrar que o motor universal da natureza humana, o amor-próprio, pode receber uma orientação nesse caso (como em todos os outros), no sentido de promover o interesse público mediante aqueles esforços que deve fazer para perseguir o seu próprio".

Adam Smith, *Wealth of Nations* [*A riqueza das nações*], de 1776, ed. Cannan, I, p. 421: "Ao dirigir aquela indústria de tal maneira que sua produção seja de maior valor, ele tenciona seu próprio ganho, e ele é neste caso, como em muitos outros, conduzido por uma mão invisível para promover um fim que não fazia parte de sua intenção. Nem sempre é pior para a sociedade que não tenha feito parte dela. Ao buscar seu próprio interesse, ele costuma promover o da sociedade de maneira mais eficaz do que quando realmente tenciona promovê-lo". Ver também *The Theory of Moral Sentiments* [*A teoria dos sentimentos morais*], de 1759, parte IV (9a ed., 1801), cap. I, p. 386.

Edmund Burke, *Thoughts and Details on Scarcity* (1795), em *Works* (World's Classics ed.), VI, p. 9: "O benigno e sábio senhor de todas as coisas, que obriga os homens, queiram ou não, a perseguirem os próprios interesses egoístas, conecta o bem geral com o próprio sucesso individual".

Após essas afirmações terem sido alvo de desprezo e zombaria da maioria dos autores dos últimos cem anos (não faz muito tempo, C. E. Raven chamou a última afirmação citada por Burke de uma "sentença sinistra": ver seu livro *Christian Socialism* [1920], p. 34), é interessante agora encontrar um dos principais teóricos do socialismo moderno adotando as conclusões de Adam Smith. De acordo com A. P. Lerner (*The Economics of Control*

256

NOTAS

[Nova York, 1944], p. 67), a utilidade social essencial do mecanismo de preços é que "se for utilizado adequadamente, induzirá cada membro da sociedade, enquanto busca seu próprio benefício, a fazer aquilo que é do interesse social geral. Basicamente, essa é a grande descoberta de Adam Smith e dos fisiocratas".

9. Ver Schatz, *op. cit.*, pp. 41-42, 81, 378, 568-69, sobretudo o trecho citado por ele (p. 41, n. 1) de um artigo de Albert Sorel ("Comment j'ai lu la 'Réforme sociale'", in *Réforme sociale*, 1º de novembro de 1906, p. 614): "*Quel que fut mon respect, assez commandé et indirect encore pour le* Discours de la méthode, *je savais déja que de ce fameux discours il était sorti autant de déraison sociale et d'aberrations métaphysiques, d'abstractions et d'utopies, que de données positives, que s'il menait à Comte it avait aussie mené à Rousseau*". ["Seja qual for o meu respeito, ainda bastante ordenado e indireto, pelo *Discours de la méthode*, já sabia que deste famoso discurso saíram tanto irracionalidades sociais e aberrações metafísicas, abstrações e utopias, como dados positivos, que se levou a Comte também levou a Rousseau."] Sobre a influência de Descartes em Rousseau, ver ainda P. Janet, *Histoire de la science politique* (3ª ed., 1887), p. 423; F. Bouillier, *Histoire de la philosophie cartésienne* (3ª ed., 1868), p. 643; e H. Michel, *L'Idée de l'état* (3ª ed., 1898), p. 68.

10. A importância decisiva de Mandeville na história da economia, ignorada durante muito tempo ou estimada apenas por alguns autores (sobretudo Edwin Cannan e Albert Schatz), está agora começando a ser reconhecida, graças principalmente à magnífica edição de *The Fable of the Bees*, que devemos ao falecido F. B. Kaye. Embora as ideias fundamentais da obra de Mandeville já estejam implícitas no poema original de 1705, a elaboração decisiva e sobretudo seu relato completo das origens da divisão do trabalho, do dinheiro e da linguagem ocorrem apenas na Parte II da *Fable*, que foi publicada em 1728 (ver Bernard Mandeville, *The Fable of the Bees*, ed. F. B. Kaye [Oxford, 1924], II, pp. 142, 287-88, 349-50). Há espaço aqui para citar apenas o trecho crucial do seu relato sobre o desenvolvimento da divisão do trabalho, em que Mandeville observa que "costumamos atribuir à excelência do gênio do homem e à profundidade de seu entendimento, o que é na realidade devido ao intervalo de tempo e à experiência de muitas gerações, todas elas se diferenciando muito pouco entre si em partes naturais e sagacidade" (*ibid.*, p. 142).

Tornou-se habitual considerar Giambattista Vico e sua formulação (geralmente citada erroneamente), *homo non intelligendo fit omnia* [o homem fez tudo sem compreender] (*Opere*, ed. G. Ferrari [2ª ed.; Milão, 1854], V, p. 183), como o início da teoria antirracionalista dos fenômenos sociais, mas parece que ele foi precedido e superado por Mandeville.

Talvez também mereça menção que não só Mandeville como também Adam Smith ocupam lugares de honra no desenvolvimento da teoria da linguagem que, de muitas maneiras, suscita problemas de natureza afim aos de outras ciências sociais.

11. René Descartes, *A Discourse on Method* (Everyman's ed.), pp. 10-11.

12. Sobre a abordagem característica do tipo de mente de engenheiro aos fenômenos econômicos, compare o estudo do presente autor em "Scientism and the Study of Society", *Economica*, Vols. IX-XI (new ser., 1942-44), esp. XI, pp. 34 e segs.

13. Desde que essa palestra foi publicada pela primeira vez, tomei conhecimento de um artigo instrutivo de Jerome Rosenthal em "Attitudes of Some Modern Rationalists to History" (*Journal of the History of* Ideas, IV, 4 [outubro de 1943], pp. 429-56), que mostra, em detalhes, consideráveis a atitude anti-histórica de Descartes e, em particular, de seu discípulo Malebranche, e oferece exemplos interessantes do desprezo expresso por Descartes em sua obra *Recherche de la vérité par la lumière naturelle* pelo estudo da história, das línguas, da geografia e, sobretudo, dos clássicos.

14. James Bonar, *Philosophy and Political Economy* (1893), p. 85.

15. A. W. Benn, em sua obra *History of English Rationalism in the Nineteenth Century* (1906), afirma com razão: "Com Quesnay, seguir a natureza significava averiguar, pelo estudo do mundo que nos cerca e de suas leis, qual conduta é mais propícia à saúde e à felicidade; e os direitos naturais significavam a liberdade para seguir o curso assim averiguado. Tal liberdade pertence apenas aos sábios e bons, e só pode ser concedida a quem a autoridade tutelar no estado tem o prazer de considerar como tais. Por outro lado, com Adam Smith e seus discípulos, a natureza significa a totalidade de impulsos e instintos pelos quais cada

A ORDEM ECONÔMICA E A LIVRE INICIATIVA

membro da sociedade é animado; e a alegação deles é que os melhores arranjos resultam de dar liberdade de ação a essas forças na confiança de que o fracasso parcial será mais do que compensado por sucessos em outros lugares, e que a busca de seu próprio interesse por cada um resultará na maior felicidade de todos" (I, p. 289).

Sobre toda essa questão, ver Elie Halévy, *The Growth of Philosophic Radicalism* (1928), sobretudo pp. 266-70.

O contraste entre os filósofos escoceses do século XVIII e seus contemporâneos franceses também é destacado no recente estudo de Gladys Bryson intitulado *Man and Society: The Scottish Enquiry of the Eighteenth Century* (Princeton, 1945), p. 145. Ela salienta que os filósofos escoceses "queriam romper com o racionalismo cartesiano, com seu enfoque no intelectualismo abstrato e ideias inatas", e enfatizam repetidamente as tendências "anti-individualistas" de David Hume (pp. 106 e 155), usando "individualista" no que chamamos aqui de sentido falso e racionalista. Mas ela ocasionalmente recai no erro comum de considerá-los "representativos e típicos do pensamento do século" (p. 176). Ainda há, em grande medida como resultado da aceitação da concepção alemã de "Iluminismo", demasiada inclinação para considerar semelhantes os pontos de vista de todos os filósofos do século XVIII, apesar de que, em muitos aspectos, as diferenças entre os filósofos ingleses e franceses do período são muito mais importantes do que as semelhanças. O hábito comum de juntar Adam Smith e Quesnay, devido à crença anterior de que Smith devia muito aos fisiocratas, certamente deve cessar, agora que essa crença foi refutada pelas recentes descobertas de W. R. Scott (ver seu livro *Adam Smith as Student and Professor* [Glasgow, 1937], p. 124). Também é significativo que se reporta que tanto Hume quanto Smith foram estimulados em seu trabalho pela oposição deles a Montesquieu.

Alguma discussão sugestiva das diferenças entre os filósofos sociais britânicos e franceses do século XVIII, um tanto distorcida, porém, pela hostilidade do autor contra o "liberalismo econômico" dos primeiros, será encontrada em Rudolf Goldscheid, *Grundlinien zu einer Kritik der Willenskraft* (Viena, 1905), pp. 32-37.

16. Edmund Burke, *Thoughts and Details on Scarcity* (1795), em *Works* (World's Classics ed.), VI, p. 15.

17. Essa frase é usada repetidas vezes por Tocqueville para descrever os efeitos do socialismo, mas ver especialmente *Oeuvres complètes*, IX (1886), p. 541, onde ele afirma: *"Si, en définitive, j'avais à trouver une formule générale pour exprimer ce que m'apparait le socialisme dans son ensemble, je dirais que c'est une nouvelle formule de la servitude"*. ["Se, no final, eu tivesse que encontrar uma fórmula geral para expressar o que me parece ser o socialismo como um todo, diria que é uma nova fórmula de servidão".] Posso talvez acrescentar que foi essa frase de Tocqueville que me sugeriu o título de um recente livro de minha autoria.

18. John Locke, *Two Treatises of Government* (1690), Livro II, cap. 4, § 22: "A liberdade dos homens sob um governo consiste em viver segundo uma regra permanente comum a todos nessa sociedade e elaborada pelo Poder Legislativo nela erigido".

19. Lerner, *op. cit.*, p. 5.

20. Lord Acton, "Nationality" (1862), reimpresso em *The History of Freedom and Other Essays* (1907), p. 288.

21. As iniciativas que um governo pode tomar de modo apropriado para reduzir a incerteza realmente *evitável* para os indivíduos são um assunto que deu origem a tantas confusões que temo deixar a breve alusão a ela no texto ficar sem mais explicações. A questão é que, embora seja fácil proteger uma determinada pessoa ou grupo contra a perda que pode ser causada por uma mudança imprevista, ao impedir que as pessoas percebam a mudança após ela ter ocorrido, isso somente transfere a perda para outros ombros, mas não a impede. Se, por exemplo, o capital investido em uma instalação fabril muito cara é protegido contra a obsolescência por novas invenções proibindo a introdução dessas novas invenções, isso aumenta a segurança dos proprietários da instalação fabril existente, mas priva o público do benefício das novas invenções. Ou, em outras palavras, realmente não reduz a incerteza para a sociedade em geral se tornamos o comportamento das pessoas mais previsível, impedindo-as de se adaptarem a uma mudança imprevista em seu conhecimento do mundo. A única redução autêntica da incerteza consiste em aumentar seu conhecimento, mas nunca em impedir as pessoas de fazer uso de novos conhecimentos.

NOTAS

22. A diferença entre a abordagem individualista racionalista e a verdadeira fica bem evidente nos diferentes pontos de vista expressos por observadores franceses sobre a aparente irracionalidade das instituições sociais inglesas. Enquanto Henri de Saint-Simon, por exemplo, reclama que *"cent volumes in folio, du caractère plus fin, ne suffiraient pas pour rendre compte de toutes les inconséquences organiques qui existent en Angleterre"* ["cem volumes in-fólio, de caráter mais refinado, não seriam suficientes para dar conta de todas as inconsistências orgânicas existentes na Inglaterra"] *(Oeuvres de Saint-Simon et d'Enfantin* [Paris, 1865-78], XXXVIII, p. 179), Tocqueville replica *"que ces bizarreries des Anglais pussent avoir quelques rapports avec leurs libertés, c'est ce qui ne lui tombe point dans l'esprit"* ["que essas peculiaridades dos ingleses possam ter alguma relação com suas liberdades, isso é o que não lhes ocorre"] *(L'Ancien régime et la révolution* [7ª ed.; Paris, 1866], p. 103).
23. É necessário citar Edmund Burke mais uma vez para lembrar ao leitor que, para ele, uma condição essencial para a possibilidade de uma sociedade livre era a força das regras morais. "Os homens são qualificados para a liberdade civil", ele escreveu, "na exata proporção de sua disposição de colocar grilhões morais em seus próprios apetites; na proporção em que seu amor pela justiça está acima de sua cobiça; na proporção em que sua própria solidez e sobriedade de entendimento está acima de sua vaidade e presunção; na proporção em que estão mais dispostos a ouvir os conselhos dos sábios e bons, em detrimento da bajulação dos patifes" *(A Letter to a Member of the National Assembly* [1791], em *Works* [World's Classics ed.], IV, p. 319).
24. W. Dibelius, *England* (1923), pp. 464-68, na tradução para o inglês de 1934.
25. E. Vermeil, *Germany's Three Reichs* (Londres, 1944), p. 224.
26. Lord Acton, "Nationality" (1862), reimpresso em *The History of Freedom*, pp. 270-300.
27. Lord Acton, "Sir Erskine May's Democracy in Europe" (1878), reimpresso em *The History of Freedom*, p. 78.
28. Lord Acton, *Lectures on Modern History* (1906), p. 10.
29. Lord Acton, "Sir Erskine May's Democracy in Europe", reimpresso em *The History of Freedom*, pp. 93-94.

Capítulo 2

1. Ou melhor, falsificação (ver K. R. Popper, *Logik der Foschung* [Viena, 1935], *passim*).
2. Um estudo mais completo do processo pelo qual se introduziu gradualmente a importância das antecipações na análise econômica provavelmente teria que começar com *Appreciation and Interest*, obra de Irving Fisher publicada em 1896.
3. Neste ponto em particular, ver Ludwig von Mises, *Grundprobleme der Nationalökonomie* (Jena, 1933), pp. 22 e segs., 160 e segs.
4. Há muito que me pergunto por que razão não deveria, até onde sei, ter havido tentativas sistemáticas em sociologia de analisar as relações sociais em termos de correspondência e não correspondência, de compatibilidade e incompatibilidade, de objetivos e desejos individuais.
5. Ver o artigo do presente autor, "The Maintenance of Capital", *Economica*, II (new ser., 1935), 265, reimpresso em *Profits, Interest, and Investment* (Londres, 1939).
6. Essa separação entre o conceito de equilíbrio e o de um estado estacionário me parece nada mais do que o resultado necessário de um processo que se arrasta há bastante tempo. O fato de que essa associação de dois conceitos não é essencial, mas se deve apenas a razões históricas, é provavelmente sentida em geral hoje em dia. Se a separação completa ainda não foi efetivada, deve ser apenas porque ainda não se sugeriu nenhuma definição alternativa de estado de equilíbrio, o que permitiu formular de forma geral aquelas proposições de análise de equilíbrio que são basicamente independentes do conceito de estado estacionário. No entanto, é evidente que grande parte das proposições de análise de equilíbrio não devem ser aplicáveis apenas naquele estado estacionário que provavelmente jamais será alcançado. O processo de separação parece ter começado com Marshall e sua distinção entre equilíbrios de longo e curto prazo. Compare com afirmações como esta: "A natureza do próprio equilíbrio, e a das causas pelas quais ele é determinado,

259

depende da extensão do período durante o qual o mercado é levado a se ampliar" (*Principles* [7ª ed.], I, 330). A ideia de um estado de equilíbrio que não fosse um estado estacionário já estava intrínseca em meu "Das intertemporale Gleichgewichts-system der Preise und die Bewegungen des Geldwerters", *Weltwirtschaftliches Archiv*, Vol. XXVIII (junho de 1928), e é, naturalmente, fundamental se quisermos usar o aparato de equilíbrio para a explicação de qualquer um dos fenômenos relacionados com "investimento". No que se refere a todo o assunto, muitas informações históricas podem ser encontradas em E. Schams, "Komparative Statik", *Zeitschrift für Nationalökonomie*, Vol. II, 1 (1930). Ver também F. H. Knight, *The Ethics of Competition* (Londres, 1935), p. 175 n.; e para alguns novos desenvolvimentos desde que este ensaio foi publicado pela primeira vez, *The Pure Theory of Capital* (Londres, 1941), cap. II, de autoria do presente autor.

7. Em particular, ver Oskar Morgenstern, "Vollkommene Voraussicht und wirtschaftliches Gleichgewicht", *Zeitschrift für Nationalökonomie*, VI (1934), p. 3.

8. Naturalmente, outro exemplo de importância mais geral, seria a correspondência entre "investimento" e "poupança" no sentido da proporção (em termos de custo relativo) em que os empreendedores fornecem bens de produção e bens de consumo em uma data específica, e a proporção pela qual os consumidores em geral, nessa data, distribuirão seus recursos entre bens de produção e bens de consumo (ver meus ensaios "Price Expectations, Monetary Disturbances, and Malinvestment" [1933], reimpresso em *Profits, Interest, and Investment* [Londres, 1939], pp. 135-56, e "The Maintenance of Capital", no mesmo livro, pp. 83-134). Neste contexto, pode ser interessante mencionar que ao longo das investigações do mesmo campo, que levaram o presente autor a essas especulações, as da teoria das crises, o grande sociólogo francês G. Tarde salientou a "*contradiction de croyances*" ou "*contradiction de jugements*" ou "*contradictions de espérances*" como a principal causa desses fenômenos (*Psychologie économique* [Paris, 1902], II, pp. 128-29; ver também N. Pinkus, *Das Problem des Normalen in der Nationalökonomie* [Leipzig, 1906], pp. 252 e 275).

9. É uma questão interessante, mas que não posso discutir aqui, se, para que possamos falar de equilíbrio, todo indivíduo deve ter razão ou se não seria suficiente se, em consequência de uma compensação de erros em diferentes direções, as quantidades de diferentes mercadorias que chegam ao mercado eram as mesmas, como se cada indivíduo tivesse razão. Parece-me que o equilíbrio no sentido estrito exigiria que a primeira condição fosse satisfeita, mas posso conceber que um conceito mais amplo, exigindo apenas a segunda condição, possa ocasionalmente ser útil. Uma discussão mais completa desse problema teria de considerar toda a questão da importância que alguns economistas (incluindo Pareto) atribuem à lei dos grandes números neste contexto. A respeito do ponto geral, ver P. N. Rosenstein-Rodan, "The Coordination of the General Theories of Money and Price", *Economica*, agosto de 1936.

10. Ou, tendo em vista o caráter tautológico da Lógica Pura da Escolha, "planos individuais" e "dados subjetivos" podem ser usados de forma intercambiável, o acordo entre os dados subjetivos dos diferentes indivíduos.

11. Isso parece ser admitido implicitamente, embora quase não reconhecido conscientemente, quando, em tempos recentes, é com frequência enfatizado que a análise de equilíbrio apenas descreve as condições de equilíbrio, sem tentar obter a posição de equilíbrio a partir dos dados. Nesse sentido, é claro que a análise de equilíbrio seria lógica pura e não conteria asserções sobre o mundo real.

12. A distinção traçada aqui pode ajudar a resolver a velha diferença entre economistas e sociólogos acerca do papel que "tipos ideais" desempenham no raciocínio da teoria econômica. Os sociólogos costumavam enfatizar que o procedimento habitual da teoria econômica envolva a suposição de tipos ideais específicos, enquanto o teórico econômico salientava que seu raciocínio era de tal generalidade que ele não precisava recorrer a nenhum "tipo ideal". A verdade parece ser que, dentro do campo da Lógica Pura da Escolha, em que o economista estava bastante interessado, ele tinha razão em sua asserção, mas que, assim que quis utilizá-la para a explicação de um processo social, teve de utilizar "tipos ideais" de um tipo ou outro.

NOTAS

13. Os economistas mais antigos costumavam ser mais explícitos a este respeito do que seus sucessores. Ver, por exemplo, Adam Smith (*Wealth of Nations*, ed. Cannan, I, p. 116): "No entanto, para que essa igualdade [de salários] possa ocorrer com todas as suas vantagens ou desvantagens, três coisas são requeridas mesmo quando existe liberdade perfeita. Em primeiro lugar, o emprego deve ser bem conhecido e estabelecido há muito tempo na vizinhança (...)"; ou David Ricardo (*Letters to Malthus*, 22 de outubro de 1811, p. 18): "Para mim, não seria resposta dizer que os homens eram ignorantes em relação ao melhor e mais barato modo de administrar seus negócios e pagar suas dívidas, porque isso é uma questão de fato, e não de ciência, e pode ser questionada contra quase todas as proposições em Economia Política".

14. Ver N. Kaldor, "A Classificatory Note on the Determinateness of Equilibrium", *Review of Economic Studies*, I, n. 2 (1934), p. 123.

15. *Ibid., passim.*

16. Ver Ludwig von Mises, *Gemeinwirtschaft* (2 ed.; Jena, 1932), p. 96: "*Die Verteilung der Verfügungsgewalt über die wirtschaftlichen Güter der arbeitsteilig wirtschaftenden Sozialwirtschaft auf viele Individuen bewirkt eine Art geistige Arbeitsteilung, ohne die Produktionsrechnung und Wirtschaft nicht möglich wäre*".

17. Nesse sentido, o conhecimento é mais do que aquilo que geralmente é descrito como habilidade, e a divisão do conhecimento de que falamos aqui é mais do se entende por divisão do trabalho. Em suma, "habilidade" refere-se apenas ao conhecimento do qual a pessoa faz uso em seu ofício, enquanto o conhecimento adicional sobre o qual devemos saber algo para sermos capazes de dizer alguma coisa sobre os processos na sociedade é o conhecimento de possibilidades alternativas de ação das quais a pessoa não faz uso direto. Pode-se acrescentar que o conhecimento, no sentido em que o termo é usado aqui, é idêntico à previsão apenas no sentido em que todo conhecimento é capacidade de prever.

18. O fato de que todas as proposições da teoria econômica se referem a coisas que são definidas em termos de atitudes humanas em relação a elas; isto é, que o "açúcar" sobre o qual a teoria econômica pode ocasionalmente falar é definido não por suas qualidades "objetivas", mas pelo fato de que as pessoas acreditam que ele servirá a certas necessidades delas de determinada maneira, é a fonte de todos os tipos de dificuldades e confusões, especialmente em conexão com o problema da "verificação". Naturalmente, também é nessa conexão que o contraste entre a ciência social *verstehende* e a abordagem comportamental se torna tão flagrante. Não tenho certeza se os comportamentalistas nas ciências sociais têm bastante consciência de *quanto* da abordagem tradicional teriam que abandonar se quisessem ser consistentes ou se desejariam aderir a isso consistentemente se tivessem consciência disso. Por exemplo, isso implicaria que as proposições da teoria monetária teriam que se referir exclusivamente a, suponhamos, "discos redondos de metal com uma determinada estampa" ou a algum objeto físico ou grupo de objetos definido de forma semelhante.

19. Geralmente, essas condições são descritas como ausência de "atritos". Em um artigo publicado recentemente ("Quantity of Capital and the Rate of Interest", *Journal of Political Economy*, XLIV, n. 5 [1936], 638), Frank H. Knight aponta com razão que "o 'erro' é o significado habitual de atrito na discussão econômica".

20. Essa seria uma condição, mas provavelmente ainda não suficiente, para assegurar que, com um dado estado de demanda, a produtividade marginal dos diferentes fatores de produção em seus diferentes usos deveria ser equalizada e que, nesse sentido, um equilíbrio de produção deveria ser gerado. Que não é necessário, como se poderia pensar, que cada possível uso alternativo de qualquer tipo de recurso fosse conhecido por, pelo menos, um entre os proprietários de cada grupo de tais recursos que são usados para um propósito específico deve-se ao fato de que as alternativas conhecidas pelos proprietários dos recursos em um uso específico se refletem nos preços desses recursos. Assim, pode haver uma distribuição suficiente de conhecimento dos usos alternativos m, n, o, ... y, z de uma mercadoria, se A, que usa a quantidade desses recursos em sua posse para m, souber de n, e B, que usa a sua para n, souber de m, enquanto C, que usa a sua para o, souber de n etc., até chegarmos a L, que usa a sua para z, mas souber apenas de y. Não sei até que ponto

A ORDEM ECONÔMICA E A LIVRE INICIATIVA

além disso uma distribuição específica do conhecimento de diferentes proporções é necessária, na qual diferentes fatores podem ser combinados na produção de qualquer mercadoria. Para um equilíbrio completo, suposições adicionais serão necessárias sobre o conhecimento que os consumidores possuem quanto à utilidade das mercadorias para a satisfação de seus desejos.

Capítulo 3

1. *Cours*, IV, p. 258.
2. Ver, por exemplo, L. S. Stebbing, *A Modern Introduction to Logic* (2ª ed., 1933), p. 383.
3. Em especial, tenho certeza de que não preciso aqui me proteger do mal-entendido de que o que tenho a dizer sobre a relação entre história e teoria destina-se, em qualquer sentido, a apequenar a importância da história. Gostaria até de enfatizar que todo o propósito da teoria é ajudar nosso entendimento dos fenômenos históricos e que o conhecimento mais perfeito da teoria será de muito pouca utilidade sem um conhecimento mais amplo de um caráter histórico. Mas isso realmente não tem nada a ver com o meu assunto atual, que é a natureza dos "fatos históricos" e os respectivos papéis que a história e a teoria desempenham em sua discussão.
4. Aliás, não estou convencido de que este último ponto constitua realmente uma diferença entre as ciências sociais e as ciências naturais. Mas, se isso não acontece, considero que são os cientistas naturais que estão errados em acreditar que eles sempre lidam com *toda* a realidade e não apenas com "aspectos" selecionados dela. Porém, todo esse problema de saber se podemos falar ou perceber um objeto que é indicado para nós de maneira puramente demonstrativa, e que, nesse sentido, é um indivíduo distinto de uma "classe unitária" (que é realmente concreto, e não uma abstração), levaria muito além do meu assunto atual.

Capítulo 4

1. *Capitalism, Socialism, and Democracy* (Nova York: Harper & Bros., 1942), p. 175. O professor Schumpeter é, creio eu, também o autor original do mito de que Pareto e Barone "resolveram" o problema do cálculo socialista. O que eles, e muitos outros, fizeram foi simplesmente apresentar as condições que uma alocação racional de recursos teria que satisfazer e mostrar que estas eram basicamente as mesmas que as condições de equilíbrio de um mercado competitivo. Isso é algo totalmente diferente de mostrar como a alocação de recursos que satisfazem essas condições pode ser encontrada na prática. O próprio Pareto (de quem Barone tirou praticamente tudo o que tem a dizer), longe de afirmar ter resolvido o problema prático, na verdade nega explicitamente que ele possa ser resolvido sem a ajuda do mercado. Ver seu *Manuel d'économie pure* (2ª ed., 1927), pp. 233-34. O trecho relevante é citado em uma tradução para o inglês no início de meu artigo "Socialist Calculation: The Competitive 'Solution'", in *Economica*, VIII, n. 26 (new ser., 1940), p. 125; reimpresso adiante como capítulo VIII.

Capítulo 5

1. J. M. Clark, "Toward a Concept of Workable Competition", *American Economic Review*, Vol. XXX (junho de 1940); F. Machlup, "Competition, Pliopoly, and Profit", *Economica*, Vol. IX (new ser.; fevereiro e maio de 1942).
2. Ver os capítulos II e IV.
3. Em particular, os pressupostos de que *em todos os momentos* um preço uniforme deve prevalecer para uma determinada mercadoria em todo o mercado e que os vendedores têm conhecimento da forma da curva de demanda.

NOTAS

4. Ver O. Morgenstern, "Vollkommene Voraussicht und wirtschaftliches Gleichgewicht", *Zeitschrift für Nationalökonomie*, Vol. VI (1935).
5. Ver G. J. Stigler, *The Theory of Price* (1946), p. 24: "As relações econômicas nunca são perfeitamente competitivas se envolvem quaisquer relações pessoais entre unidades econômicas" (ver também *ibid.*, p. 226).
6. Neste contexto, o custo "corrente" exclui todos os verdadeiros passados, mas inclui, é claro, o "custo do usuário".

Capítulo 6

1. J. M. Keynes, *The General Theory of Employment, Interest, and Money* (Londres, 1936), pp. 383-84.
2. *Principles of Political Economy* (1ª ed.), Livro II, cap. 1, §5 (Vol. I, p. 253).
3. *Continental Bag Co. v. Eastern Bag Co.*, 210 U.S. 405 (1909).
4. Henry C. Simons, "Some Reflections on Syndicalism", *Journal of Political Economy*, LII (março de 1944), 1-25; reimpresso em sua obra *Economic Policy for a Free Society* (Chicago: University of Chicago Press, 1948), pp. 121-58.

Capítulo 7

1. Desenvolvi com um pouco mais de detalhes alguns pontos que mal posso abordar aqui em uma palestra a respeito de "Trend of Economic Thinking", em *Economica*, maio de 1933.
2. Uma coletânea útil de diferentes alusões a este problema nas obras de Marx, em particular em *Randglossen zum Gothaer Programm* (1875), pode ser encontrada em K. Tisch, *Wirtschaftsrechnung und Verteilung im zentralistisch organisierten sozialistischen Gemeinwesen* (1932), pp. 110-15.
3. Ver o capítulo IX deste livro.
4. Ver Ludwig von Mises, *Interventionismus* (Jena, 1929).
5. Ver, em particular, F. von Wieser, *Natural Value* (Londres, 1893), *passim*.
6. H. H. Gossen, *Entwicklung der Gesetze des menschlichen Verkehrs und der daraus fliessenden Regeln für menschliches Handeln* (Braunschweig, 1854), p. 231: "*Dazu folgt aber ausserdem aus den im vorstehenden gefundenen Sätzen über das Geniessen, und infolgedessen über das Steigen and Sinken der Werthes jeder Sache mit Verminderung und Vermehrung der Masse und der Art,* dass nur durch Feststellung des Privateigenthums der Massstab gefunden wird zur Bestimmung der Quantität, welche den Verhältnissen angemessen am Zweckmässigsten von jedem Gegenstand zu produzieren ist. *Darum würde denn die von Communisten projectierte Zentralbehörde zur Verteilung der verschiedenen Arbeiten sehr bald die Erfahrung machen, dass sie sich eine Aufgabe gestellt habe, deren Lösung die Kräfte einzelner Menschen weit übersteigt.*" (Destaques no texto original.)
7. E. Cannan, *A History of the Theories of Production and Distribution* (1893, 3ª ed., 1917), p. 395. Posteriormente, o professor Cannan também fez uma importante contribuição ao problema da relação internacional entre os Estados socialistas. Ver seu ensaio a respeito intitulado "The Incompatibility of Socialism and Nationalism", em *The Economic Outlook* (Londres, 1912).
8. Uma tentativa completamente negligenciada de resolver o problema a partir do lado socialista, o que mostra pelo menos alguma compreensão da verdadeira dificuldade, foi empreendida por G. Sulzer em *Die Zukunft des Sozialismus* (Dresden, 1899).
9. Uma tradução para o inglês dessa palestra, originalmente proferida em Delft, em 24 de abril de 1902, e logo depois publicada em alemão, juntamente com outra palestra proferida dois dias antes no mesmo lugar, foi publicada sob o título *The Social Revolution and On the Morrow of the Social Revolution* (Londres, 1907).
10. Uma tradução para o inglês do artigo de Pierson está incluída no volume intitulado *Collectivist Economic Planning*, cuja Introdução é constituída pelo presente ensaio.

A ORDEM ECONÔMICA E A LIVRE INICIATIVA

11. Além de sua obra geral sobre juros, seu ensaio intitulado "Macht und ökonomisches Gesetz" (*Zeitschrift fur Volkswirtschaft, Sozialpolitik und Verwaltung* [1914]) merece menção especial, pois pode ser considerado, sob vários aspectos, predecessor direto da obra crítica posterior.

12. V. Pareto, *Cours d'économie politique*, II (Lausanne, 1897), pp. 364 e segs.

13. Uma tradução para o inglês do ensaio de Barone constitui o apêndice de *Collectivist Economic Planning*.

14. Otto Neurath, *Durch die Kriegswirtschaft zur Naturalwirtschaft* (Munique, 1919).

15. O. Bauer, *Der Weg zum Sozialismus* (Viena, 1919).

16. Este plano foi desenvolvido originalmente em um memorando apresentado ao gabinete do Reich em 7 de maio de 1919 e posteriormente desenvolvido por R. Wissel em dois panfletos: *Die Planwirtschaft* (Hamburgo, 1920) e *Praktische Wirtschaftspolitik* (Berlim, 1919).

17. "Die Wirtschaftsrechnung im sozialistischen Gemeinwesen", *Archiv für Sozialwissenschaften und Sozialpolitik*, vol. XLVII, no 1 (abril de 1920), reproduzido em uma tradução para o inglês em *Collectivist Economic Planning*. Grande parte deste artigo foi incorporada na discussão mais elaborada acerca dos problemas econômicos de uma comunidade socialista na Parte II da obra do professor Mises intitulada *Gemeinwirtschaft* (Jena, 1922, 2ª ed., 1932), com tradução para o inglês de J. Kahane sob o título *Socialism* (Londres, 1936).

18. Max Weber, *Wirtschaft und Gesellschaft* ("Grundriss der Sozialökonomik", vol. III [Tübingen, 1921]), pp. 55-56.

19. Essas palestras foram publicadas na revista russa *Ekonimist* no inverno de 1921-22 sob o título "Problems of Social Economy under Socialism". Posteriormente, foram reimpressas no original russo como um livreto publicado em Berlim, em 1923, e uma tradução para o alemão intitulada *Die Lehren des Marxismus im Lichte der russischen Revolution* foi publicada em Berlim, em 1928. Este ensaio, juntamente com uma discussão a respeito do desenvolvimento da planificação econômica na Rússia, foi publicado em uma tradução para o inglês, em B. Brutzkus, *Economic Planning in Soviet Russia* (Londres, 1935).

20. Mises, "Neue Beiträge zum Problem der sozialistischen Wirtschaftsrechnung", *Archiv für Sozialwissenschaften*, Vol. LI (1924), e "Neue Schriften zum Problem der sozialistischen Wirtschaftsrechnung", *Archiv für Sozialwissenschaften*, Vol. LX (1928).

21. A este respeito, talvez seja necessário afirmar explicitamente que seria completamente inconclusivo se tal comparação fosse feita entre o capitalismo como ele existe (ou como se supõe que ainda exista) e o socialismo como talvez funcione de acordo com pressupostos ideais — ou entre o capitalismo como talvez esteja em sua forma ideal e o socialismo em alguma forma imperfeita. Se a comparação deve ter algum valor para a questão de princípio, deve ser feita supondo que qualquer um dos sistemas é concretizado na forma que é mais racional sob a condição dada da natureza humana e das circunstâncias externas que devem certamente ser aceitas.

Capítulo 8

1. Infelizmente, isso também se aplica à maioria dos esforços coletivos organizados aparentemente dedicados ao estudo científico do problema da planificação. Qualquer um que estude publicações como *Annales de l'économie collective*, ou o material das colaborações para o World Social Economic Congress, realizado em Amsterdã em 1931, e publicado pelo International Relations Institute sob o título *World Social Economic Planning* (2 vols.; The Hague, 1931-32), procurará em vão por qualquer sinal de que os principais problemas chegam a ser reconhecidos.

2. B. Brutzkus, *Economic Planning in Russia* (Londres: George Routledge & Sons, Ltd., 1935).

3. F. M. Taylor, "The Guidance of Production in a Socialist State", *American Economic Review*, Vol. XIX (1929); W. C. Roper, *The Problem of Pricing in a Socialist State* (Cambridge, Mass., 1929); H. D. Dickinson, "Price Formation in a Socialist Community", *Economic Journal*, junho de 1933.

NOTAS

4. "Ministry of Production in the Collectivist State", in *Collectivist Economic Planning* (Londres: George Routledge & Sons, Ltd., 1935), Apêndice.
5. Sobre o problema mais geral de experimentação e utilização de invenções realmente novas, ver a nota 9 a seguir.
6. Ver o artigo "Economic Theory and the Problem of a Socialist Economy", *Economic Journal*, dezembro de 1933. Mais recentemente em sua obra *Political Economy of Capitalism* [Londres, 1937], p. 310, o dr. Dobb protestou contra essa interpretação de suas afirmações anteriores, mas ao relê-las ainda considero difícil interpretar em qualquer outro sentido.
7. Para uma discussão de duas publicações mais recentes acerca desse assunto, ver o próximo capítulo.
8. F. Y. Edgeworth, *Collected Papers,* I, p. 138.
9. A respeito desses problemas, ver A. C. Pigou, *Economics of Welfare* (4ª ed., 1932), p. 188, assim como o artigo do presente autor "The Trend of Economic Thinking", *Economica*, maio de 1933, p. 132.
10. *The Depreciation of Capital, Analytically Considered* (Londres, 1934), pp. 74 e segs.
11. Para uma discussão mais detalhada de como o tamanho da empresa individual é determinado sob competição e da maneira pela qual isso afeta a adequação dos diferentes métodos de produção e os custos do produto, ver E. A. G. Robinson, *The Structure of Competitive Industry* (Cambridge Economic Handbooks, Vol. VII), Londres, 1931.
12. Para uma discussão adicional bastante esclarecedora desses problemas, ver R. G. Hawtrey, *The Economic Problem* (Londres, 1926) e J. Gerhardt, *Unternehmertum und Wirtschaftsführung* (Tübingen, 1930).

Capítulo 9

1. V. Pareto, *Manuel d'économie politique* (2ª ed., 1927), pp. 233-34.
2. Ver B. E. Lippincott in LT, p. 7.
3. A exceção mais notável é o dr. M. Dobb. Ver sua obra *Political Economy and Capitalism* (1937), cap. VIII, e sua resenha do livro do professor Lange, em *Modern Quarterly*, 1939.
4. LT, p. 63.
5. D, p. 104, e K. Tisch, *Wirtschaftsrechnung und Verteilung im zentralistisch organisierten sozialistischen Gemeinwesen* (1932).
6. Em *Collectivist Economic Planning* (Londres, 1935), ensaio intitulado "The Present State of the Debate", reimpresso acima, cap. IX.
7. O ensaio do dr. Lange é descrito como o "primeiro texto a marcar um avanço na contribuição de Barone" e a mostrar por meio de um argumento "irrefutável" a "evidente viabilidade e superioridade" de um sistema socialista (LT, pp. 13, 24, 37).
8. É um fato curioso que o dr. Dickinson em nenhum lugar de seu livro (exceto na bibliografia) se refira à obra do professor Lange.
9. Ver Sir Daniel Hall e outros, *The Frustration of Science* (Londres, 1935), p. 142.
10. D, p. 26.
11. LT, pp. 70 e 86; D, pp. 103 e 113.
12. D, p. 191.
13. D, p. 30.
14. LT, p. 78; D, p. 60.
15. LT, p. 78; D, p. 126.
16. LT, pp. 46 e 52.
17. LT, p. 81.
18. LT, p. 53.
19. LT, p. 82.
20. LT, p. 86.
21. D, pp. 100, 102 e 103.
22. D, p. 104.
23. LT, p. 78.

A ORDEM ECONÔMICA E A LIVRE INICIATIVA

24. LT, pp. 70 e 86.
25. LT, pp. 93-94.
26. LT, p. 78.
27. LT, pp. 75, 79 e 86.
28. LT, pp. 76 e 82 n.
29. D, p. 213.
30. LT, p. 75.
31. LT, p. 76; D, p. 107.
32. LT, p. 77.
33. D, p. 108.
34. D, p. 214.
35. D, p. 219.
36. LT, p. 85; D, pp. 80 e 205.
37. LT, p. 84.
38. D, p. 83 n.
39. *Collectivist Economic Planning* (1935), pp. 232-37; ver acima, pp. 172-76.
40. D, p.217.
41. D, p. 191.
42. Ver o artigo "Economia e conhecimento", reimpresso acima como capítulo II.
43. LT, p. 61.
44. Outro exemplo ainda pior dessa falácia ocorre na introdução do professor Lippincott aos ensaios dos professores Lange e Taylor, quando ele sustenta que "não resta dúvida de que o Comitê de Planejamento Central exerceria grande poder, mas seria maior do que o exercido coletivamente pelos conselhos de administração privados? Porque as decisões dos conselhos de administração são tomadas aqui e ali, isso não significa que o consumidor não sinta seu impacto coletivo, ainda que possa ser necessária uma depressão para conscientizá-lo disso".
45. *Collectivist Economic Planning*, p. 237; ver acima, pp. 175-76.
46. D, pp. 22 e 227.
47. D, p. 205.
48. D, p. 21.
49. D, p. 127.
50. D, p. 131.
51. D, p. 32.
52. Ver, por exemplo, o trecho (D, p. 52) em que Dickinson fala acerca das "pessoas que não pagarão voluntariamente de antemão pela posse daquilo que só lhes trará contentamento assim que o tiverem".
53. D, p. 169.
54. D, p. 176.
55. D, p.21.
56. D, pp. 227-28.
57. Ver *Freedom and the Economic System* ("Public Policy Pamphlet" no 29 [Chicago: University of Chicago Press, 1939]) e, desde que este artigo apareceu pela primeira vez, em *The Road to Serfdom* (Chicago, 1944).
58. *Stalin's Russia and the Crisis in Socialism* (Nova York, 1940).
59. D, p. 235.
60. D, p. 25.
61. D, pp. 22 e 94.
62. D, p. 26.

Capítulo 10

1. Em especial, ver Benjamin Graham, *Storage and Stability* (Nova York: McGrawHill Book Co., 1937), e Frank D. Graham, *Social Goals and Economic Institutions* (Princeton: Princeton University Press, 1942). Uma proposta quase idêntica já havia sido feita por um

NOTAS

economista holandês, o professor J. Goudrian, em um livreto intitulado *How to Stop Deflation* (Londres, 1932), que eu não tinha visto no momento da redação do artigo acima. Mais tarde, Benjamin Graham elaborou ainda mais suas propostas no livro *World Commodities and World Currency* (Nova York: McGraw-Hill Book Co., 1945).

Capítulo 11

1. *Profits, Interest, and Investment* (1939); ver também *The Pure Theory of Capital* (1941), cap. XXVII.
2. Ver, em particular, a resenha a respeito de *Profits, Interest, and Investment*, por H. Townsend, no *Economic Journal*, março de 1940, e T. Wilson, "Capital Theory and the Trade Cycle", *Review of Economic Studies*, junho de 1940. Não consegui ver C. Welinder, "Hayek och 'Ricardoeffekten'", *Ekonomisk Tidskrift*, março de 1940.
3. Os trechos relevantes de *Principles*, de Ricardo, serão encontrados principalmente em *Works*, ed. McCulloch, pp. 26 e 241.
4. Por exemplo, N. G. Pierson, *Principles of Economics*, I (1902), pp. 219, 308; G. Cassel, The *Nature and Necessity of Interest* (1903), p. 116: "Supondo que a taxa de juros seja constante, quanto mais dispendiosa se torna a mão de obra, maior será a substituição à espera dela"; F. A. Fetter, *Economic Principles* (1915), p. 340; H. R. Seager, *Principles of Economics* (2ª ed., 1917), pp. 278, 289; R. G. Hawtrey, *The Economic Problem* (1926), pp. 324 e segs.; ver também H. G. Hayes, "The Rate of Wages and the Use of Machinery", e C. O. Fisher, "An Issue in Economic Theory: The Rate of Wages and the Use of Machinery", in *American Economic Review*, 1923, uma discussão particularmente característica em que uma apresentação imperfeita do argumento pelo primeiro autor foi facilmente demolida pelo segundo.
5. Por exemplo, G. von Schulze-Gaevernitz, *Der Grossbetrieb* (1892); J. Schoenhof, *The Economy of High Wages* (1893), pp. 33, 279; L. Brentano, *Hours and Wages in Their Relation to Production* (1894); e J. A. Hobson, *The Evolution of Modern Capitalism* (1894), p. 81.
6. Ver, em particular, H. Neisser, "Lohnhöhe und Beschäftigungsgrad im Marktgleichgewicht", *Weltwirtschaftliches Archiv*, Vol. XXXVI (outubro de 1932); e A. Kähler, *Die Theorie der Arbeiterfreisetzung durch die Maschine* (Leipzig, 1933), pp. 75 e segs. Devo talvez acrescentar que é devido em parte ao professor Neisser que fui confirmado na crença de que a proposição foi geralmente aceita; uma vez que, mais ou menos na mesma época em que seu artigo foi publicado, eu me confundi (em um artigo na mesma publicação) quanto à questão e foi ele que prontamente me pegou e apontou oralmente a confusão para mim.
7. J. R. Hicks, *The Theory of Wages* (1932), cap. IX, e a resenha de G. F. Shove no *Economic Journal*, XLLLL (setembro de 1933), p. 471.
8. J. R. Hicks, "Wages and Interest: The Dynamic Problem", *Economic Journal*, Vol. XLV (setembro de 1935).
9. N. Kaldor, "Capital Intensity and the Trade Cycle", *Economica*, Vol. VI, No 21 (new ser.; fevereiro de 1939); ver também seu "Annual Survey of Economic Theory: The Recent Controversy on the Theory of Capital", *Econometrica*, Vol. V, No 3 (julho de 1937).
10. Como procurei mostrar alhures (*Pure Theory of Capital*, em especial, p. 147), a única descrição adequada dessa "oferta de capital" é uma enumeração completa da gama de possíveis fluxos de saída de diferentes formatos de tempo que podem ser produzidos a partir dos recursos existentes. Quais desses diferentes fluxos de saída será produzido depende, em primeiro lugar, do que pode ser chamado de "taxa de emprego" (isto é, a taxa pela qual as pessoas serão empregadas em momentos sucessivos de tempo durante o período em questão) e da forma que o emprego assumirá — fatores que, por sua vez, dependem da demanda final, do nível de salários nominais e do resultado disso: a relação dos salários nominais com os preços dos produtos. Como regra, haverá apenas um fluxo de saída, que em sua produção irá gerar um fluxo de renda de tal tamanho e tal forma de tempo que a parte dessa receita que a qualquer momento será gasta em bens de consumo será igual ao custo da produção corrente de bens de consumo, incluindo a taxa de retorno do capital, em cuja expectativa o método de produção efetivamente empregado foi decidido.

A ORDEM ECONÔMICA E A LIVRE INICIATIVA

Foi o erro fatal de Böhm-Bawerk (e muito menos de Wicksell), que, embora estivesse bastante ciente de que o estoque existente de bens de capital era capaz de produzir mais do que um único fluxo de saída, procurou simplificar sua exposição identificando o estoque de bens de capital com uma quantidade definida de bens de consumo e representar isso em seus exemplos por um montante fixo de capital monetário disponível. A análise do famoso capítulo final "The Market for Capital in Its Full Development", da obra *Positive Theory*, faz todo o sentido se nos lembrarmos dessa simplificação, mas deve parecer não ter relevância para nada no mundo real para quem entende literalmente a representação da oferta de capital como uma soma de dinheiro.

11. Como resultado de uma crítica a este artigo por G. F. Shove na fase de prova, já não tenho tanta certeza de que o estabelecimento da verdade em relação à proposição na forma inversa também demonstra a correção da proposição original.

12. Embora diversos autores posteriores tenham ficado confusos quanto a esse ponto, Ricardo claramente presumiu uma mudança geral nos salários; o ponto de partida de sua breve discussão sobre todo o problema foi a questão de saber se, se os salários aumentassem 10%, "o preço do maquinário não aumentaria" na mesma proporção. Ver *Works*, ed. McCulloch, p. 26.

13. *Profits, Interest, and Investment*, pp. 29 e segs.

14. Claro que a taxa de rotatividade não depende apenas da natureza do ofício e dos métodos técnicos adotados, mas também (além do "estado do comércio") da habilidade e do sucesso do empreendedor. O empreendedor que, no mesmo ofício e com os mesmos métodos técnicos, conseguir fazer um determinado montante de capital ir além do que seu homólogo marginal obterá indiscutivelmente dessa habilidade um lucro diferencial; mas isso não altera o fato, a ser discutido agora, de que os empreendedores com a mesma habilidade, em diferentes ofícios e com diferentes métodos técnicos, deverão obter diferentes margens de lucro em cada giro, a fim de obter a mesma taxa de retorno de seu capital. É um fato bem conhecido, por exemplo, que um vendedor de livros usados, porque sua taxa de rotatividade é muito menor do que a de um vendedor de livros novos, terá que ganhar uma porcentagem muito maior em cada livro vendido do que este último.

15. O termo "taxa interna de retorno" foi emprestado de K. E. Boulding, "The Theory of a Single Investment", *Quarterly Journal of Economics*, XLIX (maio de 1935), pp. 478 e segs. Seu equivalente em alemão (mais precisamente o termo *"innerer Zinssatz"*) foi utilizado anteriormente, creio que em discussões a respeito dos efeitos do racionamento de crédito, mas agora não sou capaz de me lembrar de quando ou por quem.

16. Para simplificar os cálculos, os juros compostos não são levados em consideração.

17. Naturalmente, esses números mostram o efeito impactante do aumento de preços nos lucros de diferentes empresas e serão alterados por meio de ajustes na composição do capital delas, que vamos discutir.

18. O dr. Hawtrey, em sua resenha sobre minha obra *Pure Theory of Capital* (*Economic Journal*, junho-setembro de 1941, p. 286), tenta traçar uma distinção entre a medição do rendimento de qualquer investimento em termos de "capacidade líquida de economia de custos" e em termos de sua contribuição marginal para a produção final, e afirma que, enquanto o primeiro caso será regularmente possível, o segundo só será possível em casos excepcionais. Contudo, essas duas abordagens são decerto meros aspectos diferentes da mesma coisa, e nenhuma parece tender a ser mais útil do que a outra: a diferença entre elas é tão só que, no primeiro caso, supomos que as proporções entre os diferentes fatores sejam ajustadas de modo a deixar a produção constante, enquanto no segundo, supomos que a quantidade de todos os recursos, exceto um, seja constante, e observamos os efeitos da mudança nesse único recurso em relação à quantidade de produto. Ou, em outras palavras, a primeira abordagem é em termos dos movimentos ao longo de uma curva equiproduto e das mudanças nas taxas marginais de substituição entre os fatores, ao passo que a segunda é em termos de movimentos paralelos aos eixos do mesmo diagrama e das consequentes mudanças do produto marginal.

19. Argumentou-se (por Wilson no artigo citado anteriormente) que as exemplificações numéricas que voltei a empregar no argumento anterior são enganosas porque, sob condições modernas, a escolha prática não é entre o capital que dura alguns meses e o capital

NOTAS

que dura um ou dois anos, mas entre diversos tipos de maquinário que duram muitos anos e que, entre eles, a diferença nas taxas de retorno provocadas pelas mudanças nos preços dos produtos é tão pequena que chega a ser insignificante. É perfeitamente verdade que, por exemplo, em nossa exemplificação, se o retorno do capital com uma taxa de rotatividade de 1/10 fosse aumentado de 6% para 6,5%, a taxa de retorno do capital com uma taxa de rotatividade de 1/12 seria aumentada de 6% para 6,417% — de fato, uma diferença insignificante. Porém, essa objeção perde totalmente o ponto do argumento. Baseia-se em uma confusão, devido, supostamente, à semelhança verbal de duas afirmações diferentes. É verdade que a máquina nova e mais durável (ou que poupa mais trabalho) substituirá uma máquina menos durável ou menos poupadora de trabalho. Contudo, faz isso em um sentido diferente daquele em que se pode dizer que o capital adicional substitui outros fatores. O capital extra, a quantia extra que é investida na máquina nova e mais cara (porque mais durável ou porque poupa mais trabalho), acima do que seria necessário para substituir a máquina velha por outra idêntica, não se destina a substituir a máquina velha. Não haveria sentido nisso. Destina-se a economizar custos adicionais, a reduzir a quantidade de outros fatores necessários, e é com o retorno do capital investido nesses outros fatores para os quais o capital passou a ser adotado que seu retorno deve ser comparado. Simplificando um pouco, podemos dizer que o capital extra investido na máquina é utilizado para substituir mais *trabalho,* tornando a máquina mais durável, com o resultado de que o investimento adicional na máquina substituirá mais trabalho do que teria sido verdade em relação às quantias investidas em máquinas menos duráveis (porque, com qualquer taxa de juros positiva, será lucrativo tornar as máquinas mais duráveis só se a vida útil delas aumentar mais do que proporcionalmente aos gastos extras); ou de que é usado para tornar a máquina mais poupadora de trabalho, caso em que é ainda mais evidente que o capital adicional é substituído não por outras máquinas, mas pelo trabalho corrente. Ao comparar (na exemplificação que Wilson objetou) os efeitos de um aumento de preço em um investimento de dois anos com os de alguns meses, eu estava subestimando meu caso, e o que parecia ser verdade naquelas suposições deve ser *a fortiori* verdade em relação às situações mais realistas em que o maquinário que irá durar dez ou mesmo vinte anos é introduzido para economizar o trabalho vigente.

Evidentemente, continua a ser verdade que, se calcularmos a taxa de rotatividade (ou o "período médio de investimento") e a taxa de retorno de todo o capital de uma empresa, as mudanças nas duas serão pequenas. Mas a questão é justamente que, em qualquer momento, a decisão *não* precisa ser tomada para a totalidade do capital e que os ganhos alternativos a se obter com as somas atualmente a reinvestir diferirão de maneira muito considerável e absoluta, assim como expressos como porcentagens desses montantes atualmente a reinvestir.

20. Se for objetado que provavelmente não é pequeno o aumento dos custos que presumimos ter sido causado pela adoção de horas extras ou dispositivos semelhantes, isso significará que o aumento muito pequeno de preços de 5% que assumimos não terá esse efeito específico e que será necessário um aumento de, por exemplo, 20% ou 25% para produzi-lo.

21. Parece que o termo "estrutura de produção", que introduzi em *Prices and Production* para descrever a distribuição da mão de obra *corrente* entre os diferentes "estágios de produção", às vezes foi interpretado em um sentido materialista, sustentando o mal-entendido de que as "mudanças nos métodos de produção" que eu estava discutindo implicava uma mudança instantânea nas máquinas realmente utilizadas. No entanto, a "estrutura de produção" no sentido em que empreguei o termo pode, é claro, mudar fundamentalmente sem nenhuma mudança no equipamento de fato utilizado; esta última mudança ocorrerá apenas gradualmente como consequência da mudança naquela primeira; e, na verdade, a mudança mais radical desse tipo seria a interrupção total da produção de máquinas, embora as pessoas ainda possam continuar por muito tempo usando as mesmas máquinas na produção de bens de consumo.

22. Ressalte-se que o limite assim imposto à capacidade de endividamento das empresas será um limite deslizante, fixado apenas a curto prazo, mas aumentado gradualmente quando, em consequência de cada acréscimo ao volume de créditos já concedidos, aumentam rendas e demanda final e, portanto, as perspectivas de lucros. Em outras palavras, limitará

A ORDEM ECONÔMICA E A LIVRE INICIATIVA

apenas a taxa de expansão de crédito, mas não poderá impedir uma expansão de crédito contínua, progressiva e (se com o objetivo de estimar a segurança do tomador de empréstimo o valor de seus ativos for atualizado com o aumento dos preços) até mesmo ilimitada.

23. A proposição pode se tornar verdadeira no mais curto dos curtos prazos se incluirmos todos os custos nos custos marginais (incluindo o esforço pessoal do empreendedor) do aumento da produção durante o curto período em questão — isto é, se nos custos marginais incluirmos os custos do aumento da produção a uma certa taxa. Porém, se fizermos isso, os custos marginais não estarão mais exclusivamente correlacionados com o volume da produção, e teremos que considerar curvas de custo marginal distintas para cada taxa em que a produção é aumentada, tornando-se mais íngremes conforme assumimos uma taxa mais rápida de aumento até que, para um aumento de produção estritamente instantâneo, a curva de curso marginal se torna perpendicular.

24. Claro que o equilíbrio econômico difere de nossa comparação hidrostática pelo fato de que a posição de equilíbrio entre os preços não é constante, mas será afetada por mudanças nas quantidades reais de bens disponíveis. No entanto, essas mudanças reais só fortalecerão a tendência, porque necessariamente trabalharão na direção oposta dos fatores monetários: em nosso caso, seu efeito será aumentar a proporção de pessoas engajadas em produzir coisas que não sejam bens de consumo para a produção disponível de bens de consumo e, assim, aumentar a diferença entre os salários e os preços das mercadorias, que se consolidará assim que cesse o fluxo de dinheiro novo.

25. Claro que isso não quer dizer que a participação dos salários em geral na renda real da sociedade seja rigidamente fixada. Um aumento na soma dos salários nominais permitirá que a mão de obra avance sobre a renda real da classe *rentista*. Porém, o aumento nos salários nominais necessário para dar a um número maior de pessoas a mesma renda real *per capita* à custa das pessoas com resultados nominais fixos teria que ser muito grande — tão grande que provavelmente não será oferecido pelos empreendedores até que passem a esperar uma inflação galopante. Em outras palavras, é claro que não queremos negar que haverá alguma poupança forçada, em grande medida à custa da classe *rentista*; o que negamos é simplesmente que seja provável, por meio da poupança forçada, a possibilidade de dar a um número cada vez maior de homens empregados na produção de bens de capital um salário constante em termos dos bens de consumo. Talvez devamos também acrescentar que o argumento do texto *não* implica que *todo* resultado nominal adicional pago em salários seja prontamente gasto em bens de consumo, mas apenas que isso é verdade para uma parte substancial dele (ver, a esse respeito, *Profits, Interest, and Investment*, pp. 52 e segs.).

26. N. Kaldor, "Capital Intensity and the Trade Cycle", *Economica*, fevereiro de 1939, e T. Wilson, "Capital Theory and the Trade Cycle", *Review of Economic Studies*, junho de 1940.

27. *Op. cit.*, p. 46. (Grifo nosso.)

28. *Ibid.*, p. 50, n. 4. A suposição está implícita em toda a discussão nessa e na página anterior, uma vez que apenas se quantidades ilimitadas de mão de obra estiverem disponíveis a um determinado preço "a curva de oferta de capital [será] horizontal" no verdadeiro sentido em que o termo "capital" é usado lá.

29. Em consequência das mudanças na tributação, nos encargos da previdência social e nos regulamentos legislativos ou sindicais que afetam as condições de trabalho. Lembro-me de ter visto uma vez estatísticas comparativas detalhadas dos "salários reais" dos operadores de linotipo na Suécia e na Áustria, que pareciam mostrar de maneira conclusiva que, embora o poder de compra dos salários para os trabalhadores fosse muito menor na Áustria, eles significavam um custo real da mão de obra muito maior para o fabricante.

Capítulo 12

1. Até que ponto a Comunidade Britânica de Nações desde o Estatuto de Westminster constitui uma exceção a essa afirmação ainda está para ser visto.

NOTAS

2. É só porque, em consequência dessas condições, o padrão de vida de todas as pessoas de um país tenderá a se mover na mesma direção que conceitos como padrão de vida ou nível de preços de um país deixam de ser meras abstrações estatísticas e se tornaram realidades bastante concretas.

3. Sobre questões nesse contexto, compare com a obra do autor *Monetary Nationalism and International Stability* (Londres, 1937).

4. Ver a respeito disso e do que vem a seguir as obras do presente autor *Freedom and the Economic System* ("Public Policy Pamphlets", n. 29 [Chicago, 1939], e, mais recentemente, *The Road to Serfdom* (Chicago: University of Chicago Press, 1944).

5. Para os Estados Unidos, ver R. L. Buell, *Death by Tariff: Protectionism in State and Federal Legislation* ("Public Policy Pamphlets", n. 27 [Chicago, 1939]), e F. E. Melder, *Barriers to Inter-state Commerce in the United States* (Orono, Me., 1937).

6. *Spectator,* 3 de março de 1939.

7. L. C. Robbins, *Economic Planning and International Order* (1937), p. 240.

8. *Ibid.,* p. 245.

9. Essa tendência pode ser muito bem observada em John Stuart Mill. Seu movimento gradual em direção ao socialismo é, como se sabe, bem conhecido, mas ele também aceitou mais das doutrinas nacionalistas do que é compatível com seu programa completamente liberal. Em *Considerations on Representative Government* [*Considerações sobre o governo representativo*] (p. 298), ele afirma: "Em geral, é uma condição necessária das instituições livres que as fronteiras do governo coincidam no principal com as das nacionalidades". Contra essa visão, Lord Acton sustentou que "a combinação de diferentes nações em um Estado é uma condição tão necessária da vida civilizada quanto a combinação dos homens na sociedade" e que "essa diversidade no mesmo Estado é uma barreira firme contra a intenção do Governo para além da esfera política que é comum a todos no departamento social que escapa à legislação e é regido por leis espontâneas" (*The History of Freedom and Other Essays* [1909], p. 290).

ASSINE NOSSA NEWSLETTER E RECEBA INFORMAÇÕES DE TODOS OS LANÇAMENTOS

www.faroeditorial.com.br

CAMPANHA

Há um grande número de pessoas vivendo com HIV e hepatites virais que não se trata. Gratuito e sigiloso, fazer o teste de HIV e hepatite é mais rápido do que ler um livro.

FAÇA O TESTE. NÃO FIQUE NA DÚVIDA!

ESTA OBRA FOI IMPRESSA EM JANEIRO DE 2022